教育部人文社会科学青年研究项目（14YJC820080）

农村集体经济组织成员权的体系构建及其实现机制研究

赵新龙　等著

NONGCUN JITI JINGJI
ZUZHI CHENGYUANQUAN DE TIXI GOUJIAN
JIQI SHIXIAN JIZHI YANJIU

U0781737

知识产权出版社
全国百佳图书出版单位

图书在版编目（CIP）数据

农村集体经济组织成员权的体系构建及其实现机制研究／赵新龙等著. —北京：知识产权出版社，2019.5（2020.1 重印）

ISBN 978-7-5130-6273-2

Ⅰ.①农… Ⅱ.①赵… Ⅲ.①农村经济—集体经济—土地所有制—研究—中国 Ⅳ.①F321.1

中国版本图书馆 CIP 数据核字（2019）第 101542 号

责任编辑：彭小华　　　　　　　　　责任校对：谷　洋

封面设计：韩建文　　　　　　　　　责任印制：孙婷婷

农村集体经济组织成员权的体系构建及其实现机制研究
赵新龙　等著

出版发行：知识产权出版社 有限责任公司		网　　址：http：//www. ipph. cn	
社　　址：北京市海淀区气象路 50 号院		邮　　编：100081	
责编电话：010-82000860 转 8115		责编邮箱：huapxh@ sina. com	
发行电话：010-82000860 转 8101/8102		发行传真：010-82000893/82005070/82000270	
印　　刷：北京九州迅驰传媒文化有限公司		经　　销：各大网上书店、新华书店及相关专业书店	
开　　本：787mm×1092mm　1/16		印　　张：13	
版　　次：2019 年 5 月第 1 版		印　　次：2020 年 1 月第 2 次印刷	
字　　数：250 千字		定　　价：68.00 元	
ISBN 978-7-5130-6273-2			

目 录/Contents >>>

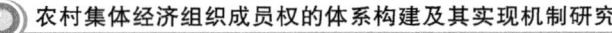

绪　　论

一、研究背景

长期以来，"三农"问题是社会各界普遍关注的焦点问题。其中，农村集体产权制度改革和农民集体成员问题已经成为农村改革的关键一环。"保障农民集体经济组织成员权利"是党的十八届三中全会提出的重大政策命题，其主要实现路径是积极推进农村集体资产股份权能改革，即在对集体资产进行折股量化的基础上实现股权化并逐渐赋予其充分权能，从而将农村集体经济组织成员权纳入农村集体产权制度改革的顶层设计之中。[①] 2016 年年底，中央正式制定并发布《关于稳步推进农村集体产权制度改革的意见》，从"管长远管全局"的高度对农村集体产权制度改革进行总体部署和具体安排，再次强调对农村集体经济组织成员权利不仅要保护而且要发展，进一步拓展了成员权利的动态内涵。[②]

党的十九大报告明确提出，大力实施乡村振兴战略，要"深化农村集体产权制度改革，保障农民财产权益，壮大集体经济"，将农村集体经济组织成员权置于更高层面的乡村振兴战略的框架之中。2018 年 9 月 6 日，为了全面落实乡村振兴战略并进行阶段性谋划，中央发布《乡村振兴战略规划（2018—2022年）》，更加明确地提出农村集体产权改革的主要目标是"三变"，在坚持充实集体资产股份权能的基础上要求制定相应的"管理办法"，并提出"研究制定农村集体经济组织法"的立法任务。[③] 2019 年中央一号文件则延续和细化了这

[①] 党的十八届三中全会公报提出，"保障农民集体经济组织成员权利，积极发展农民股份合作，赋予农民对集体资产股份占有、收益、有偿退出及抵押、担保、继承权"。

[②] 《中共中央国务院关于稳步推进农村集体产权制度改革的意见》（2016 年 12 月 26 日）提出："逐步构建归属清晰、权能完整、流转顺畅、保护严格的中国特色社会主义农村集体产权制度，保护和发展农民作为农村集体经济组织成员的合法权益。"

[③] 《乡村振兴战略规划（2018—2022 年）》提出："深入推进农村集体产权制度改革，推动资源变资产、资金变股金、农民变股东，发展多种形式的股份合作。完善农民对集体资产股份的占有、收益、有偿退出及抵押、担保、继承等权能和管理办法。研究制定农村集体经济组织法，充实农村集体产权权能。"

一政策要求，新增"积极探索集体资产股权质押贷款办法"的改革任务。可以说，如果农村集体经济组织成员权不能得到真正确立和有效实现，农民作为集体成员的主体地位就难以彰显，大力实施乡村振兴战略和新一轮农村集体产权制度改革的顶层设计就很难在微观层面得到落实。

二、研究意义

农民以集体经济组织成员身份生活于农村集体经济组织中，是我国农村社会长期以来的基本场景。从历史经验看，农民是否能够真正享受成员权是其能否实现生存保障和获得发展的核心权利。

从我国法学界目前的研究状况看，有关农村集体经济组织成员权的理论探索还显得非常薄弱，对集体成员权进行专题化、系统化的深入研究迫在眉睫。首先，对农村集体经济组织成员权进行研究，可以拓宽新型民事主体的理论研究视野。其次，对农村集体经济组织成员权进行研究，有助于为当前农民权利问题的学术探索拓展新的研究视域。再次，对农村集体经济组织成员权进行研究，有利于推动农村经济法治理论向纵深方向发展。相较于传统的法学学科，农村经济法治作为新兴的研究领域，其整体研究还相当落后。

但是，从整体的实践状况看，农民集体成员权的实体性权利遭到侵害的现象比较普遍，尤其是频频出现来自农村集体经济组织本身的侵权；农民集体成员权的程序性权利被严重虚置甚至漠视，集体成员的个体意志和个体利益无法有效表达，集体的共同意志和共同利益产生严重的异化现象；农民集体成员的诉讼权利被严格限制，大量纠纷游离于司法救济之外，现实中集体成员采取非理性方式进行维权的事件层出不穷；在全国性统一立法严重缺失的背景下，各地制定的政策文件和司法意见又呈现出层次低、效力弱、分歧大的现实窘相，农村集体成员权的实践运行显得非常混乱。究其法律根源，主要是我国当前的立法回应严重迟滞，诸多具体问题都亟待法律予以明确，比如集体成员资格认定标准、集体收益分配权、集体成员代表诉权等。对集体成员权进行理论阐释并构建成员权的制度体系和实现机制，对于促进农村集体组织的良性发展、保障农民集体成员权益以及解决涉农纠纷具有重要的实践价值。

三、文献综述

（一）国外文献综述

国外相关文献的研究，主要聚焦三个方面的问题：（1）集体土地产权。国外学者比较普遍的观点认为，集体土地产权具有的不稳定性特征将会导致集体土地利用效率的低下。查尔斯（Charles，2002）认为，由于土地承包期限比较短、农村集体调整土地的频次较高，导致中国集体土地制度处于极不稳定的状态。约翰逊（Johnson，1995）、卡特（Carter，1996）、普罗斯特曼（Prosterman，1996）认为，中国对土地承包经营权和其他相关权利的过分限制弱化了农民长期投资保护土地的积极性，同时也在不同地区之间形成比较明显的区域差异性（Turner，1998）。因此，梅卡姆（Makeham，1992）等学者认为，承包地流转能够提高集体土地资源的配置效率和人地之间的自由度，从而使农民从集体经济组织获得更多的生存保障资源。然而，罗泽尔（Rozelle，2002）从集体土地产权具有模糊性的视角、勃兰特（Brandt，2000）从地方政府不当干预的视角、查尔斯（2002）从基层民主具有的滞后性和市场发育成熟度偏低等视角，认为农村土地流转的发展比较缓慢，进一步的改革趋向主要取决于中央政府、地方政府和集体成员之间的博弈及其系统性偏好。（2）集体组织。国外大多数文献主要运用制度经济学及博弈论的相关分析框架对集体组织展开研究。阿尔奇安（Alchian，1972）分析和发展了集体组织变迁的理论范式，特尔泽（Telser，1980）、宾斯万格（Binswanger，1986）、克雷普斯（Kreps，1990）等研究了集体组织存在的集体效率低下、偷懒现象及有效监督不足等难题。但是，森（Sen，1966）、米德（Meade，1972）、博宁（Bonin，1977）、普特曼（Putterman，1980）等学者的研究表明，集体组织的生产行为可以和个体生产者一样，完全实现甚至产生更高的资源配置效率。此外，斯塔茨（Staatz，1987）、汉克（Hanke，1991）、戴维（Davy，1997）等学者认为，合作经济组织是中国农村集体经济得以实现的较好组织载体，应当继续坚持并持续进行组织优化。（3）国外学者对我国农村集体企业的分析。史密斯（Smith，1993）、维斯曼（Wiesmann，1994）等学者认为，从性质上讲，中国农村集体企业更加接近于西方国家的合作企业。内森（Nathan，1996）和科尔卡（Kelkar，1996）则从个案分析的角度对南街村、华西村等农村集体企业进行了较为深入的研究，萨克斯（Sachs，2000）等研究了中国农村集体企业在产权构造上存在的特殊性及其决定因素，维斯曼（1994）、罗泽尔（1999）等研究了中国农村集体企业存在的产权缺陷、合作价值和精神不足、容易产生双边道德风险等问题。

　　由于国情不同和法律文化存在极大差异，国外文献中直接研究的文献比较稀缺，相关研究主要是运用经济学的研究范式予以展开，极少有法学方面的文献研究集体成员权问题。但是，需要强调的是，国外对权利问题的研究可谓历史悠久、成果丰硕，尤其是以公司股权为核心对社员权理论进行较深入的分析，这为研究集体成员权问题提供了可资参考的理论资源。

（二） 国内文献综述

国内相关文献的研究主要集中于农村集体经济、集体所有权和土地承包经营权等问题（韩松，2004；罗猛，2005；孟勤国，2006；陈小君，2009；高富平，2012；孔祥智，2018），尤其是近几年对承包地"三权分置"的研究蔚为景观。但是，对农村集体经济组织成员权这一问题的研究还不够重视，亦不够深入。

国内的相关研究，主要集中于四个方面：（1）集体成员资格的认定。主要包括集体成员资格的意义、取得与丧失、认定标准等（陈小君等，2012；陈晋，2013；江保国，2018），也有少部分文献研究特殊群体的资格认定问题，如出嫁女（曾辉良，2013）、入赘婿（王玉信，2007）、在校生（周菊生，2006）、政策轮换工（赵克，2013）等。（2）集体成员权的法理分析。社会学的研究主要从乡村治理的视角，大多将集体成员权等同于村庄成员权，如张永清（2009）、刘勤（2012）等。法学界主要从团体法的视角研究集体成员权。申静等（2005）认为成员权是农村争取和维护自身权益最有力的资源，金荣标（2008）、吴兴国（2009）、戴威（2015）、管洪彦（2016）研究了成员权的权利内涵、法律性质及体系构成等，童列春（2016）研究了成员权的制度逻辑，陈小君（2012，2017）分别研究成员权的运行状况、实现路径及立法抉择，臧之页等（2018）基于股东权视角研究了成员权的构成等。（3）集体成员权的法律救济。学术界对这一问题的探索，还比较零散，对集体成员撤销权的研究较多（冷传莉，2011；张玉东，2013），而对其他救济权的研究较少，比如退出权（王瑞雪，2007）、派生诉讼（管洪彦，2013；赵新龙，2018），以及侵权责任法的具体适用等（韩松，2011）。（4）成员权的某些相关权利。学界对土地承包权、土地经营权、宅基地使用权等问题进行了深入分析，但对其与成员权之间关联和衔接的研究则相对较少。其他还有少部分未能列举的学者，也对成员权进行了某一方面的学术研究。

总而言之，学术界已经取得了一定的研究成果，如管洪彦（2013）、戴威（2017）出版了学术专著。但是，从整体上看，现有研究仍然显得比较薄弱，研究主题碎片化有余而体系性不足，远远滞后于实践发展的迫切需要。

四、研究思路

在新一轮农村改革和城乡一体化的时代背景下，结合我国农村社会的实际情况，运用团体法、权利法哲学等理论的基本原理构建农村集体经济组织成员权的制度体系研究脉络，以合理设定集体成员资格认定标准为研究的逻辑起点，证成农村集体经济组织成员权具有私权性质并对其体系构成进行类型化分析，以股份化改革中的集体成员股份权、集体成员收益权和集体成员代表诉权作为分析重点，并根据成员权运行的内在规律科学构建其行使机制、救济机制和保障机制，从而推动集体成员权制度的有效实现。

　　总体上，本书主要围绕农村集体经济组织成员权的体系构建和实现机制两个关键目标展开研究。具言之，其一，探讨农村集体经济组织成员资格认定的标准和办法，这是集体成员权制度的基本前提；其二，根据集体成员权的内在特性进行类型化分析，探讨集体成员权体系的主要构成，这是集体成员权制度的核心问题；其三，探讨集体成员权有效实现的制度机制，包括行使机制、救济机制和保障机制，这是集体成员权制度得以实现的关键所在。

第一章
农村集体经济组织成员权的法理分析

农民以集体经济组织成员身份生活于农村集体经济组织中，是我国农村社会长期以来的基本场景。农民能否在特定的村域范围内实现自身的生存权利和发展权利，其决定因素是农民是否在特定农村集体经济组织中真正享有集体成员权利，这也是作为集体成员的农民在相对封闭落后的乡土社会获得集体保障和相关土地权利的主要根据。如果农民的成员权利不能真正得到确立和实现，农民作为集体成员的主体地位就难以彰显，新一轮农村改革的顶层设计就不可能得到有效落实。鉴于此，我们首先需要从应然层面厘清集体成员权的法理内涵及其相关构成要素。

一、农村集体经济组织成员权的内涵解析

（一）概念界定与主要特征

成员权是团体法框架下的基本范畴，其所涉关系属于团体法的调整范畴。研究集体成员权问题，决不能脱离农村集体经济组织的组织语境。我国《宪法》第 8 条从基本法层面确立"双层经营体制"为农村集体经济组织厘定了运行的基本模式和制度边框，第 17 条则从法律地位的独立性上明确赋予农村集体经济组织拥有经济自主权和民主管理权。研究集体成员权问题，不能脱离《宪法》相关条款勾勒出来的制度场域，这些规定为集体成员权的产生、发展和运行划定了宏观性的法律背景。

集体成员权制度在法律上的真正确立，直接肇端于《物权法》相关条款。根据《物权法》第 59 条第 1 款规定，"成员集体"是物权法意义上集体所有权的真正主体，以特定地域范围内的"集体成员"作为基本构成单元，集体成员权无疑是贯通"集体成员"和"成员集体"之间的法律桥梁。从《物权法》第 59 条第 2 款的"集体事项决议权"、第 62 条的"知情权"、第 36 条的"撤

销权"等具体权利来看，标志着我国集体成员权在立法层面的正式确立，也是对"集体成员"和"成员集体"之间法律关系的一次再调整，具有极为重大的意义。① 但是，从语义学的角度看，作为一个严格的法律概念和正式的权利称谓，集体成员权并未清晰地出现在现行立法之中。目前，学术界对这一概念的使用，主要是从理论层面进行的概念推演和权利概括。因此，学术界对成员权的概念界定及其内涵特征还没有形成广为接受的定义，特别是不同学科由于研究视角的差异对成员权的理解和适用也存在较大分歧。有的社会学学者使用集体成员权描述集体产权与社会关系网络的嵌入关系，认为集体成员权是以特定村域范围的成员身份和成员关系为基础，在一定的集体社群内体现出共享性和社会契约性。② 有的研究者认为，集体成员权是包括政治、经济、民商事与社会关系于一体的特殊权利，是一项综合性权利。③ 更多的学者是从私权角度加以阐释的，认为集体成员权是一项民事权利，但仍然存在不同的学术认识。一是将集体成员权界定为一种法律资格，认为成员权是指集体成员享有本集体主体地位与相应利益份额的一种法律资格。④ 二是将集体成员权界定为一种概括性的私权利，认为成员权的基本前提是成员资格，但成员权并不是一项具体权利，而是一种集体成员享有的概括性权利。从其内在的价值功能出发，成员权在农村范围内实际上表现出社区成员权、集体成员权和自治共同体成员权三重内涵。⑤ 三是将集体成员权界定为团体成员权或社员权的一种，认为集体成员权的实质为一种特殊的团体成员权或社员权，是集体成员依据法律、村民自治章程或者村规民约的规定而对集体所享有的权利义务的概括性称谓。"私权说"是学术界较为主流的观点，尽管学者们进行解读的视角有所差异，但都从不同的侧面揭示了集体成员权的内涵及其合理性。

其一，集体成员权兼具身份权与财产权属性。"成员集体"是集体土地所有权的实质主体，集体成员通过成员权形态对土地利益加以分享，进而实现成员个体获得土地生存保障的根本目的。因此，从权利利益的实际享受者来看，只有作为自然人形态的集体成员才是集体成员权的应然权利主体。尽管我国的现行立法没有明确规定集体成员是自然人还是农户，但是，通过统一立法和地方立法的相关法条可以看出，集体成员权的权利主体应当是自然人而不是农户，

① 管洪彦："农民集体成员权：中国特色的民事权利制度创新"，载《法学论坛》2016年第2期。
② 折晓叶、陈婴婴："产权怎样界定——一份集体产权私化的社会文本"，载《社会学研究》2005年第4期。
③ 顾华详："论农村集体经济组织成员权制度的改革创新"，载《长江论坛》2015年第6期。
④ 童列春："论中国农民成员权"，载《浙江大学学报（人文社会科学版）》2015年第2期。
⑤ 吴兴国："集体组织成员资格及成员权研究"，载《法学杂志》2006年第2期。

这种观点是符合法条的文义解释的。比如，从地方的立法实践看，安徽、湖北和广东等地均使用类似提法，"不分年龄、性别、民族""父母双方或者一方为本集体经济组织成员"等，均可以推知集体成员应为自然人。[①] 尽管我国的法律或相关政策规定，农用地以户为单位进行发包，集体资产股权以户为单位进行管理，实际上这只是从权利的运行角度或管理角度而言，而非界定权利享有的法律主体。实质上，集体成员权是自然人基于成员身份而取得的身份性权利，非集体成员不享有集体成员权。特定自然人如果要对某个特定的农村集体经济组织享有其成员权利，需要满足的先决条件即是拥有该农村集体经济组织的成员资格。直言之，集体成员权具有比较突出的身份权利色彩。作为具有团体人格的特别法人，农村集体经济组织根据《物权法》的授权可以代表"成员集体"行使集体所有权。集体成员权指向的权利客体实乃集体财产利益，是集体成员为了自身经济利益而享受集体财产利益，即集体成员权又具有一定的财产权属性。

其二，集体成员权具有较强的管理权属性。有的学者认为，管理权能应当是集体所有权的必要权能，其内容主要包括集体成员对集体财产享有民主管理权、执行管理权和监督管理权等。[②] 也即是说，真正落实集体所有权的管理权能，必须由集体成员通过行使管理权得以实现。农村集体经济组织法人对外以该农村集体经济组织法人的独立名义从事各项活动，对内则通过农村集体经济组织法人内部所有成员的共同参与实现集体事务的民主管理。事实上，每一个集体成员都应当对农村集体经济组织的共同事务拥有平等的管理权和参与权。

其三，集体成员权是一项概括性民事权利。集体成员权指向的各项实体利益事关集体成员生存发展的权利，为了保障实体利益又必然需要依托具有正当性的程序性权利。因此，集体成员权描述和揭示了农民对某个特定的农村集体经济组织应当享有的各种权利。从其私权属性出发，集体成员权应当是由诸多具体权利构成的体系性权利或曰权利束，这既符合团体成员权的一般法理，也符合我国相关涉农立法的具体规定。比如，从一般意义上说，应当包括土地承

---

① 《安徽省实施〈中华人民共和国农村土地承包法〉办法》第 8 条以列举形式规定农村集体经济组织成员资格界定标准；该办法第 9 条规定，"在统一组织家庭承包时，农村集体经济组织成员不分年龄、性别、民族、劳动能力等，享有平等的土地承包经营权"。《广东省农村集体经济组织管理规定》第 15 条规定了农村集体经济组织成员的范围，从中也可以看出自然人成为农村集体经济组织成员，是不以具备民事行为能力为要件的；《湖北省农村土地承包经营条例》第 9 条规定："符合下列条件之一的人员，为本集体经济组织成员：（一）世居本地且户籍在本集体经济组织的；（二）父母双方或者一方为本集体经济组织成员，本人户籍在本集体经济组织的；……"

② 韩松："论农民集体土地所有权的管理权能"，载《中国法学》2016 年第 2 期。

包权、宅基地资格权、集体收益分配权、集体成员优先权、参与集体决议权、对集体财产状况的知情权和监督权等。

（二）农村集体经济组织成员权与相似权利的比较

1. 与公司股东权之比较

股东权是出资人基于其股东身份而对公司法人依法享有的概括性权利，[①]其法律性质在理论上存在所有权说、债权说和社员权说三种代表性观点。根据公司法学界的主流观点，"股东权从本质上来说是一种成员权（社员权），是股东出资创办公司法人从而成为其中成员因而获得的独立权利。"[②] 从广义上讲，"社员权（成员权）是社团成员依其在社团中之地位而产生的，对社团享有参与管理和取得财产利益之权利。参与管理包括表决、业务执行、监督的身份资格；取得财产利益包括盈利分配和剩余财产分配的利益。"[③] 因此，公司股东权和集体成员权都是社员权（成员权）的类型化扩展，在权利位阶上属于其下位概念。集体成员权与公司股东权是社员权体系的下位概念。根据我国的政策指向和改革实践，农村集体资产股份权能改革是当前我国农村集体产权制度改革的重点和方向，即引入设置股份和构建股权的思路型构集体成员权。从权利的发展趋势看，不分份额、模糊享有的传统成员权将逐渐为份额明确、按股收益的集体资产股权所取代，从而实现成员权的升级换代。在这个意义上，作为集体成员权的集体资产股权和公司法范畴对内的股权似乎日益发生交叉，但两者在实质上仍然同中有异。

集体成员权与股东权的相同之处源于社员权的共同属性。主要表现在以下几个方面：其一，从权利适用的场域上看，集体成员权和公司股东权均发生于团体法人的内部场合，是团体成员对团体法人应当享有的各种权利，适用于团体法人的内部法律关系而不关涉外部法律关系。其二，从权利享有的前提看，集体成员权和公司股东权都必须以特定身份作为先决条件。其三，从权利构成的内容看，集体成员权和公司股东权均包含自益权和共益权。其四，从权利的救济机制看，对侵害集体成员权和公司股东权的不法行为，均可基于直接诉权机制或代表诉权机制通过民事诉讼程序实现司法救济。

但是，由于各自的适用场域不同，集体成员权与股东权又具有诸多不同之

---

① 《公司法》第 4 条规定："公司股东依法享有资产收益、参与重大决策和选择管理者等权利。"

② 臧之页、孙永军："农村集体经济组织成员权的构建：基于'股东权'视角分析"，载《南京农业大学学报（社会科学版）》2018 年第 3 期。

③ 范健、王建文：《公司法》，法律出版社 2014 年版，第 272 页。

处。主要表现在以下几个方面：（1）拥有不同的权利来源。集体成员权来源于农民集体所有权，股东权则是公司法人财产权的伴生物。成员权是集体产权分解后的产物，法人财产权则是个人产权让渡结合的产物。（2）拥有不同的权利取得方式。集体成员权的取得基于权利主体具有特定集体的成员身份，而成员身份的取得具有较强的客观性，主要因出生、婚姻等法律事实而自然取得；公司股东基于权利主体具有特定公司的股东身份，而股东身份的取得具有较强的主观性，主要因履行对公司的出资义务、股权转让等法律行为而原始取得或继受取得。（3）拥有不同的可转让性。集体成员权必须依附于特定的集体成员权资格，具有强烈的身份权色彩，可转让性程度极低；股东权主要体现了股东在各类公司中的资产收益权，具有比较强的财产权色彩，可转让性程度比较高。（4）拥有不同的权利生成机理。从农村集体资产股份权能改革的实践看，集体资产股权的形成实际上农村集体产权进行产权明晰和产权再分解的产物，而公司股东权的生成则恰好相反，是股东向公司法人让渡个人产权而结合成公司法人财产权之后的产物。（5）拥有不同的表决权基础。集体成员权中的表决权主要根据集体成员身份而平等享有，一般采取人头多数决原则；股东权的表决权主要按照股东所持有的出资额或股份数额享有，一般采取资本多数决原则。（6）拥有不同的权利分配机制。一般而言，集体成员权下收益分配主要采用平等分配原则，凡是具有集体成员资格者应当享受同等待遇；股东权主要奉行同股同权原则，按照资本多寡享有股东分红。

2. 与合作社社员权之比较

从我国目前的立法状况看，狭义上的社员权专指《农民专业合作社法》中规定的社员权。从两种权利的运行环境和内在要素看，合作社成员权与农村集体经济组织成员权具有比较高的相似性。狭义社员权是指作为农民专业合作社成员的农民个体在取得社员身份后，对农民专业合作社所享有的各种权利的总称。除另有说明外，下文主要从狭义角度使用社员权一词。

农民专业合作社的社员权与集体成员权的相同之处，亦同样源于具有广义社员权的共同属性。主要表现在以下几个方面：其一，两者均属复合型权利，在权利体系的构成上都包括共益权和自益权。其二，在权利基础上，两者均与集体所有权密切相关，农村家庭承包经营责任制是两种权利的主要制度背景。其三，在权利的内容属性上，主要包括财产权利和管理权利。其四，在价值目标上，两种权利有利于实现弱势农民的联合并保障其生存发展权益。

实际上，两者存在比较大的区别，主要体现在以下几个方面：其一，成员的主体范围存在差异。从社员权的主体范围看，自然人、法人和其他组织均可以成为合作社的成员。但是，集体成员权的主体范围不包括法人和其他组织，仅限于自然人。其二，权利取得方式存在差异。集体成员权基于其成员身份而获得，而集体成员身份主要是基于血缘、姻亲等事实而自然取得，通过加入行为取得成员资格只是例外情形且并不必然要求履行出资义务。社员权的取得方式主要基于其社员身份，而社员身份主要基于作出入社行为、履行入社手续而取得，并应当根据章程规定履行出资义务。① 其三，两者依据的法律渊源存在差异。目前，规范集体成员权的专门法律规范尚付阙如，相关规定散见于《物权法》《村民委员会组织法》《土地管理法》等相关法律。社员权主要依据专门性法律进行规范，即主要适用《农民专业合作社法》的相关规定。其四，两者的权利表决依据存在差异。社员权的表决机制主要适用基本表决权和附加表决权的制度设计，基本表决权按照成员各享一票的规则确定，附加表决权按照出资额和交易额进行确定并进行上限限制。集体成员权中的表决机制主要采用人头多数决，即按照集体成员身份平等分配表决权，适用一人一票规则。

总而言之，这三个权利之间可谓既有相同之处，也存在较明显的不同之处。其相同之处的根源在于三者均是团体成员权的下位概念，自然应当符合成员权的一般法理并具有共性特征，从而可以寻找可资借鉴的制度要素用以观察、剖析和指明集体成员权的制度架构与实践运行。同时，通过辨明三个权利之间的个性差异，可以厘定集体成员权的运行边界及其个性特征，从而准确把握集体成员权制度的独特机理并结合我国农村实际情况设置具有科学性、合理性和正当性的权利运行机制。②

二、农村集体经济组织成员权的法律属性

（一）权利特性

权利特性能够揭示权利的基本位阶、法律性质和运行规则。从规范法学的视角看，集体成员权的权利位阶、权利配置、权利运行和权利救济等各种具体

---

① 《农民专业合作社法》第 19 条规定："具有民事行为能力的公民，以及从事与农民专业合作社业务直接有关的生产经营活动的企业、事业单位或者社会组织，能够利用农民专业合作社提供的服务，承认并遵守农民专业合作社章程，履行章程规定的入社手续的，可以成为农民专业合作社的成员。但是，具有管理公共事务职能的单位不得加入农民专业合作社。"第 23 条规定，"农民专业合作社成员承担下列义务：（一）执行成员大会、成员代表大会和理事会的决议；（二）按照章程规定向本社出资；（三）按照章程规定与本社进行交易；（四）按照章程规定承担亏损；（五）章程规定的其他义务。"

② 管洪彦：《农民集体所有制成员权研究》，中国政法大学出版社 2013 年版，第 58～59 页。

规则的立法设计，都会受其法律属性的内在约束。

第一，集体成员权具有法定性。集体成员权的法定性主要体现在权利内容和权利取得方式上。首先，集体成员权的具体权利及其具体内容一般不能由当事人根据意思自治予以任意创设或变更，其财产性权利和管理性权利需要有法律实现明确规定并完成赋权。其次，集体成员权的取得方式应当得到法律的认可，尽管原始取得受到习俗惯例的影响，继受取得受到集体成员共同意志的影响，但这两种方式存在的合法性在本质上都源于立法的承认和保障。①

第二，集体成员权具有复合性。集体成员权是集体成员在特定的农民集体内所享有的一种综合性权利，具有概括性和体系性，既包括具有财产内容的具体权利，如农地承包权、宅基地资格权、集体收益分配权等；也包括主要体现管理性内容的具体权利，如出席集体成员会议的权利、参与投票表决的权利、集体成员权撤销权以及集体成员监督权等。换言之，根据权利划分理论，集体成员权兼具自益权与共益权的属性，亦兼具财产权与身份权的属性，同时亦有经济性权利与管理性权利的属性。②

第三，集体成员权本质上属于民事私权。从实际运行情况看，集体成员权和村民成员权经常发生混淆，两者的部分权利在很大程度上表现出相似性、交叉性甚至相互替代性，比如集体成员和村民均享有民主管理权。从体制原因上看，这是由于村民委员会在实践中经常混同和取代了农村集体经济组织，导致农村集体经济组织沦为村民委员会的附庸或陪衬。实际上，农村集体经济组织是体现经济功能的产权主体，其集体成员权的核心素质和根本目的决定于集体土地所有权的生存保障功能，"土地集体制度赋予村庄内部每个合法成员平等地拥有村属土地的权利，而集体组织及其成员身份存在的一个主要目的，就是保证这些公共福利的均等性"③。尽管集体成员在农村集体经济组织中享有民主管理权等程序性权利，但其主要体现工具性价值而非目的性价值。《村民委员会组织法》中，村民的民主管理权主要具有目的性价值，实现对村民自治事务的自我管理。因此，从其权利性质看，集体成员权属于民事权利，而不是具有公法属性的宪法性权利。从学术界的主流观点看，集体成员权与财产利益紧密结合，与作为私权的集体所有权休戚相关，其法律本质仍是一种民事私权。④

第四，集体成员权具有专属性。根据权利的可移转性，民事权利可以划分

---

① 吴兴国："集体组织成员资格及成员权研究"，载《法学杂志》2006 年第 2 期。

② 李宴："关于农业集体经济组织成员权的法律探讨"，载《农村经济》2009 年第 7 期。

③ 汪洋："集体土地所有权的三重功能属性——基于罗马氏族与我国农村集体土地的比较分析"，载《比较法研究》2014 年第 2 期。

④ 王利明、周友军："论我国农村土地权利制度的完善"，载《中国法学》2012 年第 1 期。

为专属权与非专属权。专属权是指一般不具有可移转性而专属于特定权利人的权利。[①] 集体成员资格是享有集体成员权的前提条件，不具有成员资格者不能享有集体成员权。集体成员资格不能在不同的民事主体之间发生流转，集体成员权亦不能像财产权利一样发生流转。从这个意义上讲，集体成员权是专属于集体成员资格拥有者的特定民事权利。

（二）权利价值

集体成员权内蕴的法律价值是其质的内核和灵魂，赋予集体成员权作为具体权利应当承载的制度化功能。这又直接影响着集体成员权项下具体权利的配置、具体内容的设定和具体规则的设置。可以说，只有在权利价值的统帅和指引下，与具体制度相结合的集体成员权才能取得其法理正当性，进而使得其理论底蕴和权利体系变得更加深厚充盈。

1. 生存发展价值

生存权利是人类应当享有的天赋性权利，也是一切权利中最为根本、最为底线的自然权利。[②] 为了实现生存权利，人类必须占有各种必要的生存资料，而土地是其中最为重要的生存资料。《管子》曰："地者，万物之本源"，"夫民之所生，衣与食也。食之所生，水与土也"。不论何时何地，土地始终事关人类的生存发展。自夏商周以降及至中华民国时期，朝代和政权之所以频繁更迭，一个重要的因素是土地兼并，大量农民失去土地的基本生活保障而成为流民，进而铤而走险引发社会动荡。历史上大凡成功的经济改革，多是对土地制度进行调整，以缓解社会矛盾。但是，这些改革举措并没有从根本上解决问题，只要土地私有制长期存在，土地兼并问题就不可避免。当矛盾激化到一定程度时，土地问题往往成为朝代和政权更替的导火索。

中华人民共和国成立后，中央对土地制度进行了一系列影响深远的改革。1956年通过的《高级农业生产合作社示范章程》具有重要的历史意义。其中规定，主要生产资料的所有权归集体，高级社是实行集体劳动、成员各尽所能、按劳取酬的集体经济制度。这标志着个体农民私有、集体统一经营和使用的生产资料所有制转变为集体所有并统一经营的集体所有制，自此以后，土地集体所有制的基本产权形态未发生根本变革，具体的改革政策及其改革目标主要是针对经营方式的调整，以调动农民从事从业生产的积极性，在集体所有制的框

---

① 施启扬：《民法总则》，中国法制出版社2010年版，第34页。
② ［美］列奥·施特劳斯：《自然权利与历史》，彭刚译，生活·读书·新知三联书店2003年版，第232页。

架下实现对农民生存权利的保障。这就从根本上禁绝了长期困扰封建社会的土地兼并问题，有利于保障集体成员的生产经营权和最基本的生存权利，有利于奠定社会长治久安的制度基础。研究集体成员权及其实现机制，最根本的目的即是为了更好地保障集体成员的生存和发展权利。从司法实践看，人民法院审理土地承包经营权纠纷、土地征收补偿款分配纠纷、集体资产股份量化纠纷等涉农案件时一般都会考虑到这一权利价值，以尊重、保障和实现农村集体土地具有的生存保障功能。2018 年 12 月，全国人大常委会通过《关于修改〈中华人民共和国农村土地承包法〉的决定》，其中第六项强调农户内家庭成员依法平等享有承包土地的各项权益，第十项强调应当将具有土地承包经营权的全部家庭成员列入相关权证，实际上即是强调要平等保障农户内部的集体经济组织成员的生存权和发展权，避免户内的个别集体成员难以获得生存权益之保障。

2. 平等价值

对平等价值的追求是人类历史上弦歌不绝的永恒理想，也是构建民事法律世界必须一以贯之的承重梁柱。人类文明层次的日渐升级，市民社会范围的不断拓展，法律现代品格的逐渐成形，实际上就是人们追求平等、消灭特权的历史过程。正如梅因在其名著《古代法》中所提出的著名论断所说，"所有进步社会的运动，到此处为止，是一个从身份到契约的运动"。平等原则是我国民法的灵魂原则。[①] 涵指民事主体拥有平等的法律地位，享有同等的民事权利和接受同等的法律保护。当然，这种平等是一种抽象意义上的法律平等。

集体成员权的一般原理彰显了对平等价值的内在追求。其一，集体成员资格条件应当无差别地平等适用。集体成员身份是享有集体成员权的基本前提，满足相应的资格要件则是获得成员身份的先决条件。尽管每个村落的历史传承和现实情况存在较大差异，不同的农村集体经济组织在成员资格要件的具体设置上不尽相同。但是，在同一村落范围内或者同一农村集体经济组织的内部，特定的农民主体获取成员资格必须平等地、无差别地适用相同的资格条件。其二，集体成员平等享有本集体内部的各项成员权。集体成员在享有成员权时不但应当坚持身份平等，而且集体成员权的具体内容应当是无差别的。其三，集体成员行使成员权的各项权利时应当平等。实际获得权利利益是权利行使的终极目的，集体成员能否获得以及获得多少利益份额，直接关乎集体成员的生存和发展。因此，集体成员权的有效行使和充分实现，应当遵循适用平等的基本原则。其四，法律平等保护集体成员权。在立法过程中，法律规则应当对集体

---

① 《民法通则》第 3 条规定："当事人在民事活动中的地位平等。"《民法总则》第 4 条规定："民事主体在民事活动中的法律地位一律平等。"

成员权施予平等保护等，在保护条件、保护手段、保护期间等具体规则的设计上应当坚持平等原则。

3. 正义价值

在漫长的学术长河中，有关正义的学说和理论蔚为大观，相关文献可谓汗牛充栋，分配正义理论则在其中尤为璀璨亮丽。从分配正义理论的递嬗脉络可以发现，历史上先后出现过按照身份进行分配、按照优点进行分配、按照劳动进行分配、按照需求进行分配、无差别分配等分配正义的诸种原则。在集体成员权的配置过程中，必须将无差别分配原则作为核心原则予以适用。

集体成员权作为一种权利资源在农村集体经济组织内部进行无差别分配，自有其内在的深刻根源。首先，集体所有权具有的生存保障功能，是决定适用无差别分配原则的价值要素。其次，集体财产利益作为生存资源具有的极端重要性，是决定适用无差别分配原则的物质要素。集体成员在集体内部所分配的权利资源，主要包括农用地、宅基地、集体收益等集体财产，这直接关涉集体成员的生存、生活和发展。最后，无差别分配原则是我国长期历史过程中积淀而成，在我国有着深刻的历史基础和思想基础。长期以来，"不患寡而患不均"的思想深入人心，已经成为沁入农民血液的道德基因。因此，从我国农村的现实情况看，无差别分配原则事关集体成员的基本生活保障，也是目前被证明广为接受和认可的分配正义的实现方式。①

4. 秩序价值

良好的社会秩序是法律调整社会关系所孜孜追求的基本目标。法律调整社会关系，是希望把纷繁芜杂、杂乱无章的各种行为纳入秩序性轨道，通过基本行为模式及其法律规则的类型化设置使之具有规律性和条理性。从法社会的角度看，集体成员权实质上是农村社会关系的一种法律机制，意在调整农村集体经济组织及其成员之间、农村集体经济组织与国家之间、集体成员相互之间交互形成的网状社会关系，是国家立法为推动形成一定秩序状态而设置的一种制度装置。②

集体成员权的运行机理，对构建良好的法律秩序具有极为重要的实践价值。其一，通过立法构建集体成员权法律制度，可以在特定集体的内部场域中厘清、规范和引导集体成员与其所在农村集体经济组织之间的法律关系，明确各自的权利和义务，有利于推动微观层面的农村集体形成和谐稳定的内部秩序。其二，国家对受到侵害的集体成员权提供司法救济，有利于减缓和消除非理性涉农维

---

① 张恒山："论正义和法律正义"，载《法制与社会发展》2002 年第 1 期。
② 周旺生："论法律的秩序价值"，载《法学家》2003 年第 5 期。

权的发生概率，将涉农纠纷导入法治轨道，使得农村社会秩序保持在可控范围内并及时疏解各种涉农矛盾。其三，法律在划定集体成员权的权利边界时，既明确了集体成员自由行使其私权利的法律空间，也为防止行政权和司法权等公权力的不当介入构筑了法律防火墙，通过权利制衡权力、权力制约权力的法律机制推动形成均衡稳定的良好秩序。

概言之，集体成员权的制度设置具有充分的价值正当性，我国应当通过立法尽快明确承认集体成员权这种新型的民事权利，这对实现法律的诸种价值、保护集体成员合法权益以及推进村民自治建设都具有积极功效。

三、农村集体经济组织成员权的权利构成

（一）权利主体

1. 集体成员与村民之界分

当前，无论是在制度设计还是实际运行中，农村集体经济组织和基层群众性自治组织之间的关系都被明显混同。广大农民在权利行使和义务履行的过程中，并不能清晰地辨别其具体身份究竟是农村集体经济组织的成员身份还是基层群众性自治组织的成员身份。这种普遍的混同现象，对农村集体经济组织的主体制度及其内部治理机制都产生阻碍作用。但是，学术界有部分学者对此持认同态度，认为当前立法之所以未进行严格区分，其根源在于允许村民委员会代行农村集体经济组织管理集体财产的职能。实际上，这种现象是人民公社时代遗留下来的制度惯性所致，也是当前农村集体经济组织建设严重滞后的无奈之举。根据《民法总则》《物权法》的相关规定，在代表集体行使所有权、对集体财产进行经营管理时，农村集体经济组织处于优先于村民委员会的第一顺位，只有在未设立农村集体经济组织的情形下才由村民委员会代行相关职能，两者的法律地位不能等同，两者的职能行使也并不处于同一位阶。从大多数学者的意见看，还是应当将农村集体经济组织和村民委员会两类组织、集体成员和村民两种身份进行严格清晰的区分。"村民"应当是在村民自治背景下的主体概念，用以强调村级公共事务的民主管理。"集体成员"则是在集体所有制的产权背景下以财产要素为内涵的主体概念。一般而言，集体成员都是村民，而村民要取得集体成员资格还需满足相应的资格条件。但是，随着社会流动性的日益增强和城镇化水平的逐渐提高，两者之间的关系更加复杂，已经开始出现集体成员未必是村民、村民未必是集体成员的情形。

具体而言，其主要区别体现在以下几个方面：其一，集体成员和村民的身

份取得遵循不同的事实逻辑。一般而言，集体成员身份的正当性主要基于血缘、婚姻、收养等法律事实，村民身份的正当性主要基于户籍登记管理状况或在实际居住生活的客观事实。其二，集体成员和村民的身份关系适用于不同的法律场域。从我国目前的立法体系看，围绕村民身份而发生的社会关系主要由《村民委员会组织法》进行调整，而该法一般被认为属于公法范畴；调整因集体成员身份而发生的社会关系的《农村集体经济组织法》尚未出台，大多散见于《物权法》《农村土地承包法》等相关法律之中。其三，集体成员权和村民成员权拥有不同的权利重心。农村集体经济组织是一种经济意义上的产权主体，集体成员权的主要功能是承接集体产权的经济性利益，主要侧重于经济性权利。村民委员会是一种社会意义上的自治主体，村民成员权主要侧重于非经济性权利，通过参与共同管理实现自我治理或提供公共服务，更多涉及政治性或社会性的权利，如公共设施使用权、社区治理参与权、选举权和被选举权等。

2. 自然人与农户之界分

长期以来，我国的传统农业生产主要以户为基本单元。在传统农村家庭的内部成员之间，天然的血缘或姻亲关系能够将其凝合成低成本、高效率的生产生活单位，农户因而成为向农民个体提供生存资料的最优选择和农村社会的基本行动单位。农户家庭规模的缩小化和公共服务需求的扩大化存在较大张力，农户之间的合作需求因而滋生，各类农村合作经济组织体由此逐渐生成。从当前的农村社会看，农户在法律和政策体系中仍然扮演着极为重要的角色功能。比如，集体财产使用权的配置、集体收益的分享、重大事项的表决等一般都是以农户作为基本单位。基于此，有一种观点认为，可以从立法层面将农户家庭确立为农村集体经济组织的基本构成单元，取消农民个人作为集体成员的法律地位。实际上，这种观点既不符合法律主体的法理，亦不符合农村社会的常理。从法理上看，农户并不是一个规范明确的法律概念，如果将农户设定为集体成员，将使得集体成员难以在较长时间内保持法律主体应有的稳定性。因为农户并不具有明确的主体形态和稳定的组成结构，农户内的家庭人员可能随着时间、地点和环境等因素的变化而变化，往往具有较强的变动性和流动性。从实际情况看，以农户作为基本单位容易侵害新增人口的合法权益，因为集体财产权益通常以农户为单位已经分配完毕，户内新增人口权益的保障往往需要重新划分利益份额，这实际上将集体保障职能变相转嫁给农户，进而引发农户内部的冲突和不公。相比而言，以自然人作为农村集体经济组织的基本构成单元更具合理性。自然人的法律内涵和外延更加清晰稳定，权利义务更加容易确定，在实践中更具可操作性，更有利于保障成员个体的合法权益，使集体所有权承载的生存保障功能真正达至其预期效果。

概言之，其一，应当继续确立以自然人作为集体成员的法律地位，以自然人为单位分享集体财产权益并合理配置其应当享有的具体权利。其二，应当承认并发挥好农民以户为单位生存于农村社会的历史传统，充分尊重农户在实践中作为管理单位和行动单位的现实地位，比如以户为单位参加村民会议、承包集体土地、申请宅基地、发放土地权证等。①

3. 企业法人和其他组织不能成为集体成员

从集体成员权的实质内涵看，如果允许法人或其他组织以成员身份进入农民集体内部，将会对村社内部长期形成的群体归属感产生巨大冲击，使得村社内部的关系网络更加复杂多变。同时，企业法人具有的营利性本质必然会扰乱集体土地的制度功能，进而严重威胁国家的农业生产秩序。

（二）权利客体

根据民法的基本原理，集体成员权的客体应当是丰富多样的，既包括土地、建筑物等有形的物，亦包括行为、智力成果、有价证券以及权利等。其主要原因是，集体成员权作为一项附载身份利益的综合性权利，主要以集体资产作为配置对象和物质基础。根据《农村集体资产清产核资办法》的相关规定，集体资产包括土地等资源性资产、厂房等经营性资产以及公益设施等非经营资产。其中，集体土地是集体成员赖以生存的根本载体和最重要的农业生产资料，也是集体成员权指向的核心客体。实践中的理论研究和政策设计也主要围绕集体土地展开。从法律层面而言，尽管"成员集体"是集体土地所有权的权利主体，但是这一所有权主体并不拥有完整的权能，集体土地处分权由国家通过法律规定和政策要求事实上予以掌控。从某种程度上，我国集体土地的产权结构实际上处于三权割裂的状态：所有权由农村集体享有、承包经营权由集体成员享有、土地处分权由政府享有，在涉及集体土地的非农化使用或土地增值收益的具体分配时，"三权争利"成为我国农村社会屡发不绝的现象。

（三）权利内容

集体成员权作为一种复合型的权利，应当包括哪些具体权利，学术界对此存在一定争议。有的观点认为，可从总体上划分为经济性权利和非经济性权利：经济性权利主要包括农地承包经营权、土地征收补偿款分配权和集体收益分配权等，后者如监督权、民主管理权、选举经营管理者的权利、表决权、知情权

---

① 高达：《农村集体经济组织成员权研究》，西南政法大学民商法学专业 2014 年博士学位论文，第 115～117 页。

以及救济权等。有的观点认为，可以划分为自益权即集体成员的经济权利，以及共益权即对集体事务的管理权。有的观点从成员权的具体权能出发，将其划分为管理权、知情权、获益权和处分权等。尽管表述和分类存在差异，但其具体内容实际上并没有本质区别。

从理论上讲，集体成员权内容的具体设置，应当以推动成员权制度的目的和功能得以有效实现作为其法理起点和逻辑主线。其一，集体成员权的根本功能和核心功能是实现集体成员的生存保障。但是，随着我国农村社会市场经济的深度发展和城乡一体化进程的急剧加快，集体成员权立法不应当单纯局限于生存保障功能，而应当更加突出集体成员权的市场私权功能，并强化集体成员权的实际获益功能。从农用地的"三权分置"改革和宅基地的"三权分置"改革的基本趋向看，随着土地经营权和宅基地使用权的长期化、物权化甚至逐渐取得"准所有权"的法律地位，可以看出，如何使集体成员基于其成员权主体的身份获得实际的经济利益已经成为农村改革的核心命题。其二，立法既需要重视经济性权利，同样更需要重视集体成员的民主管理权。随着当前集体成员的自治意识、民主意识的不断增强，要求参与集体财产民主管理的呼声越来越高。同时，农村集体经济组织为了适应市场竞争、实现集体财产增值，也需要最大限度地凝聚集体成员的智慧和积极性。

四、农村集体经济组织成员权的历史考察

从纵向的历史视角审视，集体成员权制度在我国的确立和发展，经历了一个相对较长的渐进过程。2007 年 3 月通过的《物权法》，其中第 59 条、第 63 条等条款肯认了集体成员权制度。2011 年，最高人民法院修订《民事案件案由规定（2011）》，增设了"侵害集体成员权益纠纷"的专门案由。立法和司法逐渐确立集体成员权，不仅逐渐催生出一个法律概念及其学理体系，关键是日益构成了以集体成员权为核心范畴的一整套规则体系。通过对集体成员权进行历史分析，可以梳理其主要的发展演变过程，结合历史背景阐释其内在的发展规律，进而为完善我国当前的集体成员权制度提供借鉴。

（一）集体所有制建立初期

1950 年 6 月，我国颁行的《土地改革法》正式拉开了土地改革的历史帷幕，废除几千年来的地主阶级土地私有制，全面实施农民的土地私有制。土地改革完成后，封建地主阶级的土地所有制被废除，广大农民取得土地所有权。但是，这次土地改革主要解决了最基本的生产资料分配问题，还没有顾及农业

生产过程中面临的实际矛盾。比如，劳动力短缺以及农田水利设施、农用机具和田间道路设施严重匮乏等具体问题，直接影响到农业生产率的提高和农民实际生活水平的改善。这些问题具有的普遍性埋下了进一步调整改革的内在动因，农民之间自发性的生产互助合作成为必然选择。1953 年 2 月，《关于农业生产互助合作的决议》正式获得通过，该决议不但肯定了农民群众自发成立的农民劳动群众互助组织，而且进一步要求各地根据本地实际情况建立各种形式的互助组织。在这一历史脉动中，农业生产合作社作为比较成熟的互助组织逐渐产生和发展起来。需要注意的是，这一时期的各种农业生产互助组并不是一个产权主体，而是以农民的生产资料私有制作为联合基础的生产组织，互助组生产资料的所有权仍然为农户所有。但是，"在合作化运动中，一些地方却不顾实际情况，盲目求快求多，农民和政府及基层干部之间的紧张关系，甚至出现了不利于生产的现象。"[①]

1955 年通过的《农业生产合作社示范章程》是一部极具历史意义的重要立法文件。在该章程的第 1 条中，开宗明义地规定初级农业生产合作社之性质为集体经济组织，可以统一使用社员的主要生产资料并逐步实现公有化，以劳动群众集体所有制代替生产资料的私人所有制。[②] 因此，在实行初级农业合作社的一定历史时期内，对交由初级农业合作社统一使用的土地及其他生产资料，其产权形态在本质上仍然属于社员的私人所有制。申而言之，这一时期农民作为初级合作社的社员，其能够享有的权利范围极为狭窄，主要集中于具有财产利益的经济性权利。如果勉强将此类权利视作成员权的话，其权利本质截然不同于当前的集体成员权——此时社员享有的所谓成员权是以土地及其他生产资料的农民私有制为制度背景、以私人所有权的相互结合为基础的。相较而言，我国当前确立的集体成员权则是以集体所有制为制度背景、以集体所有权的产权分解为基础的。概言之，无论是早期的农业生产互助组，还是其后的初级农

---

① 胡震："1956《年农业生产合作社示范章程》立法的历史考察"，载《中国农业大学学报（社会科学版）》2018 年第 6 期。

② 《农业生产合作社示范章程》第 1 条规定："农业生产合作社是劳动农民的集体经济组织，是农民在共产党和人民政府的领导和帮助下，按照自愿和互利的原则组织起来的；它统一地使用社员的土地、耕畜、农具等主要生产资料，并且逐步地把这些生产资料公有化；它组织社员进行共同的劳动，统一地分配社员的共同劳动的成果。发展农业生产合作社的目的，是要逐步地消灭农村中的资本主义的剥削制度，克服小农经济的落后性，发展社会主义的农业经济，适应社会主义工业化的需要。这就是说，要逐步地用生产资料的劳动群众集体所有制代替生产资料的私人所有制，逐步地用大规模的、机械化的生产代替小生产，使农业高度地发展起来，使全体农民共同富裕起来，使社会对于农产品的不断增长的需要得到满足。"

业生产合作社，都不可能催生当前《物权法》意义上的集体成员权制度。[1]

在初级合作社示范章程的基础上，1956 年正式通过《高级农业生产合作社示范章程》。但是，初级合作社和高级合作社在产权属性上具有根本差异，前者以私有制为基础，后者以集体所有制为基础。[2] 根据该章程第 1 条和第 2 条的规定，高级农业生产合作社采取主要生产资料的集体所有制。[3] 其后，在全国范围内强力推动社员主要生产资料的农民私有制向主要生产资料的集体所有制过渡，从经济层面重构了农民与集体之间的生产关系。根据该章程的规定，社员让渡出主要生产资料的私有产权，在高级合作社取得参与民主管理、获得劳动报酬、享受集体文化福利事业、生活困难可以适当照顾等社员权利。由此，高级农业生产合作社的社员权利在这一影响极为深远的历史过程中逐渐萌生。从某种意义上讲，这种社员权利是我国当前集体成员权制度的原初状态。

1958 年通过的《中共中央关于在农村建立人民公社问题的决议》具有更为深远的历史影响。该决议要求把各地成立时间不长的高级农业生产合作社进行普遍升级，建立大规模、政社合一的农村人民公社体制。在国家强力主导下采取高度行政化的方式推进人民公社体制，是基于加速建设、提前建成社会主义并逐步实现共产主义的浪漫主义目标而采取的基本路径。[4] 因此，从人民公社体制的建设动因看，保护人民公社内的社员权益并不是其基本的出发点。由于特定历史时期的特定因素，社员权益在人民公社的初期阶段受到毁灭性侵害。尽管在其后的历次调整过程有所改观，但是农业服务于重工业发展的历史背景、高度集中统一的管理体制和人民公社政社合一的性质都决定人民公社体制下的社员权益不可能得到真正实现。应当说，这一时期是集体成员权曲折发展、艰难探索的历史阶段。

---

[1] 黄少安、孙圣民："1950—1962 年中国土地制度与农业经济增长的实证分析"，载《西北大学学报（哲学社会科学版）》2009 年第 6 期。

[2] 根据《关于〈高级农业生产合作社示范章程（草案）〉的说明》，"初级合作社是在私有的基础上，实行土地入股、统一经营的。高级合作社实行主要生产资料的完全集体所有制，这是初级合作社同高级合作社的根本区别。"参见廖鲁言："关于《高级农业生产合作社示范章程（草案）》的说明"，载《人民日报》1965 年 6 月 17 日。

[3] 《高级农业生产合作社示范章程》第 1 条规定："农业生产合作社（本章程所说的农业生产合作社都是指的高级农业生产合作社）是劳动农民在共产党和人民政府的领导和帮助下，在自愿和互利的基础上组织起来的社会主义的集体经济组织。"第 2 条规定："农业生产合作社按照社会主义的原则，把社员私有的主要生产资料转为合作社集体所有，组织集体劳动，实行'各尽所能，按劳取酬'，不分男女老少，同工同酬。"

[4] 《中共中央关于在农村建立人民公社问题的决议》明确提出："在目前形势下，建立农林牧副渔全面发展、工农商学兵互相结合的人民公社，是指导农民加速社会主义建设，提前建成社会主义并逐步过渡到共产主义所必须采取的基本方针。"

通过考察集体成员权的产生、背景及其发展路径可以看出，在集体所有制建立之前及建立的初期阶段，集体成员权制度的历史流变呈现出以下几个主要的阶段性面貌：

其一，在早期的农村生产互助组及初级农业生产合作社的历史时段内，现代意义上的集体经济组织成员权还没有真正形成。究其根源，尽管在农民之间结合的紧密度上存在差异，但农村生产互助组及初级农业生产合作社均是建立在主要生产资料农民私有制的基础之上，其产权基础是个人私有权的松散结合，这两类组织尚未获得真正独立的产权主体资格。因此，这两类组织体内部的农民享有的权利，与现代意义上建立在生产资料公有制基础上的集体成员权具有本质差别。

其二，在高级农业生产合作社阶段，社内成员对高级农业生产合作社享有的各种权利可以被视为现代意义上集体成员权的最早萌芽。特定的农民是否具有社员身份，是决定其能否享有高级社各种福利待遇的基本前提。这种在高级合作社语境下的社员权利以合作社作为义务主体、以集体所有制和集体所有权作为基本的产权框架，某种程度已经具备了现代集体成员权的基本质素。然而，从社员权展现出来的权利形态及其具体内容来看，它与现代意义上真正的集体成员权还存在极大差异，因此只能被视作一种原初萌芽。

其三，在人民公社时期，集体成员权具有以下几个特点：首先，人民公社的社员权，其具体内容具有混合性。人民公社实行政社合一、"一大二公""一平二调"等，社员权利的内容涉及政治、经济、文化和生活福利等各个方面的权利，具有多元要素的混合性。其次，人民公社时期承认社员享有财产权利和民主权利，在机制设计和权利配置上注意发挥社员参与民主管理的积极性，但是，历史事实已经证明其实际运行效果极不理想。最后，人民公社时期的集体成员权主要是一种政策性权利，即主要在政策文件中规定社员权利及其主要内容。在当时的历史时段内，特殊的历史背景决定了不可能从法律层面构建保障社员权的程序机制和实现机制，即便是有限的政策性赋权亦是流于形式。

（二）家庭联产承包责任制建立后

在这一历史时期，"三农"问题在中央的方针政策体系中居于极为重要的地位。由于中央的高度重视，有关"三农"问题的大量改革政策得到快速颁行，且事关全局性、基础性和战略性的政策主要采取中央一号文件的形式予以颁行。可以说，"三农"问题的解决在我国面临着前所未有的机会。

1978年我国开展的农村改革是一场伟大深刻的产权革命，从体制机制上克服了人民公社遗留下来的诸种痼弊。就改革的主要内容而言，一是废除政社高度合一的体制,实行政社分立,重建乡镇人民政府作为基层政权单位。二是打破集体高度统一的生产经营模式。在"三级所有、队为基础"的集体所有制背景下,实行家庭联产承包责任制,由农户家庭作为农业生产经营的基本单位。

1982年宪法通过后,尽管仍然延续"农村人民公社"的提法,但却从基本法层面确立了集体经济活动的自主权、农村家庭的生产经营自主权和集体成员的民主管理权。[①] 1986年颁布并施行至今的《民法通则》,在我国民事立法的历史史上具有筚路蓝缕的开创性地位。该法进一步从民事基本法的层面确立了集体所有权和土地承包经营权,[②] 并肯定了农村承包经营户的法律地位。[③] 由此,我国立法从国家根本大法和民事基本法的法律层面,循序渐进地肯定了农村集体财产实行的"公有私用"模式,逐渐确立农业生产经营模式的双层经营体制。

其后,我国"三农"问题的政策推行和立法进程逐渐进入快车道,逐渐巩固了双层经营体制。伴生于这一历史转变过程,相关涉农立法逐渐肯认了集体成员应当享有的各项权益,只不过集体成员权的相关法律规范仍然呈现出零散化、碎片化的格局,直至今日仍未从根本上得以改变。从实际效果看,集体成员权内容的日益丰富和逐渐深入,激发了农民集体成员从事生产生活的热情和进行制度创新的活力,农村生产力得到蓬勃发展,农民生活水平得到极大改善。可以说,这一时期是我国集体成员权制度的迅猛发展时期。

全面实施家庭联产承包责任制以后,随着农村各项制度的改革创新和一系

---

① 1982年通过的《宪法》第8条规定:"农村人民公社、农业生产合作社和其他生产、供销、信用、消费等各种形式的合作经济,是社会主义劳动群众集体所有制经济。参加农村集体经济组织的劳动者,有权在法律规定的范围内经营自留地、自留山、家庭副业和饲养自畜。"第10条规定:"农村和城市郊区的土地,除由法律规定属于国家所有的以外,属于集体所有;宅基地和自留地、自留山,也属于集体所有。"第17条规定:"集体经济组织在接受国家计划指导和遵守有关法律的前提下,有独立进行经济活动的自主权。集体经济组织依照法律规定实行民主管理,由它的全体劳动者选举和罢免管理人员,决定经营管理的重大问题。"

② 《民法通则》第74条规定:"劳动群众集体组织的财产属于劳动群众集体所有,包括:(一)法律规定为集体所有的土地和森林、山岭、草原、荒地、滩涂等;(二)集体经济组织的财产;(三)集体所有的建筑物、水库、农田水利设施和教育、科学、文化、卫生、体育等设施;(四)集体所有的其他财产。集体所有的土地依照法律属于村农民集体所有,由村农业生产合作社等农业集体经济组织或者村民委员会经营、管理。已经属于乡(镇)农民集体经济组织所有的,可以属于乡(镇)农民集体所有。集体所有的财产受法律保护,禁止任何组织或者个人侵占、哄抢、私分、破坏或者非法查封、扣押、冻结、没收。"第80条规定:"公民、集体依法对集体所有的或者国家所有由集体使用的土地的承包经营权,受法律保护。承包双方的权利和义务,依照法律由承包合同规定。"

③ 《民法通则》第27条规定:"农村集体经济组织的成员,在法律允许的范围内,按照承包合同规定从事商品经营的,为农村承包经营户。"第28条规定:"个体工商户、农村承包经营户的合法权益,受法律保护。"

列法律法规的颁布实施，集体成员权的权利体系和权利内容逐渐得到充实和提升。从立法视角而言，主要表现在以下相关法律法规之中：

1982年通过的《宪法》、1986年通过的《民法通则》确立了家庭联产承包责任制和双层经营体制，从总体上构成了集体成员权的法律背景和制度空间，也为集体成员在特定的农村集体经济组织中享有各项成员权益提供了制度依据。

1986年制定、2004年修改的《土地管理法》，主要通过一系列法律条文明确赋予集体成员享有土地承包经营权、宅基地使用权、集体收益分配权、民主决策权、知情权和监督权等成员权内容。

1998年制定、2010年修改的《村民委员会组织法》赋予并不断强化广大村民对村社共同事务享有的集体成员权益。总体上，《村民委员会组织法》主要是从村民自治的治理视角进行立法构造，特别是突出村民享有的诸多非财产性权利，如民主管理权、民主监督权、村民撤销权、民主选举权等权利。从组织属性上来讲，农村集体经济组织和村民委员会在其法律性质上存在根本差异，拥有截然不同的运作机理。但是，在我国农村社会的现实背景下，农村集体经济组织和村民委员会在实践中存在高度的组织混同现象，村民委员会的成员和农村集体经济组织的管理者之间普遍存在交叉任职现象，村民和集体成员之间往往被等同对待。因此，《村民委员会组织法》中规定的村民权益，实际上可以被视作集体成员权的子权利，这已为司法实践所证实。

2002年制定、2018年修改的《农村土地承包法》，按照"三权分置"的改革思路对土地承包经营权的权利架构进行精细化设计，并按照土地承包权作为成员权的法律属性调整和新增相关规则。①

（三）《物权法》实施后

2007年通过的《物权法》以基本财产法的法律形式明确国家所有权、集体所有权和私有财产权的平等保护，被认为是真正体现我国的基本经济制度、规范财产关系的民事基本法。《物权法》中创新性地确立了集体成员权制度，具有极为重要的开创性价值，这表明我国集体成员权在立法层面开始进入理性成长的新阶段。从地位上看，有关集体成员权的内容主要集中在《物权法》对农民集体所有权保护的相关条款之中。具而言之，主要有以下几个方面的立法创新：

---

① 根据《全国人民代表大会常务委员会关于修改〈中华人民共和国农村土地承包法〉的决定》，新的《农村土地承包法》第9条规定："承包方承包土地后，享有土地承包经营权，可以自己经营，也可以保留土地承包权，流转其承包地的土地经营权，由他人经营。"第10条规定："国家保护承包方依法、自愿、有偿流转土地经营权，保护土地经营权人的合法权益，任何组织和个人不得侵犯。"

其一，《物权法》明确承认了集体财产所有权的权利主体，并在第59条中引入"成员集体"的创新性表述。① 长期以来，"农民集体"作为集体财产的所有权主体，被认为内涵过于模糊而易被架空。《物权法》第59条则引入"本集体成员集体"的表述进行明确，"成员集体"的概念无疑凸显了集体成员作为集体财产的终极权利主体地位，比较清晰地昭示集体成员权制度的立法确立。同时，《物权法》第60条明确规定了集体所有权的代表行使机制，即集体所有权由农村集体经济组织、村民委员会或者村民小组等主体代表行使。② 这对廓清集体所有权制度存在"产权不清晰"的流弊具有极为重要的意义，不仅有利于从理论上弥合有关集体所有权本质的学术分歧，而且有利于强调集体成员合法权益的保护和真正实现集体土地所有权应当具有的生存保障功能。

其二，《物权法》进一步确认集体成员的民主管理权，有利于拓展和充实集体成员权的权利体系。根据第59条的规定，行使集体所有权的有关事项"应当依照法定程序经本集体成员决定"，同时明确了应当由集体成员民主决定的具体事项范围，实际上初步厘清了集体成员权中民主管理权、民主决策权的权利范围。这对保障集体成员民主管理权的有效实现、优化农村集体经济组织内部管理机制、实现集体经济的民主自治都具有非常重要的实践价值。

其三，《物权法》明确规定集体财产的管理者有公布集体财产状况的法律义务。③ 该法第62条的立法目的是赋予集体成员对集体财产状况的知情权，只不过其法律规则的具体设计是将知情权转换成集体经济组织或者村民委员会、村民小组的法律义务。权利可以放弃，义务必须履行。这种立法技术的处理可以提高集体成员知情权的保护水平。从确立集体成员知情权的实践价值来看，对鼓励集体成员积极参与集体事务的民主管理具有促进作用，有利于提高集体成员监督集体经济组织或者村民委员会、村民小组中相关经营管理人员的实际效能。

其四，《物权法》明确规定了集体成员撤销权。根据第63条第2款的规定，集体成员有权诉请法院撤销侵害其合法权益的集体决定。④ 2011年，《民事案件

① 《物权法》第59条规定："农民集体所有的不动产和动产，属于本集体成员集体所有。"

② 《物权法》第60条规定："对于集体所有的土地和森林、山岭、草原、荒地、滩涂等，依照下列规定行使所有权：（一）属于村农民集体所有的，由村集体经济组织或者村民委员会代表集体行使所有权；（二）分别属于村内两个以上农民集体所有的，由村内各该集体经济组织或者村民小组代表集体行使所有权；（三）属于乡镇农民集体所有的，由乡镇集体经济组织代表集体行使所有权。"

③ 《物权法》第62条规定："集体经济组织或者村民委员会、村民小组应当依照法律、行政法规以及章程、村规民约向本集体成员公布集体财产的状况。"

④ 《物权法》第63条规定："集体经济组织、村民委员会或者其负责人作出的决定侵害集体成员合法权益的，受侵害的集体成员可以请求人民法院予以撤销。"

案由规定》新增"侵害农村集体经济组织成员权益纠纷"的专门案由，为集体成员维护自身合法权益提供了有效的法律渠道和法律工具。[①] 在某种程度上，集体成员撤销权有利于防止集体财产的经营管理人员滥用其管理权侵害集体财产，对避免集体所有权代表主体及其管理者限制或剥夺集体成员合法权益的高发具有重要价值。

2013 年 11 月，党的十八届三中全会在集体成员权制度的发展历史具有里程碑意义。公报首次提出"保障农民集体经济组织成员权利"的创新性命题及其具体实现路径，为我国农村集体产权制度持续深化改革提供了方向性指引，亦为我国集体成员权制度的未来发展指明了最终目标。从其具体内涵而言，主要有四个方面的内容和意义：其一，通过构建集体成员登记备案机制，在特定农村集体经济组织范围内界定和厘清拥有集体成员资格的人员，在实现"确员"的基础上为集体成员应当享有的实体性权利提供基本保障，如土地承包经营权、宅基地使用权和集体收益分配权等。其二，根据我国农村社会的实际情况，在产权经济学理论一般原理的指导下持续巩固农村土地承包关系，大力推进土地承包经营权的确权颁证工作，并以此基础上逐步推行土地股份合作制改革、探索成立土地股份合作社等统一经营模式的组织形态。其三，在充分尊重集体成员的主观意愿和创新精神的前提下，按照"一村一策"的原则循序渐进地推进农村集体资产股份权能改革，逐步赋予集体资产股权的有偿退出权、继承权、抵押权、担保权等具体权能，做实做强集体资产股权。其四，通过完善农村集体资产股份台账制度和集体收益分配制度，着力增加广大农民的财产性权利以使其切实分享发展集体经济带来的实际利益。

可以看出，农村集体资产股份合作制改革中生成的集体资产股权，是集体成员权在新一轮农村集体产权制度改革浪潮中的优化版和升级版。

五、农村集体经济组织成员权的理论基础

尽管我们主要从法学视角解析集体成员权，但是，深入分析这一问题需要运用经济学、社会学等相关学科的理论范式，这实际上是由农村问题的异常复杂性所导致。基于此，从经济学视角，需要概要解析产权理论、交易费用理论等以分析其经济学基础；从社会学视角，需要引入乡村治理理论、集体行动理论等阐释其社会学基础；从法学视角，需要运用社员权理论、土地切割理论等分析其法学基础。

---

① 管洪彦：《农民集体所有制成员权研究》，中国政法大学出版社 2013 年版，第 63 页。

（一）经济学基础

土地产权理论是马克思在深度剖析资本主义农业生产力和农业生产关系对土地产权关系的影响机理后创新性地提出的重要理论贡献。[1] 马克思的土地产权理论认为，土地是一切生产和存在的源泉，土地终极所有权是土地产权制度的核心范畴，决定着土地产权制度中其他各种相关的衍生权能，如使用、收益、转让、抵押等各种具体权能。[2] 从我国农村社会的实际情况看，"成员集体"是农村土地的所有权主体，由农村集体经济组织代行其所有权职能，只不过集体土地所有权的处分权能仍然受到国家的严格控制。土地衍生权能的具体行使，必须依托土地终极所有权主体的代理人，即需要借助具有"准所有人"地位的农村集体经济组织方能得以有效实现。集体成员基于其土地产权主体的身份对集体土地所享有的各项权利，是集体成员权诸项权利中最为核心的范畴。

交易费用理论是科斯的重要理论创见，对新制度经济学具有直接启迪的作用。自科斯明确提出交易费用的概念之后，威廉姆森在前人研究成果的基础上最终创立了交易费用经济学。交易费用理论的提出，从根本上修正了新古典主义的经济假设，即完全理性、完全信息和最大化的经济假设在现实中并不存在，取而代之的是有限理性、信息不对称和交易费用。交易费用概念是制度经济学的核心概念，交易费用理论是现代产权理论体系的基石范畴。根据科斯及其追随者的观点，能否大幅度降低交易费用，是一种新的经济组织或者经济制度之所以能够形成或优化的关键原因。[3] 根据交易费用理论，集体成员权的权利配置和制度优化，应当能够大幅度减少权利运行环节产生的各种交易成本，减少农村集体经济组织内部的制度性摩擦，从而提高集体成员权界定机制和实现机制的实际效能。尤其应当指出的是，以科斯为代表的产权学派提出的现代产权理论，对如何明晰集体有产权和如何进一步提出改革政策都具有极为重要的理论意义和实践意义。

（二）社会学基础

目前，乡村治理理论的分析框架被广泛应用于提升现代农村治理水平的理论研究和政策制定之中。从多个维度观察，学术界有关乡村治理的代表性观点

---

[1]　王忠林：《我国农村集体土地流转制度研究——基于对山东省滕州市农村集体土地流转制度改革的考察》，中国海洋大学农业经济管理专业 2011 年博士学位论文，第 19 页。

[2]　王昉："马克思的土地产权理论与传统中国社会农村地权关系"，载《理论前沿》2008 年第 15 期。

[3]　杨爱民："交易费用理论的演变、困境及发展"，载《云南社会科学》2008 年第 4 期。

包括参与治理理论、多中心治理理论、协商治理理论以及合作治理理论等，都在政府和乡村社会的二元分析框架之下或以这一框架为参照系，不同程度地涵摄了治理主体、治理权配置、治理目标、治理过程等诸多要素。其一，从治理主体的发展趋势看，逐渐呈现出多元化的特点。参与乡村社会治理的主体，不仅仅局限于传统的政府触角，其主体范围逐渐扩大至乡土社会的各种组织和农民个人，尤其是农村集体经济组织和乡贤。其二，从治理权的分享机制看，逐渐呈现出多样态的特点。我国的乡村社会具有独特的历史脉络和现实语境，能够实际参与或影响乡村治理的社会权力有着各种各样的存在依据和表现形态。从权力的属性看，这些权力并不具有公法属性的依据，实质上属于私权力的范畴。从总体上看，这种多元化的公权力和私权力的配置格局，在乡村社会的治理过程中事实上发挥着极为重要的作用。其三，从乡村治理的目标看，逐渐呈现明晰化的特点。尽管不同的治理样态有着不同的目标追求，但其根本目标仍然是推动乡村社会实现总体福利的最大化，在现实的乡村行动网络中使乡村治理所涉及的各方主体呈现出和谐状态。其四，从乡村治理的过程看，逐渐呈现出自治化的特点。在微观层面的乡村治理中，其核心质素和制度内涵是实现乡村社会的民主自治，以民主促共治，以自治求善治。国家公权力的介入主要体现在宏观层面的政策支持和引导，不能介入具体的治理过程和个别的治理实践。村民委员会作为特别法人是基层群众性自治组织，主要行使乡村社会中具有公法色彩的政治性权力。农村集体经济组织是由《宪法》《物权法》《民法总则》等法律规定的集体所有权的代表主体，承担集体财产的经营管理职能以及主要享有由此而生的经济性权力。在我国乡土社会的现实语境中，土地是农民实现生存的最终保障，因此对以土地所有权为基础成立的农村集体经济组织具有天然依赖性，更倾向于通过参与治理集体财产实现自我管理，即通过集体成员权制度的有效实现参与到乡村治理的具体过程中。

集体行动理论是奥尔森的理论贡献。传统的利益集团理论从经济人假设的基本预设出发，认为所有成员都具有追求自身利益最大化的经济理性，因而集团成员能够采取一致的集体行动，集团本身也能够为其共同利益的最大化采取行动。奥尔森修正了这一逻辑，认为仅仅与自身利益相一致，并不必然使得集团成员自发自愿地采取一致性行动，集体成员具有的搭便车心态可能导致集体行动的困境。集团实现其共同利益目标的影响因素，与集团规模的大小、选择性激励措施的合理设计等密切相关，[1] 小规模集团和选择性激励有利于避免搭便车现象，可以助益于突破集体行动的困境。农村集体经济组织是以土地为枢

---

① 沈荣华、何瑞文："奥尔森的集体行动理论逻辑"，载《黑龙江社会科学》2014 年第 2 期。

纽连接而成、由一定区域内的农民相互结合的利益共同体，集体成员如欲实现自身的利益必须团结在一个稳定的组织之内。在农村集体产权变革的过程中，由农民在特定集体范围内组成的农村集体经济组织，其最终目标是为了维护和扩大农民的财产性利益。按照集体行动理论的逻辑，集体成员必须对农村集体经济组织享有充分完整的成员权利，才有可能为了维护自身合法权益而采取一致的集体行动。更为重要的是，立法应当采取措施尽可能降低集体成员行使权利的成本、提高集体成员行使权利的直接收益，即为集体成员采取一致的集体行动设置合理的激励机制。

（三）法学基础

在私法视域内，社员权理论是集体成员权制度的重要理论基础。但是，我国目前的社员权理论尚不成熟。从狭义上讲，社员权往往针对合作社的成员。就此而言，不同于集体成员权的不确定性，狭义上的社员权被明确认可为民事权利之一，并通过专门的《农民专业合作社法》得到制度性确立。就合作社的利益架构而言，社员针对不同对象在合作社的内部和外部具有不同的利益诉求。在合作社内部的利益形态之中，社员主要以个体成员身份对经营管理人员产生直接的利益诉求，核心是要求经营管理者履行忠实义务和勤勉义务，通过合作社利益的最大化实现成员整体利益的最大化，这种利益形态对社员具有直接性和现实性。在合作社外部的利益形态之中，社员通过具有独立地位的合作社法人对合作社的交易对象、相关政府部门产生各种间接的利益诉求，这种利益诉求主要是合作社法人的利益诉求，对社员具有间接性和潜在性。从团体法的基本法理看，合作社的内部场合是社员权适用的法律场域。实质上，社员个体试图依靠个体力量的相互结合改变外在竞争环境中的弱势地位，这种互助合作的共同需求构成了合作社的现实基础。但是，要实现互助合作的最初目的，合作社就必须尊重社员民主、自治和独立的制度诉求，强调合作社事业的自治管理、民主控制和自我监督。① 申言之，合作社的社员必须拥有属于自己的权利，即享有社员权。从广义层面而言，社员权发生于团体法的法律语境中，是团体成员对团体享有的各项权利。集体成员权作为社员权的类型化形态，是一种广义上的特殊社员权。

英美法系中有关土地权利切割的理论，对研究集体成员权亦有重要参考价值。从经济学的角度看，土地权利切割理论实际上是产权分割理论的法律表现。对特定时间内的特定土地而言，法律上的土地所有权并非不能进行产权分割，

---

① 张德峰：“合作社集体社员权论”，载《政法论坛》2014 年第 9 期。

而是可以在不同主体之间通过产权的分割行为优化资源配置。比如，某甲对特定土地享有终身地产权，但是，这并不排斥某乙在同一时期享有该特定土地的剩余权利。① 简言之，土地权利切割理论的权利架构，实质上是允许诸多不动产权利同时存在于同一块特定土地。首先，从空间维度看，土地所有权可以进行平行切割。从英美社会早期普遍存在的情况看，数个人可以在同样时间内用同样的方式对同一个物享有所有权。其次，从时间维度看，土地所有权可以进行纵向分割，即某特定土地可以由不同的人连续持有。"成员集体"是集体土地的所有权主体，农村集体经济组织或者村民委员会是居于集体土地"准所有人"地位的管理主体，集体成员则是集体土地的用益物权主体，这三类主体均同时拥有不同的集体土地产权。对这种不同于传统所有权理论的产权架构，用民法的基本法理解释起来比较困难，但是，借鉴英美法系中的土地权利切割理论就可以很好地得以解释。

---

① 陈永强："英美法上的所有权概念"，载《私法研究》2014 年第 2 期。

第二章
农村集体经济组织成员权的实然分析

准确把握农村集体经济组织成员权的现实样态，是研究成员权问题的现实基础。本部分主要是在梳理相关法律规则、地方规定以及相关司法政策的基础上，通过搜集、研析司法实践中的相关案例以准确把握集体成员权问题的实践争议和主要问题，并结合新一轮农村改革的顶层设计探寻其深层次根源。

一、农村集体经济组织成员权立法的规则梳理

目前，我国尚未针对集体成员权进行统一立法。有关集体成员权的法律规定，主要分散于与土地相关的法律法规以及部分省份的地方立法之中。同时，《村民委员会组织法》亦涉及集体成员权的部分内容，主要因为人民法院在处理侵害集体成员权益纠纷的案件中，往往援引《村民委员会组织法》的相关规定。这些零星分散的法律规范，初步为集体成员权制度勾勒出大体的法律框架。

（一）现行立法的相关规定

1. 《物权法》的相关规定

在《物权法》中，有关集体成员权的规定主要涉及集体成员享有的重大事项表决权、知情权、撤销权和监督权等具体权利。

《物权法》第59条第1款规定在集体经济组织中，本集体成员构成的"成员集体"享有集体财产所有权，从法律规则层面揭示出集体成员与集体所有之间的产权关系。在第59条第2款中则规定了集体重大事项需由本集体成员按照法定程序共同决定，表明了集体成员享有重大事项表决权，凸显出集体成员在集体财产管理活动中的主体地位，在一定程度上，这有利于保障集体成员参与集体事务、维护成员自身的合法权益。

《物权法》第62条通过明确集体经济组织、村民委员会及村民小组向集体

成员公布集体财产状况这一法定义务，从反向维度强化了集体成员对集体事项的知情权。从农村集体经济组织法人的内部治理来看，这有利于破解经营管理者与集体成员之间信息不对称的固有困局。一方面，使集体成员在充分掌握集体财产状况真实信息的基础上积极有效地参与集体重大事项的决策，科学行使其决策权。另一方面，集体财产事关集体成员的切身利益，要求农村集体经济组织、村民委员会等主体主动向集体成员公布集体财产状况，亦有助于实现集体成员对相关经营管理人员的监督进而保护集体成员自身的合法权益。

《物权法》第63条是一个重要的制度创新。该条规定了集体成员的合法权益受到集体决定侵害时，有权向人民法院请求撤销有关决定，从而构建了集体成员撤销权制度，这为受到集体决定侵害的集体成员提供了维护自身权益的实体依据并初步打通了司法救济的法律渠道。

除了以上集体成员所享有权利的有关规定外，《物权法》在第59条第2款中有关集体经济组织成员共同决定集体重大事项的条款中，规定了集体成员有权就土地承包方案以及土地补偿费等费用的使用、分配方法作出决定，表明集体成员有权参与到村集体财产的具体处分过程中，享有对土地承包经营权及土地补偿等费用的分配权。

2. 《农村土地承包法》《土地管理法》的相关规定

2018年，《农村土地承包法》在"三权分置"改革的背景下进行了较大修正。第5条强调集体成员享有承包由集体经济组织所发包土地的权利，[①] 第10条强调承包方的土地流转权，[②] 第16条强调农户内家庭成员平等享有承包土地的各项权益，[③] 第17条强调了承包方的主要权利。[④] 修改后的《农村土地承包法》，是对"三权分置"改革的制度化和法制化，对保障农村集体经济组织及其成员的合法权益、促进现代农业发展具有重要意义。

《土地管理法》第62条明确了集体成员享有宅基地使用权，一户村民只能

①《农村土地承包法》第5条规定："农村集体经济组织成员有权依法承包由本集体经济组织发包的农村土地。任何组织和个人不得剥夺和非法限制农村集体经济组织成员承包土地的权利。"

②《农村土地承包法》第10条规定："国家保护承包方依法、自愿、有偿流转土地经营权，保护土地经营权人的合法权益，任何组织和个人不得侵犯。"

③《农村土地承包法》第16条规定："家庭承包的承包方是本集体经济组织的农户。农户内家庭成员依法平等享有承包土地的各项权益。"

④《农村土地承包法》第17条规定："承包方享有下列权利：（一）依法享有承包地使用、收益的权利，有权自主组织生产经营和处置产品；（二）依法互换、转让土地承包经营权；（三）依法流转土地经营权；（四）承包地被依法征收、征用、占用的，有权依法获得相应的补偿；（五）法律、行政法规规定的其他权利。"

申请一处宅基地，① 表明宅基地使用权作为专属于集体经济组织成员的权益具有生存保障功能。实践中，违法买卖宅基地使用权的行为屡禁不止，国家基于农村地区正处于新发展阶段的现实需要，正在谨慎地推行宅基地"三权分置"改革和有关宅基地使用权流转改革的地方试点。但是，无论未来的改革趋向如何，保障集体经济组织成员拥有必要的宅基地使用权和基本的居住权益都应当是其根本落脚点。

3. 《村民委员会组织法》的相关规定

《村民委员会组织法》较多规定了村民享有的各项财产性权利和非财产性权利。第13条规定了已满18周岁的公民享有选举权和被选举权；第23条列明了村集体经济组织成员有权通过村民会议的形式对集体经济组织的内部事项进行决议、撤销或改变等，体现出村民享有的民主决策权。第30条通过构建村务公开制度，保障了村民享有的知情权与监督权。这些条文都是集体成员享有非财产性权利的具体表现。村民通过民主决策决定的集体内部事项包含村集体经济组织所获收益的使用和分配方案、土地承包经营方案、宅基地使用方案等，从而保障了集体经济组织成员享有集体收益分配权、土地承包经营权、宅基地分配权等诸多财产性权利。

（二）地方有关立法

其一，广东省。广东省在《广东省农村集体经济组织管理规定》第5条中明确了对集体成员资格认定所依据的标准，要求集体成员权的获得需要满足具有本集体经济组织的户籍和履行应尽义务这两个条件。此外，该管理规定还以开始实施家庭联产承包责任制为界限将集体经济组织的成员划分为两种，一是对于那些仍然具有原先人民公社、生产大队、生产队户籍的集体成员，直接认定其具备成员资格；二是对于那些本就是集体经济组织成员的村民，其抚养的子女自然同样具备成员资格。

其二，湖北省。湖北省在《湖北省农村土地承包经营条例》中，较明确地规定了集体成员权利取得的标准。其中，第9条确立了以"户籍"作为认定成员身份的首要标准。此外，还明确规定出嫁女、入赘女婿、离婚或丧偶妇女在没有将户口迁入新的农村集体经济组织的情况下，仍具有本集体经济组织成员身份。

---

① 《土地管理法》第62条规定："农村村民一户只能拥有一处宅基地，其宅基地的面积不得超过省、自治区、直辖市规定的标准。农村村民建住宅，应当符合乡（镇）土地利用总体规划，并尽量使用原有的宅基地和村内空闲地。农村村民住宅用地，经乡（镇）人民政府审核，由县级人民政府批准；其中涉及占用农用地的，依照本法第44条的规定办理审批手续。农村村民出卖、出租住房后，再申请宅基地的，不予批准。"

其三，安徽省。安徽省在《安徽省实施〈中华人民共和国农村土地承包法〉办法》中，对于集体经济组织成员权利的取得问题也有一些规定。安徽省同样采取了以"户籍"为依据判断是否具有本集体经济组织成员身份，户口在本集体经济组织内的主体自然就具有成员身份。同时，该办法针对特殊群体的成员资格作出规定，如外出务工、服兵役、外地求学或者服刑、死亡、妇女结婚或者因结婚男方到女方家落户等人员是否具有集体成员资格的认定标准，与湖北省的规定基本相同。

二、农村集体经济组织成员权运行的主要问题

当前，在我国全面实施乡村振兴战略和加快推进农村各项改革的新形势下，相关涉农立法的一个重大难题便是亟须通过立法确立集体成员权制度，同时需要构建有关配套机制促进成员权利的有效实现。"保障农民集体经济组织成员权利"这一命题在党的十八大报告、十八届三中全会等中央文件中被反复提及，但令人遗憾的是，实践中广大农民实体性成员权被侵害的问题层出不穷，尤其是来自集体组织内部的侵害行为屡禁不止；从程序上看，原本应通过合法程序得到体现的集体意志逐渐失去了其产生根基，农民无法通过合法的程序机制表达意见，集体成员权利被严重虚化；而集体成员在权利受到侵害后，大多采取一些非理性的方式进行维权，这表明集体成员很难通过司法介入和诉讼机制保障其自身合法权益；各地的有关政策性文件和司法意见具有层级低、效力弱、位阶不高、相互冲突的特点，我国司法实践在处理相关涉农问题时也存在同案不同判的现实窘象。对此，可以结合现有规定通过梳理和剖析相关司法案例，提炼和总结出集体成员权在其实现过程中存在的真实问题。

（一）集体成员权主体的法律规定较为滞后

农民集体具有何种法律地位，与农村集体经济组织之间的关系如何，由哪些成员构成以及如何认定是否具有成员资格等问题，我国现行立法均未能作出明确规定。从我国的地方性立法看，虽有部分省份的地方性立法涉及集体资格的界定标准问题，但仍然存在较明显的规则缺失。首先，很多省份尚未制定有关的地方性立法和政策性文件，在处理集体成员资格争议时大都处于缺乏法律依据的尴尬境地，较多省份对这一问题尚未能给予足够的立法重视。其次，对于已经对集体成员资格问题作出界定的地方性立法来说，其界定标准往往并不一致。在人口流动频繁的现实背景下，跨省市的当事人就集体成员资格认定问题产生矛盾时，地方立法的冲突问题就极易显现出来。最后，我国关于集体成

员资格的地方立法普遍存在位阶较低的问题。有的地方只是就该问题出台政府规章或者仅是制定政策性文件，尚未通过地方人民代表大会或其常委会制定专门的地方性法规。①

从我国当前地方立法存在的问题来看，一方面是虽有地方立法，但因立法标准有分歧而造成立法冲突，另一方面是因地方立法的缺失助长了农村集体经济组织或村民委员会通过形式上的"集体决策"侵害少数成员合法权益的不正之风。

司法实践中，大量有关集体成员资格认定的纠纷都是由集体成员权主体的法律缺失或相互冲突所造成的。通过分析 120 余份集体成员权益纠纷的样本案例发现，涉及集体成员资格认定问题的案件占比在 85% 以上，其中长期在外务工者、出嫁女及其子女、空挂户、大中专学生以及其他一些特殊群体成员身份的取得与丧失问题又成为成员资格认定纠纷的主要诉争点。

其一，大中专学生。从我国户籍制度的有关规定来看，出于便于管理等因素的考虑，对于大中专学生，如果其属于农业户口，可以决定将户口迁往就读学校所在地，待其毕业后既可以选择将户口迁回原所在村集体的户籍地，也可以选择将户口迁往工作单位所在地。首先，那些将户籍迁往就读学校的大中专学生，其在校期间的成员身份是否还能维持？其次，当以上大中专学生将户口迁回原所在村集体的户籍地时，是否有权参与分配在办理户籍迁移期间产生的集体收益？最后，当这些大中专学生选择在城市就业并享受企业社会保险待遇时，其集体成员资格是否必然会因此丧失等？实践中，围绕大中专学生的集体成员资格问题就产生了不少纠纷。一些大中专学生因在毕业与户口回迁之间存在时间差，无法享受这一期间产生的集体收益。还有的村民因具有大中专毕业生的身份，而被村民小组以在外有工作为由剥夺其获得集体收益的权利。

其二，出嫁女及其子女的成员权益。农村出嫁女的成员权益问题一般可以分为"嫁农女"与"嫁城女"两种情况。关于"嫁农女"的问题，又可以分为以下几种情况：一是出嫁后户口未迁出的情形，有关村组往往以出嫁女应将户口迁出为由拒绝分配集体收益；二是出嫁后户口迁出本村然后又迁回的情形，有关村组以其责任田已被收回为由拒绝分配集体收益，并且根据村民会议作出的决定而拒绝向其分配相关款项。至于那些户口随"嫁农女"迁入本村的"入赘婿"，即使入赘地的村民委员会认可其集体成员身份或者同意其享有同等村民待遇，农村集体经济组织往往也会以村规民约、村民大会决议或其他各种理

---

① 刘嫣姝："农村集体经济组织成员资格认定的困境、根源和对策分析"，载《山东农业大学学报》2008 年第 4 期。

由为依据，在集体资产股份量化改革、土地征收补偿款的分配或其他集体福利待遇的享有上对入赘婿实施差别对待。

针对"嫁城女"的情况，由于部分农村户口的女性往往难以将其户口随迁城镇，而将其户口保留于原农村集体经济组织，对这部分未迁户的嫁城女往往发生身份争议。有的村民委员会往往认为其已经出嫁，不应再享有成员资格。另外，"嫁城女"的一个困扰是其子女的成员身份问题。"嫁城女"的子女如果户口也落在农村，有的村民委员会因其父亲的城镇户口身份而拒绝给予其分配款，有的"嫁城女"的子女会分得一半的分配款，原因是有的村民委员会认为父母的抚养义务应当是共同的，所以只会基于其母亲的成员身份而给予其一半的分配款项，这种做法在大多数情况下都能获得法院的认可。

其三，村民因长期在外务工而产生的纠纷。针对该种纠纷，可以区分为两种情形：第一种情形是有些长期在外务工的村民，通过将其承包的农地委托给亲友代耕或者出租给他人的方式维持其与村集体的联系，所以其成员身份一般都能得到认可。第二种情形比较容易产生纠纷，一些长期在外务工的村民在村内并没有自己的承包地，与农村集体经济组织的主要联系是拥有该集体所在行政村的户口。在集体资产股权量化改革、分配土地补偿款或其他集体收益时，农村集体经济组织对此类村民往往进行排斥或限制，或者彻底否定相关村民具有集体成员资格，认为其生产生活均以居住地为中心，与农村集体经济组织已经失去权利义务上的联系。

其四，因"空挂户"现象而导致的纠纷。"空挂户"既指村里的外来人口，也指本村人口出于种种原因而被认定为不具有集体经济组织成员身份的群体。后者往往是从其他农村集体经济组织迁入的外来户，这个群体是成员资格争议占比较大的纠纷主体。对本村人口中的"空挂户"被认定为不具有成员资格，司法实践中的处理意见存在较大差异。针对有的村民基于国家政策规定而退休回原籍的情形，因为其已享受国家退休待遇，所以即使户口已迁回农村并因家人原因而持有承包地的，法院也会支持村集体经济组织的认定，否认其具有集体成员资格；对于出嫁女以及将其在户口本职业一栏中的农民职业改为待业的部分村民被认定为"空挂户"且不具备成员资格的情形，法院往往拒绝予以认可。有的则是外来户迁入后，与其他成员一样享有权利和履行义务，但是，在土地补偿款、集体资产股份量化等利益分配过程中而被原始村民否认具有集体成员资格，司法实践中是否支持外来户的成员资格并不统一。

其五，其他非常规类型的纠纷。关于农村特殊人群的成员资格问题，除了以上几种较为典型的情况之外，还有一些非常规情形下的争议纠纷。一些外来人员在将户口迁入本组织后，就其迁入前所作放弃享受村民待遇承诺的效力问题而引起的纠纷；对于那些拥有土地承包经营权、未享受国家社会保障待遇将其户口全部迁往城镇的一些家庭，其成员身份是否还能继续保留的纠纷；有些村组集体认为嫁入本村后又离婚的妇女，在离婚后就已经失去了本集体经济组织成员的身份，拒绝向其发放土地补偿分配款或相关集体收益；有的是那些在本村保留有户口和宅基地，但因各种原因而迁移至外地生活的村民，是否还能同时享有集体经济组织成员权的问题，在实践中也并未形成共识性的结论。上述几类有关特殊人群的纠纷，虽然总体数量相对较少，但其本质依然是因成员资格认定而产生的问题。

（二）集体成员权内容的法律规定不完整

梳理现有规定可以看出，现有法律不仅未能对集体成员权的具体内容予以完整界定，而且即使是有限的法律规则亦存在很多缺陷。

首先，我国关于集体成员权的法律规则散见于相关立法中，尚未形成专门系统的法律体系。这些个别法律语境下的规定在适用时存在比较明显的限制性，因为各个法律各有其自身的立法宗旨，即使涉及集体成员权，也必然是从自身的立法宗旨出发作出相应规定。比如，《物权法》第 62 条规定集体成员的知情权，主要是从物权角度设定了公布集体财产状况的义务，但其规定比较模糊且缺乏相应的保障机制。《农业法》《土地管理法》等对集体成员的知情权亦有涉及，亦因规定本身含糊不清而未能起到足够的保障作用。从条款的具体内涵看，由于集体成员只能借助农村集体经济组织、村民委员会或村民小组的主动公布义务来实现此项权利，并不能单纯依靠自身的请求权或诉讼权得以实现。

其次，有关集体成员权的现有规定，大多需要通过目的解释或反向演绎的方式进行法条推演。由于每项立法都有其自身的立法宗旨，所以即使有关立法对成员权有所规定，相关规定往往也只能适用于该法所设定的特定情形。比如，就村集体其他财产和收益的分配请求权中的收益范围，应当扩大解释以涵盖征地补偿款、集体通过经营、出租以及流转所获收益以及农村集体经济组织的运行所得等。集体财产由集体成员共有，集体成员自然有权参与集体财产所获收益的分配。《物权法》《农村土地承包法》《最高人民法院关于审理涉及农村土地承包纠纷案件适用法律问题的解释》对集体其他财产和收益的分配请求权虽有规定，但往往具有较强的片面性，所涉内容只能用于满足特定法律的实施需要。

再次，就我国集体成员权的权利内容来说，当前立法并没有进行完整规定。如果要明确集体成员权的权利内容，就需要从成员权作为特殊社员权的性质出发，进而结合社员权含有的子权利体系及成员权的特性来把握。在我国当前的立法中，集体成员权并未给予足够重视，很多具体的权利内容都未能以法律形式确立下来，权利的完整性严重缺失。

最后，我国集体成员权的充分实现还受到当前立法技术的严重制约。类似于对集体成员知情权行使的限制，当前的立法未能构建集体成员主动行使权利的保障机制，从而导致集体成员权的虚有化。这一点从《物权法》中对集体成员享有监督权的规定中可以看出，该法仅规定了农村集体经济组织、村民委员会等主体有义务对具体财产状况进行公开，并没有明确其为成员享有的监督权；即使可以将其视为监督权，内容也明显不够完整，没有赋予成员主动查阅集体会计账簿等权利，进而使该项权利失去了程序上的保障机制。

（三） 集体成员权行使的法律规定不合理

在集体财产归农民集体所有的前提下，赋予集体成员应当享有的成员权益，正式确立集体成员权并为权利的最大化实现给予充分保障是非常必要的。一项法律权利只有被充分地行使才能真正具有存在价值。但是，我国当前对于集体成员权仍缺乏程序上的保护性规定，尚未建立有效行使成员权的保障机制。

以集体收益权为例。集体成员权中的集体收益分配权频遭侵害，是由当前立法缺乏对成员权的实质性保护而造成的突出问题。尽管受实践素材不充分的约束，很难对集体收益分配权遭受侵害的具体情形予以全面归纳，但是，可以从司法案例中初步梳理出以下几种典型情况。

（1）因对农村特殊群体参与分配收益的时间存在分歧而不能明确其分配权益。尽管关于集体成员加入有关征地补偿分配活动的时间，最高人民法院的有关司法解释已有明确规定，[①] 但却依然不能消解因村集体对某些特殊人群加入分配活动的时间存在分歧而带来的争议。实践中最易造成纠纷的情况主要有以下几种：其一，死亡人口加入收益分配行为的时间。即使最高人民法院的有关司法解释明确分配补偿款的具体时间是"征地补偿方案确定时"，但有些决定分配款项事宜的村民委员会或村小组将其转化成"决定分配款时"，使得很多在此期间内去世的原集体经济组织成员的权益受到侵害；其二，新出生人口加入收益分配行为的时间。当前，我国虽然没有关于集体成员资格的统一立法，但对于新出生人口，我国各地基于传统习惯均默认在其父母具备集体成员身份

---

① 《最高人民法院关于审理涉及农村土地承包纠纷案件适用法律问题的解释》第 24 条规定："农村集体经济组织或者村民委员会、村民小组，可以依照法律规定的民主议定程序，决定在本集体经济组织内部分配已经收到的土地补偿费。征地补偿安置方案确定时已经具有本集体经济组织成员资格的人，请求支付相应份额的，应予支持。但已报全国人大常委会、国务院备案的地方性法规、自治条例和单行条例、地方政府规章对土地补偿费在农村集体经济组织内部的分配办法另有规定的除外。"

且其户口也在该集体经济组织的情况下，就会自动成为集体成员进而享有成员权。基于此，只要具备在补偿方案确定时已出生且完成户口登记的条件，农村新出生人口就应当参与分配。但是，现实中仍有一些新出生人口的权益因村民委员会或村小组以村民决议为理由，剥夺其分配权而受到侵害。其三，其他情况。除以上两种人员外，还有其他一些因时间问题而产生分配纠纷的情况。其中，发生较为频繁的是出嫁女成员身份认定问题。有些出嫁女虽然与外村人口登记结婚，但之后并未迁出户口，出嫁女是否有权参与分配此时发生的收益款往往会成为纠纷的焦点。

（2）在承认某些村民具有成员身份的情况下依然以各种理由限制或排斥其参与分配。虽然涉案纠纷中有些村民具有集体成员身份，但农村集体经济组织、村民委员会或村民小组采用各种理由阻碍其参与分配，相当一部分纠纷的实质仍是集体成员资格问题。其一，因非成员资格问题造成权益损害。对此，又可细分为几种情形：一是父母离婚的未成年人收益分配权问题，村集体一般继续认可其成员身份，其权益受损害往往是村民委员会或村民小组以其父母离婚、家庭存在纠纷为由而拒绝向其分配款项。二是一些被村集体认定为不承担应尽村民义务的村民收益分配问题，村集体认为他们未参加过村民会议，也未参与选举，所以无权参与分配；三是那些无土地承包经营权的村民收益分配问题；[1]四是因把村民离婚配偶所欠款项用分配款进行抵扣而产生的纠纷；五是某些村民因与村内其他成员产生矛盾而被扣发分配款项。其二，因成员资格问题造成损害。虽然其成员身份受到有关村民委员会或村民小组的认可，但从根本上看还是成员资格的问题。比如，农村集体经济组织、村民委员会或村民小组对不给予有关人员分配款的理由也是五花八门，具体包括认为该村民属于嫁农女、嫁城女、嫁城女子女、入赘女婿以及"其为嫁入本村的妇女，离婚后未迁户口，但其前夫又结婚了，本村只能给该男子的一个妻子以分配款"等。

（3）其他收益分配权遭受损害的情况。由于篇幅和材料限制，只能对一些比较普遍的情况进行梳理。其一，由于部分村民身份在农村集体资产股份合作制改革的过程中，由集体成员转变为股东，致使相关村民的收益分配权遭受损害。其二，发生在家庭内部的收益分配权纠纷。这部分纠纷往往是由家庭内部矛盾引起，户内代表在签署分配协议时侵害了其他家庭成员的合法权益。由于我国实行以农户家庭为单位进行土地承包的基本制度，集体收益款分配通常以农户为单位推举代表参与形成收益分配方案。对于家庭内部比较和谐的农户，所选代表的主张一般会与所有家庭成员保持一致；但在相反的情况下，家庭成

---

[1] 浙江省义乌市人民法院（2012）金义民初字第443号。

员间往往很难达成一致意见，一些家庭成员会因与该代表有不同意见而遭受权益损害。其三，某些农民因土地承包经营权发生流转而在参与分配时受到损害。

现实中频繁发生的程序性成员权利虚化、集体意志产生变异、成员表达意见不充分以及过分限制成员诉讼权等问题，究其根本还是由于当前立法对集体成员权的行使未能予以足够重视而引起的。因此，实现集体成员权，仅仅明确其各项权利内容是远远不够的，还需要在程序机制上对成员权的实现予以制度化保障。

（四） 集体成员权救济的法律规定不健全

完善集体成员权的救济机制，需要从自力救济、行政救济和司法救济三个维度进行，分别从集体成员自身、相关行政机关和司法机关的层面提高集体成员权的救济效果。但是，我国当前的立法还未能合理配置集体成员的自力救济和行政机关的行政救济。即使是已有规定的司法救济也主要涉及集体成员撤销权，而集体成员在行使撤销权时又往往会受到诸多限制。我国关于集体成员权救济的立法缺陷，主要表现以下几个方面。

（1）集体成员撤销权未能充分行使。当前，我国的集体成员撤销权更多停留在形式层面。集体成员往往未能对其撤销权予以充分行使，其中既有主观层面的因素，也有客观方面的原因。从司法实践的案例材料看，其主要原因可以从法院的司法态度中得以窥探。一是法院判决驳回原告相关诉讼请求的情形，法院往往根据援引村民自治的运行机理和法律规定，认为是否分配征地补偿费、分配方案如何确定，都属于《村民委员会组织法》规定的村民自治事项，人民法院不应受理此类纠纷；[①] 二是法院主张相关纠纷不具有可诉性，认为村民会议作出分配收益的决议属于村民自治范围内的事项。除了极少数案件中因村民决议程序违法而判决撤销相关决议外，大多数案件中法院均未支持村民的撤销诉请。梳理法院对案件所持的态度中不难看出，法院基于对村民自治权的尊重，往往只对有关争议事项进行程序性审查，使得村民自治行为难以从法律上得到纠偏，从而在实践中普遍产生"多数人暴政"的问题。

（2）集体成员的诉讼权被限制。司法实践中，集体成员的诉讼权利尚未得到合理配置和有效保障。后文将予详述。从中国裁判文书网公布的有关案例看，可以从几种情形中初步窥见集体成员诉权受限的情况。

第一，因落实计划生育政策引起的权益纠纷。对符合计划生育政策的独生子女或违反计划生育政策的超生子女，在分配集体收益时能否予以奖励性分配

---

① 陕西省定边县人民法院（2012）定民初字第00636号。

或惩罚性分配，在实践中容易引发纠纷。从司法实践看，法院对此类案件的司法态度和裁判结果存在较大分歧，从而影响到这部分群体的诉讼权利。比如，有的法院认为司法机关对此类纠纷没有司法审查权，凡是有关实施计划生育政策而对集体收益分配作出奖惩性规定的纠纷，人民法院不应当受理，应当交由有关行政部门进行处理。① 有的法院则认为，人民法院不但应当受理此类纠纷，而且应当认可超生子女享有的集体成员权，同时认为符合计划生育政策的独生子女在集体收益分配时亦应有权享受奖励性分配的政策待遇。② 由此，在不同的法院之间，这部分群体的诉权保障存在极大差异。

第二，因集体成员资格存在争议引发的权益纠纷。厘清成员资格认定标准是解决集体成员权纠纷的先决条件。如前所述，我国当前各地关于集体成员资格认定标准的规定比较混乱。有的省份是通过地方性法规或政府规章的形式予以指明，有的省份直接在有关的地方司法意见中作出规定，有的省份则对此没有作出任何规定。同时，有的省份在还未进行正式地方性立法的情况下，基于规范审判实践的需要而在司法意见中对成员资格界定问题作出具体规定。一般而言，法院普遍认为成员资格的界定问题是属于需要立法解决的问题。但是，在立法尚未明确之前，不同法院对司法机关是否有权介入此类纠纷存在极大争议。司法实践中，较多的法院认为因集体成员资格纠纷提起的诉讼不应受理。③比如，有的法院认为，原告诉请享有同等的土地安置补偿费待遇，其实质是请求法院确认其具有集体成员资格，这不属于人民法院民事受案范围。④

第三，因涉及土地补偿款分配数额引发的权益纠纷。最高人民法院的司法解释规定，因土地补偿款具体数额而产生的纠纷不属于法院受案范围。此项司法解释主要是基于尊重村民自治的考量，但并不是没有限度的一概拒绝受理，只是认为有关纠纷所涉具体数额的确定应属村民自治范畴，而如果牵涉分配数额的有无问题，则应由法院依法审理判决。现实中，不少司法案例中的处理意见实际上曲解了最高人民法院司法解释的原意，此类案例屡见不鲜。一些法院只是因为集体成员的诉请涉及判令农村集体经济组织支付具体的土地补偿款数额，就简单认定为涉案纠纷涉及具体数额而拒绝受理此类案件，这样的裁判结果既不符合集体成员权司法救济的基本法理，更难以得到集体成员的接受和信服。

---

① 西安市中级人民法院（2009）西民二终字第337号，西安市中级人民法院（2009）西民二终字第183号。

② 海口市琼山区人民法院（2013）琼山民一初字第1079号。

③《山东省高级人民法院2008民事审判工作会议纪要》（鲁高法〔2008〕243号）。

④（2013）鄂茅箭民一初字第00996号。

第四，因村民委员会与村民小组直接责任承担引发的权益纠纷。对村民委员会与村民小组之间应否承担连带责任的问题，司法实践呈现出截然不同的两种态度。一种是支持说，即支持两者之间承担连带责任，认为村小组作为集体土地的所有权人应当承担给付责任，但村民委员会因有管理监督之责或参与决定款项分配而应承担连带责任。① 另一种是否认说，不支持两者承担连带责任，认为村小组有权自主决定补偿款分配方案，两者系不同的法律主体，村民委员会不应当承担给付补偿款的法律责任。② 从形式上看，此类案件的争议焦点看似聚焦于两者之间的连带责任，实质上还是集体成员权适用范围的大小和边界问题。

三、农村集体经济组织成员权问题的主要原因

（一）农村集体经济组织统一立法仍然滞后

从权利构成及其实现机制来看，我国的集体成员权制度还存在一系列问题。究其法律根源，是由严重滞后的涉农立法状况所导致。目前，我国尚未出台统一的。《农村集体经济组织法》，部分省份极为有限的立法规定成为保护集体成员权的主要依据，但是，这些地方的立法探索对权利内容普遍缺乏具体完整的规定。而且，大多数地方尚未出台类似的地方性立法。进一步探究我国缺少统一立法的主要原因，至少包括两个经济动因。

其一，我国各地区经济发展水平存在差异。经济基础决定法律制度的运行情况。我国地域广阔，各地千差万别的地理环境极大影响了各地的经济发展水平。地理环境较好的省市，经济往往更加发达，农村集体经济组织的发展水平相对较高，其运行情况往往更加规范，村民自治意识也就更强。与此相对应，那些地理环境恶劣、经济发展水平差的省市在建立农村集体经济组织时往往存在较大困难，村民大多只关心最基本的生存和生活问题，尚不完全具备有效实现集体成员权应当具备的主体素质，如自治精神和自治能力比较薄弱、参与自治管理的积极性普遍不高。从某种意义上讲，集体成员权的实现效果取决于农村集体经济组织的发展水平，如何通过制定出统一的《农村集体经济组织法》来调整处于不同发展阶段的农村集体经济组织以及处于不同水平的集体成员权，需要克服较大的实践困难和立法技术难题，绝非制定几个法律条文就能解决问题。

---

① 河南省长垣县人民法院（2012）长民初字第02821号。
② 咸阳市秦都区人民法院（2012）咸秦民初字第01375号。

其二，农村人口流动加快。一般而言，我国城市经济发展水平要远远超出农村，这使得很多农民改变父辈们永居家乡的传统，背井离乡去城市寻找发展机遇，甚至在城市落地生根。随着大量集体成员离开农村并陆续流向全国各地，集体成员权的权利主体相应陷入一种不稳定状态，这就加大了集体成员权统一立法面临的实际约束。立法的根本目的是建立稳定的社会秩序，全国性立法对尚处于流动状态的社会关系进行调整，这在立法技术和实践路径上也存在一定的客观困难。

当前，因为统一的《农村集体经济组织法》或其他较完整规范农村集体经济组织立法的缺失，造成现实中难以明确农村集体经济组织法律形式、未形成完善的运行机制以及缺少权利保障机制等问题。如果农村集体经济组织得不到规范运行，脱离组织语境单纯强调集体成员权的实现只能是缘木求鱼。

（二）农村集体经济组织体制机制尚不健全

无论是从历史角度看，还是从现实情况看，我国农村集体经济组织的发展道路并不是一成不变的静态模式，农村集体经济组织的发展模式、法律性质、内部结构及其权利义务等还很难采用一套统一的标准加以确立。如果不能健全农村集体经济组织运行的体制机制，那么，因农村集体经济组织代行所有权而产生的集体成员权自然也就无法得到有效保障。农村集体经济组织的经营管理权得不到制约是体制不健全带来的最直接问题。[1] 尽管从理论层面可以加以辨别，但是，现实中农村集体经济组织的经济管理权普遍由村民委员会代为行使，两者之间往往发生混同现象，集体成员和村民的概念也多混为一体。基于此，本书对此并不加以严格区分，这也是由我国农村独特的社会现实所决定的。

当前，基层村民自治体制中缺乏有效监督的问题比较突出，极易损害部分村民的应有权益。其一，村民自治沦为多数人实施侵犯少数人利益的理由。当村民委员会代替集体经济组织开展经济管理活动时，由于其行使的经济管理权缺乏有效监督，在涉及群体利益特别是分配集体收益时，就很容易引起"多数人暴政"的问题，这往往是由集体成员在享有集体收益时的无差别待遇造成的。在成员获益均等而集体收益固定的情况下，村民如果希望最大化其利益份额，就必然会想方设法通过剥夺妇女、儿童、外来人口等弱势群体的收益分配权，进而减少参与收益分享的人数以达到获得更多份额的目的。其二，农村集体经济组织的权力行使缺乏有效监管。集体经济组织的经营管理权如果被少数

---

[1] 周昌发："农村集体经济组织自治背景下的法律规制——以云南省 A 村土地补偿费纠纷案为切入点"，载《现代经济探讨》2013 年第 4 期。

人把持，那么，集体成员权的实现就很难得到保障。如果农村集体经济组织本身不进行合规性改进，无论其权力是由自己行使还是由村民委员会代为行使，都会因缺乏有效的监督机制而成为少数人牟取私利的工具。

（三） 集体成员的法治意识不强

通过梳理集体成员权益纠纷的相关案例，可以发现此类案件的总体数量不断增加。其中既有集体成员自身认识的主观问题，也有外在各种限制因素约束的客观问题。应当说，集体成员合法权益频频遭受来自集体内部的各种非法侵害，这与我国农村社会的法治意识和法治水平仍然较低有密切关联。

其一，集体成员的成员权意识尚不明晰。现实中，集体成员对自身应当享有何种权利以及权利包含哪些具体内容，还缺乏像私有财产权那样清晰准确的权利意识。当前，《农村集体经济组织法》的立法缺失以及集体成员权的内容在法律上仍属盲区，农民本身对其合法权益的认识显得落后也有其法律根源。权利的生命在于积极行使。如果权利人连权利的具体内容都不甚了解，就不可能积极行使其应有权利。尤其是对广大农民来说，他们的法律意识往往比较薄弱，对于自己所享有权利的具体内容、行使方式以及救济途径等并不十分清楚，使得集体成员权在其实现过程中面临着主观因素的严重束缚。

其二，集体成员的维权意识不强。对此，可以从两个方面观察其维权意识，一是在权利受到侵害时可以寻求司法机关提供救济，但在已公开的司法案例中，存在大量因已过诉讼时效而诉讼请求未获实现的案件；二是在权益遭受侵害时虽然不认同村民委员会或村民小组的收益分配方案，但其诉请往往只是集中于请求法院判令直接支付相应收益，却并不过多关注违法程度更高、影响更广泛的集体分配决议。

（四） 集体成员权的司法保障尚不充分

当前我国的司法实践中，司法机关对集体成员权的救济工作相对比较滞后。无救济则无权利。集体经济组织成员行使权利离不开完善的司法保障。对比向有关行政部门寻求行政救济而言，成员权益受到损害时向法院提起诉讼是最直接和最终极的救济方式。[①] 但是，寻求行政权力的介入往往成为集体成员维权的首要选择。由于我国基层行政部门职权划分不够清晰，有关行政机关又往往互相推诿，导致现实中很多案件得不到及时办理。因此，如果我国的司法机关不能提供及时有效的司法救济，农民的诸多集体成员权利往往很难得到保障，

---

① 杨一介："农村地权制度中的农民集体成员权"，载《云南大学学报法学版》2008 年第 5 期。

集体成员权就会流于形式。究其根源，司法救济不足的主要原因有两个。其一，法律缺失使司法机关办案时无法可依。依法治国是我国的基本国策。法院办理案件必须严格按照法律规定进行。但是，由于缺乏针对集体成员权的统一立法，其他分散立法中的相关规定也并不明确，这不仅加重了农民维权的法律困难，也使司法部门在受理案件后陷入无法可依的困局。其二，村民自治制度对司法权力介入的阻碍。从理论上讲，农村集体经济组织与村民委员会并不能等同，但在实践中两者存在普遍的混同现象。一旦在农村集体经济组织的内部发生纠纷，村民委员会往往根据《村民委员会组织法》第 27 条的规定，①以诉争事项属于村民自治事项为由阻止司法机关的介入。实践中，绝大多数涉案的村民委员会都认为，如果村民会议的决定违法或者侵害村民合法权益，人民法院并无司法介入的权力，只能由乡镇人民政府责令改正。这种观点得到不少法院的司法支持，成为阻碍司法介入的法律隔离带。简言之，对于司法机关能否介入、何时介入、如何介入以及介入程度等问题，现行法律也都没有明确规定。如果司法权介入的法律依据模糊不清，法院对侵害集体经济组织成员权益的大量纠纷袖手旁观，那么，在村民自治过程中侵害集体成员合法权益的问题只会愈演愈烈。

---

① 《村民委员会组织法》第 27 条规定："村民会议可以制定和修改村民自治章程、村规民约，并报乡、民族乡、镇的人民政府备案。村民自治章程、村规民约以及村民会议或者村民代表会议的决定不得与宪法、法律、法规和国家的政策相抵触，不得有侵犯村民的人身权利、民主权利和合法财产权利的内容。村民自治章程、村规民约以及村民会议或者村民代表会议的决定违反前款规定的，由乡、民族乡、镇的人民政府责令改正。"

第三章
农村集体经济组织成员资格认定问题

集体成员资格是成员权的核心范畴之一，亦是享有成员权的基本前提。集体成员资格认定问题，是农村集体产权制度改革中无可回避的普遍性难题，更是涉农信访和司法实践中矛盾比较集中的焦点领域。根据《中共中央国务院关于稳步推进农村集体产权制度改革的意见》，农村集体产权制度改革的一个重要目标，即是"科学确认农村集体经济组织成员身份"。随着农村各项改革向纵深推进以及城乡一体化进程的日益加快，集体成员资格认定纠纷的发生率必将显著增加，如果统一立法不能对成员资格认定问题给予及时回应，势必严重制约集体成员权制度的有效实现。

一、农村集体经济组织成员资格认定的内涵分析

（一）集体成员资格的概念

主体资格是指特定主体要获得某一特定权利所具备的先决条件，在法律上体现为一种特定的法律关系。一般而言，集体成员是指在农村集体经济组织中从事生产经营活动并因此与农村集体经济组织发生权利义务的自然人。村民个人成为集体成员后，就与农村集体经济组织形成了特定的法律关系，享有集体经济组织成员权利的同时承担集体经济组织相应的义务。

从法理上讲，集体成员与村民的内涵并不是一一对应的关系。首先，集体成员这一概念产生于人民公社时期，集体成员由集体经济组织进行管理，同时成员集体是集体经济组织财产权利的所有者。但是，村民的概念从字面上解释为居住在特定村社区域内的公民，享有一定的政治性权利，是在一定时期内我国户籍制度的必然产物，主要以其户口所在地和经常居所地为依据进行界定。其次，农村集体经济组织及其成员资格所体现的主要是经济价值，而行政村和村民委员会则主要体现其具有的政治属性和社会属性。同时，农村居民与城市

居民是由于城乡界限产生的户籍归属概念上的不同。① 改革开放以前，我国实行城乡二元的社会和经济管理体制并严格禁止农村人口向城市流动，城市和农村都显示出其自身具有的封闭性，农村人口与土地之间的关系相对固定，农村人口往往既是村民又是农村集体经济组织的成员。但是，随着经济建设成为社会发展的核心任务和我国城镇化战略的大力推进，农村土地非农化的发展进程急剧加快，人口流动规模和频次急剧增加，大量的农村人口经由务工和经商两种主要渠道外流进入城市，部分村民逐渐失去了原所在农村集体经济组织的成员资格，这种人地之间的对应关系逐渐被打破。随着这类复杂多变的情况不断涌现，村民范畴和集体成员范畴之间的关系变得错综复杂，两者之间既存在交叉性又产生逐渐分离的趋向。

（二）集体成员资格的特点

对集体组织成员资格的特点进行分析，有利于准确把握实践中成员资格认定的焦点问题，从而在城镇化进程日益加快的背景下寻找科学系统的解决方案。

其一，集体成员资格具有对应统一性。如前所述，尽管集体成员资格和村民资格之间存在分离现象，但尚不足以推翻两者之间整体上具有的对应统一性，即集体成员身份与村民身份具有同构性。因此，无村民身份一般亦无集体成员身份。在我国城乡二元社会体制的宏观背景下，这种身份资格限制使得不具有城镇社会保障的农村居民可以依赖土地保障其基本生活，这也符合我国农村集体经济组织的设立初衷。两者身份上的对应统一性，实际上是因应城乡二元社会体制的一个主要后果，意在将城镇居民排除于农村区域或特定集体之外，将农村社会的各种生存资源和集体成员进行制度捆绑，从而避免城镇居民拥有城市和农村双重社会保障情况的出现。②

其二，集体成员资格具有人身专属性。在特定农村集体经济组织的区域范围内，集体成员资格专属于该集体范围内的农民个体，体现出比较明显的人身专属性。集体成员资格是具有经济内容的某种身份利益，且这种身份利益与特定主体不能进行分割。究其根源，仍是由农村集体经济组织具有的基本社会保障功能所决定的。没有集体成员资格就不能享有集体所赋予的基本社会保障，成员资格一旦消灭会直接导致主体相应基本保障权益的丧失。因此，集体成员资格呈现出强烈的身份属性，在一定时期内专属于特定主体并与集体财产权益密切相关。

---

① 黄宗智：《长江三角洲小农家庭与乡村发展》，中华书局出版社 2006 年版，第 233 页。
② 曹阳：《当代中国农村微观经济组织形式研究》，中国社会科学出版社 2007 年版，第 183 页。

其三，集体成员资格具有资格单一性。集体成员资格具有单一性，是指一个主体不能同时是两个或两个以上集体经济组织的成员。一旦成为新农村集体经济组织的成员，就需要退出原有的农村集体经济组织。比如，在农村出嫁女的成员资格认定上，单独的户籍主义难以发挥其解决现实矛盾的实际作用。因此，应当允许出嫁女可以在嫁出地和嫁入地之间的成员资格进行自由抉择，但在选择后另一地的集体成员资格则归于消灭。这表明，一旦出嫁女在出嫁地或是嫁入地享有农村集体经济组织提供的福利待遇，则出嫁女就不能同时享有另一地农村集体经济组织分配的财产性利益。①

其四，集体成员资格具有禁止流转性。由于在计划经济体制下我国实行的城乡二元体制，各种生产要素的流转十分困难，农村集体经济组织存在的意义主要是赋予村民基本生活保障。如果允许完全市场化的自由流转，就必定会影响到广大农民生存权利的实际保障。因此，集体成员资格取得不能以村民出资为前提，其所独具的社会保障功能也不支持村民和他人之间以出资方式进行买卖，不能通过赠与、继承等途径实现对外流转。尽管已经被《民法总则》明确赋予特别法人资格，但是，农村集体经济组织在本质上毕竟不同于具有营利性的企业法人，其成员资格认定标准必须科学严谨且应符合农村集体经济组织的法律本质。

二、农村集体经济组织成员资格认定的主要困境

（一）集体成员资格认定的现实状况

目前，集体成员资格的认定缺乏统一的法律规定。实践中，尽管有一些关于成员资格取得与丧失标准的相关规定，但所涉条款比较零散且分歧较大，尚未形成层次清晰、内容具体、科学合理的资格认定标准。根据《农村土地承包法》的规定，除该法规定的其他情形外，农户是承包主体。需要注意的是，《农村土地承包法》在承包主体的称谓上采取"农户"的用语，这就从法律角度否认了集体成员个体对农村土地进行承包的法律资格。② 同样，从《农村土

---

① 浙江省人大内务司法委员会课题组："妇女权益保障法律法规实施的成效、问题和对策"，载《法治研究》2010 年第 4 期。

② 《农村土地承包法》第 3 条规定："国家实行农村土地承包经营制度。农村土地承包采取农村集体经济组织内部的家庭承包方式，不宜采取家庭承包方式的荒山、荒沟、荒丘、荒滩等农村土地，可以采取招标、拍卖、公开协商等方式承包。"

地承包法》第 27 条的规定来看，这一条款仍然否定以村民个体为单元的承包资格。① 这种以农户单位为主体的法律规定在司法实践中被当作集体成员资格认定的参考依据之一，但是，从上述条款间接推导适用的法律依据比较容易产生争议，对于成员资格认定纠纷的解决作用不大，其在主体规定上的模糊性也不符合成员资格认定的要求。② 虽然《农村土地承包法》的立法规定在集体成员资格认定方面存在较大缺陷，然而应当承认，我国农村居民在日常生产经营中是以农户为单位，在保障农村居民生活方面更具有政策实施上的优越性。也就是说，该立法模式对利益分配只进行到"户"一级，忽视了农户内村民个人的利益诉求。随着城乡一体化的改革进程中保障农民身份平等和权利平等的呼声越来越高，这种对村民个体的权利限制使得其无法在脱离集体时有效处置和带走属于自己的土地红利，在某种程度限制了这一规定约束了农民群体的合理流动。

　　总体而言，我国集体成员资格亟须建立国家层面系统性、具体性的认定标准。尽管有的规定散见于各省制定的地方性立法、地方性政策或司法意见之中，但由于各个地方经济、历史和风俗文化的差异，很难在全国范围普遍进行推广适用。例如，在《广东省农村集体经济组织管理规定》制定的集体成员资格认定细则中规定，除户籍要素之外参考权利义务要素，从而形成集体成员资格认定的复合认定标准。③《湖北省农村集体经济组织管理办法》则采取户籍主义与年龄相结合的认定标准，凡是户籍在册且已年满 16 周岁的村民都可取得集体成员资格。④ 除广东省、湖北省之外，其他部分省市都有类似的探索性规定。但

---

　　① 《农村土地承包法》第 27 条规定："承包期内，发包方不得收回承包地。国家保护进城农户的土地承包经营权。不得以退出土地承包经营权作为农户进城落户的条件。承包期内，承包农户进城落户的，引导支持其按照自愿有偿原则依法在本集体经济组织内转让土地承包经营权或者将承包地交回发包方，也可以鼓励其流转土地经营权。承包期内，承包方交回承包地或者发包方依法收回承包地时，承包方对其在承包地上投入而提高土地生产能力的，有权获得相应的补偿。"

　　② 胡吕银：《论集体土地所有权的法律重构》，武汉大学出版社 2003 年版，第 56 页。

　　③ 《广东省农村集体经济组织管理规定》第 15 条规定："原人民公社、生产大队、生产队的成员，户口保留在农村集体经济组织所在地，履行法律法规和组织章程规定义务的，属于农村集体经济组织的成员。实行以家庭承包经营为基础、统分结合的双层经营体制时起，集体经济组织成员所生的子女，户口在集体经济组织所在地，并履行法律法规和组织章程规定义务的，属于农村集体经济组织的成员。实行以家庭承包经营为基础、统分结合的双层经营体制时起，户口迁入、迁出集体经济组织所在地的公民，按照组织章程规定，经社委会或者理事会审查和成员大会表决确定其成员资格；法律、法规、规章和县级以上人民政府另有规定的，从其规定。农村集体经济组织成员户口注销的，其成员资格随之取消；法律、法规、规章和组织章程另有规定的，从其规定。"

　　④ 《湖北省农村集体经济组织管理办法》第 15 条规定："凡户籍在经济合作社或经济联合社范围内，年满 16 周岁的农民，均为其户籍所在地农村集体经济组织的社员。户口迁出者，除法律、法规和社章另有规定外，其社员资格随之取消；其社员的权利、义务在办理终止承包合同、清理债权债务等手续后，亦同时终止。"

是，由于各地采取的认定标准、适用的参考因素存在较大差异，加上地区间受经济发展水平的不同影响，在集体成员资格的认定标准问题上往往发生冲突。无疑，这些地方性规定具有一定的局限性，难以成为全国范围内统一适用的法律规则，无法在成员资格认定问题上形成普适性的标准。同时，目前也缺乏对成员资格认定主体的统一规定，除人民法院外，我国的相关政府单位、农村仲裁机构、村民自治组织均是成员资格认定的有权主体。由于在资格认定职能上具有交叉性，相关主体在发生资格争议时相互推诿或者重复认定，甚至出现认定结论相互矛盾的情形，导致当事人难以有效维护自身的合法权益。

在集体成员权益纠纷案件中，征地补偿款分配纠纷是矛盾比较突出的领域。在司法实践中，对征地补偿款分配纠纷是否属于法院受案范围这一问题上，司法立场从摇摆不定到渐趋统一。2002年，最高人民法院在对浙江省高级人民法院的批复中表明，不再将农村集体经济组织因征迁补偿款分配而发生的纠纷纳入人民法院的受理范围。因此，各地法院在此后的一段时间里并不受理此类纠纷。直到2005年，《关于审理涉及农村土地承包纠纷案件适用法律问题的解释》颁行，最高人民法院明确要求各级法院受理因土地承包产生的农地纠纷，才初步打通集体成员维护自身合法权益的司法救济渠道。但是，该解释在司法实践中事实上并未达到预期效果，法院在保障集体成员权益上出现选择性救济的情况，集体成员的诉权剥夺现象较为严重。根据该司法解释，相关政府部门应当对取得土地承包经营权的纠纷进行处理。同时，该解释从2005年9月1日起施行，但是，人民法院不再受理在此之前产生的纠纷，且该解释规定的受理范围仅限于征地补偿款分配纠纷。从某种意义上，该司法解释有限打通了征地补偿款分配纠纷的救济渠道，同时也严重限制了其他集体权益纠纷中集体成员权益维护的司法救济。尤其是，最高人民法院审判委员会在审议该解释的讨论稿后认为：考虑到集体成员资格问题关系到农民的基本民事权利，属于《立法法》规定的情形，"法律的规定需进一步明确具体含义的"，只有全国人民代表大会及其村委委员会有权进行立法解释，因此取消了讨论稿中关于集体成员资格认定的相关条款。因此，对于这一问题，司法实践中普遍认为单一的集体成员资格争议纠纷不属于人民法院受理民事案件的范围，但是从该司法解释进行类推适用，人民法院普遍采取了在集体成员权益纠纷案件中对涉案资格争议进行附带审查。

从整体上看，我国集体成员资格认定纠纷频繁出现，具体情形又多种多样。但是，司法机关缺乏处理此类案件的直接法律依据，纠纷案件的司法处理困难较大且歧见丛生。梳理司法实践发现，大致可以分为以下几种情况。

其一，"户与人皆在"。即户籍归属于农村集体经济组织所在的行政村，本人也在村域范围内生产生活。一般而言，本人和户籍均在农村集体经济组织所在的行政村，集体成员资格认定问题一般较少出现争议。但是，其中入赘婿、超生子女、外来户等特殊人员是容易产生纠纷的主要群体。由于受传统落后观念的影响，部分农村地区对上门入赘的女婿仍然存在较大偏见，即便入赘婿本人及户籍均在农村集体经济组织所在地，仍有相当一部分农村集体经济组织或村民委员会不愿意入赘婿平等参与集体利益分配，或者不允许入赘婿在婚后将户籍迁入本行政村，或者通过与入赘婿签订协议的方式要求入赘婿在户籍迁入后放弃享有同等村民待遇的权利。在有的农村地区，即使入赘婿本人的户籍就是本村户籍，入赘的家庭也为本村农户，亦不允许取得集体成员资格及享有集体利益的平等分配。

实践中，集体成员超生子女的合法权益也受到较多限制。尽管我国在很长一段时期内实行严格的计划生育政策，但是，由于农村地区仍然存在重男轻女的传统思想以及受生产力水平较低的限制，许多农村家庭都不同程度地存在子女超生的情况。如果农村集体经济组织对此类超生人口进行集体财产权益的平等分配，将会造成既有成员利益份额的减损。因此，在大多数农村地区，超生子女的利益分配事实上难以得到有效保障。有的村民委员会甚至与超生子女的父母签订协议，要求超生子女在办理户籍登记后不参与本集体经济组织的利益分配。实际上，这种书面协议不符合当事人真实的意思表示，亦背离了集体所有权应当具有的生存保障功能，其法律效力存在一定瑕疵。

其二，"户在人不在"。即本人已经不在特定的农村集体经济组织范围生产生活，但是其户籍仍然登记在该农村集体经济组织所在的行政村。其中，户籍仍在出嫁地的出嫁女、在外长期生活居住的务工人员和经商人员以及因各种原因将户口挂靠在本行政村而并未实际生活居住者等特殊人员，是此类成员资格认定纠纷涉及的主要群体。

由于受出嫁从夫思想的长期影响，农村地区妇女的合法权益经常受到损害，比较常见的是对出嫁女群体合法权益的侵害。对于因出嫁女成员资格问题产生的权益纠纷，我国司法实践应当从出嫁女的基本生活保障出发，在遵循出嫁女意愿的前提下由其自由选择嫁出地或嫁入地的基本生活保障权益。应当认可出嫁女具有嫁入地或嫁出地一地的集体成员资格，避免其拥有两个农村集体经济组织的成员资格或在两个农村集体经济组织均无成员资格的情况出现，维护出嫁女群体正当的合法权益。

对于长期在外已经置业定居的务工、经商人员，虽然可能已经离开本村长达几年或更长时间，很难再与原籍的农村集体经济组织保持持续的经济联系，但是，其集体成员资格不能因此而被当然取消。即使部分外出经商人员拥有较强的经济实力，极少回到农村从事生产经营活动，但他们仍旧保留着本村户籍而且可能尚未取得城市户口或相应的城市基本生活保障，因此，不能仅仅依靠成员是否离开本村以及离开本村时间的长短和经济实力的高低来判断其是否具有成员资格。

对于空挂户的成员资格认定问题较为清晰。实践中，空挂户的形成原因多种多样，虽然他们具有农村集体经济组织所在地的户籍，但并没有与农村集体经济组织形成较为固定持续的经济联系，其生活保障、生产就业都不依赖于所在农村集体经济组织的集体土地。所以，空挂户的集体成员资格不应当得到认可。在部分经济发展水平较高的地区实施农村集体资产股份制改革以后，由于经济发达地区的农村集体经济组织往往拥有较高的待分配利益，出现了较多的外来人口以户籍在册为由要求该集体向其分配集体收益的情况。对此类空挂户的成员资格必须予以排除，以防止真正集体成员的合法权益受到非法侵害。

其三，"人在户不在"。即本人虽然已经和农村集体经济组织建立较为固定的联系，但其户籍并不在其生产生活的行政村内。非农户口的行政村村民、户籍保留在原地的出嫁女和城镇离职退休养老人员是此类成员资格纠纷的主要群体。

从农村集体经济组织的社会保障功能来看，对户籍迁离农村集体经济组织所在地的集体成员，如果已经取得城镇居民社会保障，则应当排除其原籍村集体的集体成员资格。如果尚未取得城镇居民社会保障，仍然应当认定为具有集体成员资格，以为其基本生活提供底线性的生存保障机制。对于仍在原籍农村居住并承包土地但户籍已经迁入城镇并享有城镇社会保障的人员，应当排除其集体成员资格。由此发生的集体土地征地补偿款问题，其补偿范围只限于补偿其土地承包经营权以及对地上附着物、青苗费进行适当补偿，不再对其进行集体土地补偿款的分配和土地承包权的补偿。

对户籍保留在原地的出嫁女群体，同样要根据基本生活保障标准认定出嫁女具有嫁入地或嫁出地一地的集体成员资格，以保障出嫁女在嫁入地或嫁出地一地的基本生活，避免出现两头落空或两头都占的情况，切实保护妇女合法权益。

对于已经具有城镇居民社会保障城市退休返乡养老人员，则严禁享有集体成员基本生活保障，其成员资格应当归于消灭。与已取得城市户籍的农村人员的处理办法类似，补偿范围只限于他们享有的土地经营权，并对地上附着物补偿款和青苗进行适当补偿，对其土地承包权不予认可并限制其参与土地补偿款分配。

其四，"人户都不在"。即本人已经脱离了农村集体经济组织所在地，其户籍已经从本村迁出。在校大中专学生、服役人员和服刑人员等是此类成员资格认定纠纷问题涉及的主要群体。

对于将户籍迁出的大中专在校生、服役人员、服刑人员等特殊群体，在较大的时间内脱离农村集体经济组织生活并将其户籍迁离所在行政村。但是，这一方面是出于便于管理的需要，另一方面是此类主体没有除原籍农村集体经济组织以外的基本社会保障，在完成学业、服役期满和服刑期满之后回到原集体经济组织生产生活仍是其主要选择。对户籍迁回的上述人员，仍然应当认定其具有原籍农村集体经济组织的成员资格。但是，如果上述人员未迁回户籍并取得城镇社会保障后，其享有的原籍集体成员资格应当归于消灭，以确保社会成员公平享有社会基本生活保障从而实现实质公平。比如，佛山市南海区是我国最早实施农村集体资产股份合作制改革的地方，对这三类人员的资格认定即作出类似规定。①

从我国当前的实践看，集体成员资格认定纠纷陷入复杂多样的混乱状态。其中，采取何种认定标准是最为关键的核心问题，也是司法实践中歧见丛生的诉讼争点。从各地人民法院的普遍做法看，逐渐形成了户籍主义标准、权利义务标准和生产生活标准三种主要标准。

户籍主义标准在我国成员资格认定问题的解决上有着较高的适用率，其简明扼要，可操作性强。但是，如果以户籍主义作为唯一的认定标准，将在实际认定中容易流于形式，使得不应当具有成员资格的自然人具备成员资格，从而侵犯应当享有成员权益者的合法权益，比如空挂户群体。权利义务标准以其与户籍所在地农村集体经济组织是否形成事实上的权利义务关系作为认定标准。生产生活标准是在户籍标准的基础上，以是否在农村集体经济组织实际居住并长期从事生产生活、产生实际联系作为辅助认定标准，相对来说是一种较为合理的集体成员资格认定标准。但是，过度强调成员与农村集体经济组织的这种紧密联系性，将会降低集体成员资格认定的灵活性，无法有效应对实践中的一些特殊情况，同时极易对城乡人口的正常流动形成不当限制，不完全符合目前

---

① 《佛山市南海区农村集体经济组织成员资格界定办法》（南办发〔2008〕59号）第6条规定："农村集体经济组织的成员资格，自成员户口迁出农村集体经济组织、死亡或户口注销之日起取消。以下情况除外：1. 因就读大中专院校户口迁出农村集体经济组织的，读书期间保留农村集体经济组织成员资格；毕业后一年内不把户口迁回农村集体经济组织的取消成员资格；毕业后一年内把户口迁回农村集体经济组织的，则继续享有成员资格。2. 因服刑、劳教户口迁出农村集体经济组织的，服刑、劳教期间保留成员资格；服刑、劳教完毕后一年内户口迁回农村集体经济组织的，继续享有农村集体经济组织成员资格。3. 因服兵役户口迁出农村集体经济组织的，服兵役期间保留成员资格；服兵役完毕后一年内户口迁回农村集体经济组织的，继续享有农村集体经济组织成员资格。"

城乡一体化和城镇化趋势的发展要求。① 应当说，这三种认定标准都有其现实合理性，在我国农村改革和司法实践中发挥着重要作用。但是，由于外在环境和适用场景的变化，这三种标准在某种程度上滞后于经济社会的发展变化，各自又暴露出所具有的不适应性，难以有效应对现实中成员资格认定的困境。因此，我国亟须制定一套切实可行的成员资格认定纠纷解决机制，真正做到符合法律规定、符合程序规定，从而有效解决集体成员资格认定纠纷。

（二）集体成员资格认定面临的困境

1. 统一立法面临的困境

集体成员资格认定关系到农民的基本权利，应当由全国人民代表大会及其常务委员会出台统一的法律规定。但是，由于长期以来的各种原因，立法机关并未将其纳入立法规划之中。随着大力实施乡村振兴战略和深入推进农村各项改革，集体成员资格认定问题逐渐演化为涉农纠纷中亟须突破的瓶颈问题，已经对具体明确的专门立法形成了强烈的立法需求。

其一，农村集体经济组织和其他农村组织的法律关系需要进一步厘清。首先，由于缺乏相关法律法规，农村集体经济组织的主体缺失或者虚化的现象比较普遍，其经济职能大多由村民委员会这一基层群众性自治组织代为行使。这两种法律主体之间出现了职能上的交叉和法律人格的混同，进而影响到了农村集体经济组织法人化的改革进程。因此，必须对二者进行准确定性，重新厘清两者之间的职能分工，进一步强化农村集体经济组织作为集体所有权代表主体的特别法人地位。其次，农村集体经济组织与农民专业合作社都是弱势农民实现互助合作的经济性组织。从改革实践来看，在农村集体资产股份合作制改革的具体实施过程中，很多地方参考《农民专业合作社法》对农村集体经济组织进行制度架构。因此，两者之间的法律关系同样需要在法律上予以明确界定。同时，怎样发挥政府部门在农村集体经济组织制度构建上的引导作用，实现政府部门对农村集体经济组织的有效监管，合理划分农村集体经济组织的自主管理权和政府的行政管理职能，都需要立法机关在法律层面进行明确规定。

要制定专门立法，首先必须处理好农村集体经济组织与农村基层群众性自治组织之间的职能分工。对此，应当将集体资产经营管理的具体职能剥离出去，使农村集体经济组织真正具有特别法人资格的产权主体。在中华人民共和国成立后的初级合作社和高级合作社阶段，两者之间的界限比较清晰，农村集体经济组织作为集体土地产权的使用主体，有权支配集体所有的生产资料并投入生

---

① 孟勤国："物权法开禁农村宅基地交易之辩"，载《法学评论》2005 年第 4 期。

产经营，社内农民实行共同劳动、按劳分配，是一种经济性组织。但是，到了人民公社时期，农民不再享有土地所有权，主要生产资料由作为生产组织和基层政权的人民公社进行统一经营管理。到了改革开放以后，家庭联产承包责任制取代人民公社体制逐渐建立起来，重新恢复了一家一户的生产经营模式，实行集体统一经营的农村集体经济组织基本上只剩下一副空壳。乡镇人民政府成为基层政权组织，农村合作经济组织转变为农村集体经济组织。根据《农村土地承包法》《民法总则》的相关规定，对农民集体拥有的集体所有权，土地的发包权以及经营管理权由村集体经济组织或者村民委员会行使，村民委员会取得代行农村集体经济组织职能的权利。但是，根据《村民委员会组织法》的相关规定，村民委员会主要负责本村的公共事务和公益事业，作为基层群众性自治组织并不适宜代行农村集体经济组织的经济职能。这种立法层面的缺陷和两者历史上的职能重合，在实践过程上往往造成对农民合法权益的侵害。

其二，应当明确规定集体成员资格和农村集体经济组织之间的权利义务关系。权利义务标准对成员资格认定的依据，即是村民与农村集体经济组织是否形成了事实上的权利义务关系。集体成员资格应当具备较强的可识别性和身份性特征，在法律上应当对应着明确的权利义务且应当保持相对稳定，内容具体又易于辨识。但是，现行立法并没有具体规定与成员主体资格相对应的权利义务，司法实践中主要根据特定主体是否履行相应的义务进行判定，而对集体成员是否享有特定权利大多并不关注。目前，以义务标准为依据认定集体成员资格较为困难，理论界和司法实践更倾向于采取权利说。

究其原因，是由于随着农村经济发展水平的不断提高，集体成员权利的内涵范围进一步扩张，集体义务的内涵范围进一步萎缩甚至消失。比如，我国取消了原有的乡统筹、提留款、农业税、农村教育集资、义务工等各项义务，制定了一系列惠农政策，农民承担的集体义务越来越少。因此，以是否履行义务作为成员资格认定标准往往难以进行量化考察，欠缺现实可操作性。同时，作为交纳土地承包费的补偿性义务，集资修路的社会事业性义务、代收代缴机制缴纳税费的代办性义务，都不属于农村集体经济组织与其成员之间的基本义务范围。所以，以权利义务作为对成员资格的认定标准不具有实践基础。然而，如果采取权利说显然又不尽合理。因为集体成员权利是具有成员资格后的法律后果，不具有成员资格者自然不享有成员权利，以是否享有集体成员权利反证是否具有集体成员资格无疑是一种逻辑倒置。

在我国经济社会发展水平不断提高、城市化扩张占用大批农业用地、人口流动频繁等多重因素影响下，农村人口与集体土地之间的固定关系被逐渐打破，使得集体成员的权利义务关系很难对应起来。村民和集体成员之间模糊的身份界限变得更加模糊，人与户皆在、人户分离和人户都不在等多种复杂情况不断涌现。因此，需要尽快出台相应的法律规定对其界限进行划分，重新厘定这两种主体身份所应享有的权利和所应承担的义务。

其三，不同地区之间经济发展水平的差异，需要不同的法律规定施以不同调整。我国改革开放的格局呈现出从沿海向内陆纵深发展的特点，各地经济社会的发展水平参差不齐。经济社会发展水平落后的内陆地区很难跟上沿海发达地区的改革节奏，导致在立法设计上需要根据不同地区之间的差异性分别规划。发达地区的城镇化程度较高，集体建设用地的经济价值得到充分转化，其土地出让金和附着建筑的商业租赁金使得农村集体经济组织拥有着数额较大的待分配利益，而且这些地区已经普遍完成了农村集体资产股份权能改革。因此，实现集体成员的股份权益及各项具体权能是其关键所在。比如，早在 1992 年，广东佛山南海区罗村镇就已经进行了集体土地股份合作制的改革实践，由农村集体经济组织对土地进行统筹规划和利用，以股份公司的形式将集体成员权益转化成公司股份，由村民民主议定具体的股权分配比例，通过发挥市场对土地的调节作用获得数额可观的集体收益。在其改革成功后，罗村镇的做法得到政府认可并予以推广，从而引起了其他地方的广泛关注和借鉴。各地结合本地实际情况，先后实施了农村集体章程股份合作制改革，极大提高了农村地区的经济发展水平，使广大农民获得了可观的利益收入，集体经济也得到了发展壮大。①在短短的几年时间里，部分村镇的集体经济组织就达到了亿元以上的经济收入，作为股东的集体成员每年可以通过股份合作社直接获得高达万元以上的股份红利。但是，在经济相对落后的内陆地区，城市化进程和城市化建设的起步比较晚。随着城市化扩张对土地资源的需求日益迫切，对集体土地进行征收补偿就成为工作的重点和难点，由此导致土地征地补偿款纠纷大量涌现，土地征地补偿款分配问题是涉ագ纠纷和涉农信访的矛盾焦点，而是否享有集体成员资格又成为处理土地补偿款分配纠纷的前置性问题。因此，这也对统一立法提出了更高要求，如何制定一套具有普适性和可操作性的集体成员资格认定标准是立法者必须审慎考量的重大课题。

2. 司法实践面临的困境

其一，集体成员资格认定纠纷面临的裁判困境。司法实践中，法院在对集体成员资格纠纷是否受理、采用何种资格认定标准、如何对标准进行裁量适用等问题均存在不同的做法。

---

① 张新光："中国农地产权制度改革实践中的个几个理论问题"，载《山西师范大学学报》2004 年第 4 期。

首先，各地法院对于成员资格纠纷在是否受理上存在不同意见。有的法院根据相关司法解释认为，征地补偿款分配问题属于村民自治组织的村民自治事项，应当由相关村民自治组织通过内部自治机关和相应的监督程序予以自行解决，人民法院不应当受理此类纠纷案件。有的法院则认为，集体成员资格纠纷案件应当适用《关于审理涉及农村土地承包纠纷案件适用法律问题的解释》关于土地承包合同、承包经营权、征地补偿款分配的法律规定，应当纳入人民法院受案范围。在受理过程中，应当将集体成员资格认定纠纷纳入民事案件还是行政案件的受案范围，不同法院之间也存在不同做法。因此，对集体成员资格纠纷是否属于法院受案范围应当做出统一明确的法律规定，为司法权的介入提供直接的法律根据。

其次，集体成员资格认定的法律主体尚不明晰。实践中，集体成员资格纠纷产生后，往往缺少统一权威的适格认定主体，其原因在于未能从法律层面上对农村集体经济组织、村民委员会、村民小组、农村股份经济合作社等相关主体作出清晰的法律界分。根据《民法总则》《物权法》《村民委员会组织法》等相关法律规定，村民委员会可以代为管理农村集体经济组织的财产和收益。因此，村民委员会可以成为集体成员资格纠纷中的适格被告。此外，有的土地征收补偿款发放流程是由村民委员会分配到村民小组，再由村民小组再分别发放给村民个人，也导致了部分村民将村民小组与村民委员会作为共同被告进行起诉的情形。所以，司法实践中经常出现被告不适格、法律主体和诉讼主体的混乱情况，需要从立法层面进一步对案件所涉主体作出明确规定。

最后，集体成员资格纠纷案件缺乏明确统一的裁判依据。由于我国农村集体产权制度改革尚未完成，相关法律法规尚未针对此类案件制定相应的法律规定，因此，适格的诉讼主体、适用的审判程序、村规民约的适用及其效力认定等问题都处于模糊不清的法律状态，原告胜诉后判决的强制执行也存在较大困难。司法实践中，由于案件审理阶段缺乏明确统一的裁判依据，不同法院对此类案件往往酌量不同的参考因素，彼此作出的裁判结果差异较大甚至相互冲突，集体成员资格的司法认定陷入实践困境。

其二，集体成员资格认定主体面临的困境。如前所述，法院的受理范围是否包括农村集体经济组织征地补偿款分配纠纷，经历了一个立场摇摆的发展过程。直到2005年颁行的《关于审理涉及农村土地承包纠纷案件适用法律问题的解释》之中，最高人民法院才明确将土地补偿款分配纠纷纳入人民法院民事案件受理范围，才初步打通了为集体成员提供司法救济的基本通道。但是，在审判适用中，该解释并未能有效适用于纠纷案件的审理过程。最高人民法院审判委员会在对该解释讨论稿讨论后认为，由土地承包纠纷导致的成员资格诉讼不应当纳入法院受理范围。实际上，这从司法解释层面将法院排除在集体成员资格认定主体之外。关于认定集体成员资格的适格主体，理论界和实务界的观点并不统一。村民委员会、农业部门、土地承包仲裁机构等相关主体，都在某种程度上被认为具有集体成员资格的认定权限。但是，这些部门普遍存在着资格认定的临时性、被动性和模糊性等特点，也难以拥有足够的行政资源介入集体成员资格争议的具体认定之中。

（三）集体成员资格认定问题的主要成因

1. 立法缺失是集体成员资格认定困境的根本原因

缺乏立法层面的统一指导是集体成员资格认定纠纷难以解决的主要原因。截至目前，我国还没有制定农村集体经济组织的专门性法律法规，也没有制定统一的农村集体经济组织成员资格认定标准。实践中，成员认定标准的统一立法尚付阙如，农村集体经济组织或村民委员会在分配集体财产利益时采用的标准不尽相同，司法机关在解决成员资格认定纠纷时面临极大的法律困难，各地法院往往根据不同的考量要素作出了差异极大的裁判意见。

目前，解决集体成员资格认定问题主要采取户籍主义标准。但是，户籍标准作为一种形式要件很难全面准确地对集体成员资格进行认定，而且与明确的现实状况存在很大的实践误差，不符合我国当前农村的复杂环境和实际情况。即使户籍制度在国家行政管理方面极为有效，户口迁入迁出的相关记录比较详细，作为认定集体成员资格的认定标准非常便捷高效，且户籍制度能够超越集体经济组织本身而与个人利益不直接相关，具有一定的公正性和合理性。但是，随着城乡一体化进程的不断深入和农村人口流动的日益加剧，户籍制度本身在社会控制职能和社会保障职能方面发挥的效力逐渐减弱，农村户口和非农户口的职能出现交叉，因此户籍并不适合作为农村集体成员资格的唯一标准。

可以说，集体成员资格的认定与政治、经济和社会等多方面因素息息相关，在进行立法时应当综合考虑民法、行政法、社会保障法等多个部门法的协同配合。无论是理论界还是实务界，都对集体成员资格认定的立法缺失或部分法律之间互相矛盾的局面提出批评，也提出了若干对统一立法具有借鉴价值的合理意见。但是，由于集体成员资格的原始取得以属地关系为核心，集体成员依靠身份享有集体财产权益。因此，户籍标准作为认定集体成员身份的重要判断标准尚不宜完全抛弃，但其缺陷性决定了户籍标准必须结合其他辅助标准进行综合认定。在这种复合型的成员资格认定方法中，户籍标准的公法性质被植入私法领域，这也凸显出我国农村法治建设中私法与公法在对立中融合的发展趋势。因此，吸收户籍主义的合理要素并结合其他多元化的认定要素，形成兼具公平性、开放性、稳定性、协调性、可操作性的规则体系，应当是我国解决集体成员资格认定问题的可行路径。

2. 民间习惯与国家法的冲突阻碍了统一立法进程

根据《村民委员会组织法》的规定，对于涉及村民利益的重大事项应当经过民主议定程序，即重大事项应当由村民会议议决。由于相关涉农法律制度的严重滞后，现实中由村民会议通过制订村规民约对集体成员资格进行认定几成常态。但是，村规民约在各村之间具有的天然差异性必定导致主体资格认定结果的差异性，甚至出现以民主议定为由侵害部分集体成员合法权益的情况。比如，妇女作为农村弱势群体的权利保护在《妇女权益保障法》中已有明确规定，但是，侵害妇女合法权益的情况仍然屡见不鲜，甚至是在村规民约之中或通过村民代表大会的决议堂而皇之地侵害妇女群体的合法权利。[1] 目前，由于我国农村地区的村规民约缺乏规范引导和有效监管，村规民约与相关法律的冲突时常发生，甚至村规民约本身也难以得到村民自觉自愿地遵行。或者说，法律精神或法律规定与村规民约背后反映的民间风俗之间存在较大沟壑需要予以填补。

以立法方式对集体成员资格的认定进行规范，其方法上的合理性是立法能否取得成功的关键，否则将会在成文法与民间法之间形成紧张的关系。要想解决传统习俗与法律在成员资格认定问题上的观念冲突，必须理顺二者之间的协同配合关系，方能有效实现预期的立法目的。因此，对集体成员资格认定问题，法律在制定过程中必须充分考虑农村风俗习惯的认定机制，在民间法与国家法之间的博弈过程中找到两者的平衡之处。根据《村民委员会组织法》的规定，村规民约不得与宪法、法律、法规和国家的政策相抵触。但是，实践中存在大量与法律法规相冲突的村规民约，是否将村规民约纳入司法监督及合法性审查范围、怎样处理与法律规定相违背的村规民约、当集体成员合法权利受到村规民约侵害时如何进行救济等都没有相关法律规定。因此，在相关法律制定时应当充分考虑这些问题，在法律范围内充分保障村民的意思自治和意思表示自由，寻找自由与法律的最佳契合点。这就需要加大对村规民约进行法律引导、行政指导和司法审查的力度，充分实现村规民约的实体价值和程序价值，保障农村集体经济组织在遵守法律规定的前提享有充分的自治权，这既能够助益集体成员资格认定问题的解决，又能树立法律的公信力和权威性，从而形成良好的法律运行机制。

---

[1] 孟勤国："物权法如何保护集体财产"，载《法学评论》2006年第1期。

3. 地区差异性成为统一立法的约束性因素

如前所述，我国的改革开放是由沿海地区向内陆地区纵深化推进的，由于各地经济发展水平的差异性，使得各地在农村集体产权制度改革和农村集体经济组织的发展水平上均有较大差别。在经济水平较高的地区，城镇化水平较高，土地征收已趋于结束，农村集体经济组织率先推行农村集体资产股份权能改革。在试点过程中农村土地能否流转、如何对集体企业的利润进行分配、集体资产如何进行有效运营等问题逐渐暴露出来。为了保障农村集体资产股份权能改革的顺利进行，这些地方率先制定了一些地方性法规和地方性政府规章，进行了卓有成效的地方立法探索。但是，在经济发展水平较低的中西部地区，城镇化水平较低，征收农村土地转化为城市发展建设用地的进程如火如荼，由此引发的土地征收补偿款分配纠纷成为涉农纠纷的焦点问题。因此，各地的经济发展步伐和地方性立法进程都存在差异性。因此，从这个意义上讲，无论是理论界还是实务界，无论是立法者还司法者，都应当抛弃传统的法律思维，应当在城乡一体化的背景下认识到地区差异和村际差别，逐渐探索相对具有普遍适用性的法律规则。

三、农村集体经济组织成员资格标准的规则型构

（一）集体成员资格认定标准的参考因素

集体成员资格认定的原则，理论界和实务界一直存在较大争议，这也影响到集体成员资格认定标准的立法确立。集体成员资格认定必须遵循公平公正原则，因地制宜地寻找到各方利益的平衡点。作为集体成员资格认定的主要标准，户籍主义在目前仍然占有重要地位。一般而言，应当以户籍因素为基础，以权利义务、农龄、村民（代表）大会决议、基本生活保障等作为参考因素对集体成员资格进行综合认定。同时，还应当注意户籍标准的例外情形和集体成员自愿放弃成员资格的特殊情况，将农村风俗习惯和村规民约作为集体成员资格认定时予以考察的因素。这也契合在现阶段建立起以户籍标准为主要标准、其他标准作为辅助认定标准的实践状况。《天津市高级人民法院关于集体成员资格确认问题的意见》即是以户籍原则、折衷原则和基本生活保障原则作为指导，对实践中频频出现的成员资格认定争议做出初步认定，既注重保障入赘婿、出嫁女、超生子女等特殊群体的合法权利不受侵害，又充分尊重不具有城镇社会保障的农转非人员的实际利益。妥善处置空挂户，对大中专在校生、服役人员、

服刑人员等特殊群体作出保留集体成员资格的规定,① 初步探索出具有当地特色的集体成员资格认定标准。

1. 户籍主义标准

户籍主义标准以户籍作为是否具有成员资格的认定标准。这一标准简洁明了,具有很强的可操作性,在现实中被广泛使用。但是,单一的户籍主义标准已经难以处理现实中成员资格认定过程中出现的各种纠纷。改革开放前,自中华人民共和国建立以来我国就实行了城乡二元制的户籍管理制度,农业户口和非农业户口的划分使得农村人地关系固化,农村居民户籍所在地即是农村集体经济组织所在地。但是,随着改革开放和城乡一体化进程的深入发展,这种关联关系难以适应外在环境的变化。比如,由于嫁出地有着更多的利益分配,外嫁女选择将户籍保留在原地使得户籍和实际生活地产生分离;有的农村居民为了子女上学或者便于务工经商的需要,将自身户籍挂靠到近郊农村集体经济组织,但实际上并未脱离原集体经济组织,仍由原集体经济组织提供基本生活保障等。因此,成员户籍登记在某行政村并不代表其当然是该村集体经济组织成员,反之,即使未登记,也不代表其就不是该村的集体经济组织成员。②

同时,将户籍主义作为成员资格认定的绝对标准,可能会导致人口的不正常流动现象。人们努力追求自身利益的最大化,经济发展水平较高地区的农村集体经济组织人口因而不断聚集,然而经济发展水平较低地区的农村集体经济组织人口外流现象严重,形成农村的空壳化现象以及留守老人、留守儿童等问题。面对实践中成员资格认定的复杂要素,采取单独的户籍主义标准往往很难达到保障集体成员权益的实际效果。③ 如现役士兵、在校学生将其户籍从原籍迁出亦不在集体经济组织内生产生活,人不在户亦不在,仅仅采取户籍标准排除此类人员的成员资格,必将显失公平。但是,从集体经济组织具有的社会保障功能出发,这两类群体在退伍、毕业后如果未能取得城镇社会保障而回到原集体,又可能因为户籍标准而丧失集体成员资格,这显然不符合集体经济组织存在的基本目的。与此类似的还有外出务工人员、出嫁女等多种主体,采取单一的户籍主义标准难以有效应对实践中的复杂情况。司法实践中,不同层级的法院之间、不同地方的法院之间所作判决相互冲突的案例可谓俯拾皆是。因此,将农村集体经济组织所在地的户籍作为成员资格认定的单一标准并不可行,结合其他认定标准因地制宜进行综合考量是制定成员资格认定标准的必然趋势。

---

① 李宴:"关于农业集体经济组织成员权的法律探讨",载《农村经济》2009 年第 7 期。
② 陆益龙:《户籍制度——控制与社会差别》,商务印书馆 2004 年版,第 18 页。
③ 戴威:"农村集体经济组织成员资格制度研究",载《法商研究》2016 年第 6 期。

2. 生产生活标准

这种标准是指将户籍标准结合相关主体在集体中的生产生活作为参考标准对成员资格加以认定。支持这种观点的学者认为，在认定特定主体是否具有集体成员资格时，应当充分考虑该主体是否具有集体经济组织所在地常住户籍、是否在本集体经济组织形成生产生活上的延续性、是否拥有经常居所、是否在村集体组织内承包土地等多种要素。重点是关注村民在村组集体内生产生活的历史情况，以及村民是否以集体提供的物质帮助和社会保障作为生活条件的现实情况。相对于与单一的户籍主义标准而言，生产生活标准可以比较客观地处理实践中成员资格认定的复杂情况，因而在司法实践中也被广泛运用。但是，生产生活标准僵硬地将成员资格的取得与主体在农村集体经济组织内生产活动的延续性相挂钩，客观上限制了农村与城市之间劳动力的正常流动，不利于农村产业结构升级，不利于适应和推动城乡一体化的历史进程。同时，由于外出务工人员最基础的生活来源仍然需要依赖农村集体经济组织给予的集体保障，将村民在农村集体经济组织中生产活动延续性与成员资格联系起来不但失之过苛，而且可能会挫伤了农民外出务工的积极性，从而阻碍农村经济的发展。

现实中，在征地补偿款等农村集体经济组织利益的分配过程中，部分主体为了提高自身生活水平，选择了外出务工或是经商，虽然户籍保留在原地，但在较长时期内脱离了农村集体经济组织的生产经营活动，被认定为主动放弃土地承包权，因而被限制参与相关集体利益的具体分配。在这一问题的处理上，《陕西省关于审理农村集体经济组织收益分配纠纷案件讨论会纪要》认为，由于集体成员外出经商、务工等原因不在农村集体经济组织所在地进行生产经营活动，但仍是本地户籍的，不得排除其集体成员资格。对于外出务工或经商人员，如果其户籍从农村集体经济组织所在地迁出，且已经享受了相应的城镇社会保障，就可以排除其集体成员资格。

因此，生产生活标准在集体成员资格认定方面虽有其科学性和合理性，但也仍然存在较大的缺漏和不确定性。

3. 权利义务标准

权利义务标准是指以特定的权利义务关系作为判断集体成员资格认定的标准，其理论基础主要是权利和义务的对立统一。从权利与义务的关系看，二者是相互联系、对立统一，没有无义务的权利，也没有无权利的义务。依据权利义务关系标准认定集体成员资格，相对来说较为符合权利法哲学的一般原理。因此，在农民履行了相应集体义务的前提下，理应享有相应的成员资格。然而，这种标准在实践中过于泛化，缺乏可操作性。同时，随着农村各项改革的进一步深化、农村经济的不断发展、管理型政府向服务型政府的逐渐转变，集体义务已逐渐减少甚至消失。

由于生产生活标准与权利义务标准存在的内在缺陷，既无法判断相关主体是否形成在农村集体经济组织内生产生活上的延续性，也无法确定是否履行了农村集体经济组织要求的义务，因此，户籍主义标准在司法实践中得到较多运用。但是，这三种认定标准事实上都未能在立法上加以明确，导致司法实践中同案不同判的现象比较突出。要准确认定集体成员资格，既要综合考虑户籍、生产生活的延续性以及权利与义务的履行等因素，还要照顾到现实中的其他特殊因素，建立一套符合实际情况又具有可操作性的认定标准。

（二）集体成员资格认定标准的其他参考要素

1. 农龄标准

农龄指农民以从事农业为主要收入来源的劳动年限。在一定的历史时期内，我国肯定了以农龄换工龄的做法，工龄与劳动者的福利待遇挂钩。如果在单位时间内做出的贡献相同，忽略个体效率差异，就可以量化出固定时间内一般劳动者的劳动贡献。以此类推，以农龄衡量农业生产者的劳动贡献，创造性地将农龄作为集体成员资格认定和征地补偿款分配标准之一，可以有效解决部分农业生产者对自身过去劳动贡献的诉求。实践中，根据农龄对集体成员进行经济补偿得到了较多认同，这也表明了农龄标准具有的实际价值。

由于社会环境发生变化和人口的频繁流动，农龄标准的客观性在农村不断变化的成员结构过程中显示出较强的适应性。由于农龄标准具有对不同类型成员的普遍效力，上海率先开始了对集体成员的农龄进行了统计，首先将农龄标准作为集体成员资格认定的认定标准之一在实践中进行运用，并根据农龄的多少对征地补偿款进行了分配，取得较好的实际效果。因此，上海市政府进一步对资格认定的农龄标准和农龄统计规范作出了细化规定，使得集体成员资格认定和农龄统计工作的可操作性大为提高。[①] 农龄标准在上海取得一定成效之后，北京、浙江、江苏等地的农村集体经济组织在农村集体产权制度改革中也纷纷加以借鉴，并因地制宜推出了本地农龄统计规范，集体成员以农龄作为参与股份分配的依据、享受股份权益。

随着农业用地非农化进程的日渐加快，征地补偿款分配、集体股权量化权益等财产性利益成为集体成员的关注焦点。目前，在通行的分配方法极易引起诸多纠纷的情况下，可以尝试使用农龄标准进行分配。将农龄要素纳入集体成员资格认定的复合标准体系之内，有利于在尊重农龄标准的客观性基础上有效

---

① 方志权："农村集体经济组织成员资格界定与农龄统计研究"，载《科学发展》2013 年第 4 期。

解决因户籍变动出现的分配困境，又可以兼顾部分流动人口的合法权利。因此，引入农龄标准解决了集体成员以往的贡献和既有成员利益之间的矛盾，可以有效降低集体权益纠纷的发生概率。

但是，需要注意的是，农龄标准在实践中不能作为唯一标准进行使用，否则将严重损害新加入成员的合法权益。首先，农龄标准的适用范围仅限于以往在农村集体经济组织中有过农业生产活动经历的人员。其次，由于农龄标准在成员资格认定方面的证明力较弱，导致农龄标准只能作为辅助标准出现，在对不同集体成员的主体资格进行界定方面存在困难，也难以直接判断该主体是否仍然具备特定集体的成员资格。因此，可以尝试采取农龄标准与户籍标准相结合以及其他标准相结合的复合标准，综合分析特定主体有无集体成员资格。

2. 村民自治标准

在实践中，村民自治组织和农村集体经济组织在相关涉农纠纷中处于极为重要的现实地位，应当充分考虑现实中村民自治组织和农村集体经济组织对乡村治理具有的积极价值。与村民委员会相类似，农村集体经济组织的最高权力机构是集体成员大会，有权依照法律和组织章程的规定对集体内部事务进行管理，拥有的自治权限既允许其对内部成员进行管理又可以决定对新入成员的接纳与否。因此，在完善相关法律规定基础上，合理引导农村集体经济组织发挥其自身的积极作用，有助于解决集体成员资格认定难题并在集体内部柔化纠纷发生的可能性。

法律源自人们的内心信仰和忠诚拥护。法律判决可能因多种因素与人们的预期不同，但是，法律规定不能背离社会善良的道德风俗。我国农村基层自治组织在自治过程中形成的一系列村规民约，在维护农村秩序、解决涉农纠纷等方面扮演着重要角色。村规民约在其制定过程中是对广大村民整体意愿的收集与整理，适用具有合法性的村规民约认定集体成员资格是保护集体成员切身利益的最佳方式。[①] 虽然村规民约的重要性不容置疑，但其现实效果却并不理想。由于农村缺少专业性法律人才以及相应监督措施的落实不到位，即便《村民委员会组织法》第 27 条已经较为明确规定村规民约的法律界限，村规民约在实施过程中仍然暴露出自身的诸多缺陷，出现多数人暴政、与法律强制性规定相抵触等诸多问题。因此，应当在《村民委员会组织法》等相关法律中对村规民约予以引导并进行合理限制，以发挥村规民约在集体成员资格认定方面的积极价值。

---

① 林苇："论农村集体经济组织成员资格的界定——以征地款分配纠纷为视角"，载《湖北行政学院学报》2008 年第 3 期。

3. 基本生活保障标准

集体土地权益是集体成员应当享有的核心权益。集体土地除了极具财产价值之外，还承载着基本生活保障功能。因此，这一标准应当成为成员资格认定的核心标准和基本标准之一。在集体资产股份量化、集体收益分配、土地征收补偿款分配等方面，都会涉及广大农民的基本生活保障问题。如果村民失去了集体的基本生活保障后，仍然拥有其他稳定的社会保障来源，则可以认定失去集体成员资格；反之，则应当保障其参与集体利益分配的权利。

4. 权利放弃

对实践中外来人员将户籍迁入时明确表示放弃享受成员待遇的问题，是实践中集体成员资格认定的难题之一。有的学者认为，集体成员资格对应着农村集体经济组织财产性权利的分配问题，特定主体明示放弃村民待遇是民法上的权利处分行为，只要符合其真实的意思表示，就应当予以认可。实际上，这种观点值得商榷。农村集体经济组织管理的集体财产牵涉集体成员的财产性权利，且此财产权主要承载社会保障功能。对于放弃资格即完全失去社会保障的主体来说，既使得个体基本生活难以持续，又是社会和谐稳定的潜在威胁。因此，不宜直接予以认可，而应当为其设定一段时间的保留期限。但是，如果放弃享受集体成员待遇确系出自本人的真实意愿，在放弃享受成员待遇后能够享受新的社会保障，相关组织和人员不得进行干预，应当按照其真实意愿将集体成员资格注销。[①] 需要注意的是，村民会议的九项议事范围并不包括处理村民集体成员资格的取消，基层自治组织无权以村民会议的多数决方式或签订保证书的形式剥夺已经取得集体成员资格者的成员身份。

5. 户籍标准的特殊情形

其一，户籍原则与权利区分。村民具有本村户籍并以村民资格参与村民自治事务的管理，不应当成为具有集体成员身份和享有集体成员权益的决定条件。司法实践中，正确理解和把握政治权利和经济权利的可分割性这一特点对案件的处理有着关键作用。[②] 其二，户籍原则与权利保护。举例而言，在农村宅基地上建造的房屋属于农民个人所有，我国继承法并不限制非集体成员对农村房屋的继承。根据《物权法》的规定，不动产物权的设立、变更、转让和消灭经依法登记发生物权变动的效力，继承人如果要取得房屋所有权必须要进行产权登记。但是，原建设部制定的《房屋登记办法》规定非房屋所在地集体成员的受让人，不得办理农村村民住房所有权转移登记。这一规定表明，非集体成员

---

① 王利明：《物权法研究》，中国人民大学出版社 2008 年版，第 45 页。
② 黄健雄：《农村土地征收补偿法律政策解答》，法律出版社 2003 年版，第 75 页。

即使继承了房屋的所有权，其房屋所有权转移登记也会被限制。集体成员资格与权利保护就会形成一定冲突。

(三) 集体成员资格认定的主体和程序

1. 集体成员资格认定主体

从我国现行立法看，哪些主体具有认定集体成员资格的合法权限，法律并无明确规定。从相关政策和认定实践来看，主要包括以下几类主体：

其一，农村集体经济组织或村民委员会自行认定。这两种主体可以通过制定村规民约、农村集体经济组织章程以及集体权益分配方案等抽象性规则对集体成员资格问题进行明确，也可以通过召开集体成员会议或村民会议对特定主体是否具有成员资格进行表决。比如，村民委员会在分配土地补偿款之前，有权对具有分配资格的成员范围进行界定；村集体在推行农村集体资产股份权能改革时，其中一个重要环节即是确定享有股权量化资格的成员范围，即明确哪些人员具有成员资格。现实中，由村民委员会或农村集体经济组织行使成员资格认定职能，既是其拥有村民自治权的应有之义，也因具有符合本村实际的现实合理性而易于被接受和实施。但是，需要防止村民委员会滥用职权或家族、宗族势力利用民主自治的名义侵犯他人集体成员资格的情形。

其二，由司法机关认定。司法机关认定是指由人民法院采用审判方式对集体成员资格进行认定。但是，由于司法程序的被动性，只有在当事人起诉之后才会启动司法程序。司法介入是在集体成员资格被排除、权利受到侵害之后，作为一种权利被侵害的救济手段而出现。由司法机关作为集体成员资格的认定主体，具有典型的滞后性特征。因此，司法机关作为认定主体是集体成员权利保护的最终途径，应当作为一种后置救济程序使用。除了司法认定的滞后性特点之外，启动司法认定程序的困难不容忽视。根据《关于审理涉及农村土地承包纠纷案件适用法律问题的解释》，各地法院对单独以集体成员资格认定为由提起诉讼的案件大多不予受理。在涉及集体成员资格认定的其他权益纠纷中，各地法院在受理上也具有相当大的自由裁量权。因此，虽然实践中少数法院受理集体成员资格认定纠纷案件并做出相应的判决，但是，这一解释仍在法律层面上将法院排除在集体成员资格认定主体之外。①

其三，由政府或其有关行政部门认定。很多法院认为，当事人是否具有集体成员资格应当首先经过政府或其有关行政部门予以确认。广东等地也以行政确认作为向法院提起资格争议诉讼的前置条件。行政机关认定集体成员资格有

---

① 刘兆军：“农村集体经济组织发展的法律困境与对策分析”，载《农村经营管理》2010 年第 2 期。

其独特优势和现实合理性。相对而言，基层的行政机关比较了解农村错综复杂的实际情况，在实际执行上亦具有自身优势。但是，行政机关的资格认定权是否属于排他性权力仍然存在极大争议，即是否只能由行政机关认定集体成员资格。司法实践中，很多法院持肯定观点。实际上，包括《村民委员会组织法》在内的相关法律，都没有明确赋予行政机关认定集体成员资格的行政专断权，也没有明确排除人民法院介入集体成员资格认定问题的司法审查权，人民法院以应由行政机关先行处理为由不予介入，实质上是不当限定了集体成员寻求司法救济的诉讼权利。

简言之，由于立法没有明确集体成员资格的认定主体及其权限范围，造成了比较严重的实践混乱，导致不同认定主体重复认定、认定结果互相矛盾、部门之间推诿扯皮的情况时有发生。为了有效解决集体成员资格认定主体混乱的问题，必须以法律法规的形式明确成员资格认定主体的权能与职责。在当前实践中比较混乱的成员资格认定主体中，村民委员会或农村集体经济组织拥有原初权利，行政机关和司法机关亦应作为认定主体。但是，无论是村民委员会或农村集体经济组织的认定行为，还是行政机关的认定行为，都不能排除人民法院的司法审查权，司法救济应当是最权威的终局性救济手段。

2. 集体成员资格认定程序

集体成员资格认定与集体成员的自身利益紧密相关，新成员的加入必定会摊薄既有成员的利益份额。既有成员为了保护自己的既得利益，必然会出现阻碍新成员和争议成员加入的情况。因此，应当制定一套公平公正、快捷高效、具有可操作性的成员资格认定程序。

在申请阶段，申请人应当主动提交集体成员资格认定的申请书，明确申请成员资格的事实和理由，并提交真实的、与成员资格认定相关的、能够证实自身成员资格的相关文件。在审查公示阶段，应当由村民委员会对申请书进行实质和形式审查后予以公示。在异议阶段，异议人向村民委员会提出资格异议，村民委员会在收到异议后应当在一定时间内对异议进行审查，根据审查情况作出资格异议处理结果的决定。在成员资格认定的决议阶段，应当由村民委员会在村民会议或者村民代表大会上对审查结果进行说明，出示相关证明文件，由村民会议或者村民代表大会按照民主议定程序进行讨论表决。在最终表决后，应当充分保障申请人或异议人的救济权利，申请人或异议人对成员资格认定结果不服的可以向人民法院提起诉讼，人民法院应当依法受理。同时，乡镇政府应当积极介入基层自治组织认定集体成员资格的程序之中，认真履行积极引导和有效监督的职责。

科学合理的成员资格认定程序，既有利于申请人实现自身的合法权益，又有利于保护既有成员的权益不受非法侵害。合理的异议沟通渠道和科学的监督机制，则有利于保障认定程序的合法性、合理性、效率性和公平性，从而减少集体成员资格认定纠纷的发生。

总而言之，在各地的地方性立法或地方性政策之中，都普遍认可了村民会议与村民代表大会具有成员资格认定主体的身份和权限，村民会议或者村民代表大会可以依据农村集体经济组织章程决定是否赋予申请加入的自然人以成员资格。在集体成员资格认定问题情况混乱、矛盾突出、争议较大、判断困难的现实情况下，必须有效引导和发挥村民自治共同体在认定成员资格方面的积极作用。同时，应当以人民法院的司法审查权作为底线救济机制，通过协同配合切实保障集体成员的合法权益。

（四）集体成员资格的取得与丧失

当前，对集体成员资格的取得情形和丧失情形，我国还没有形成具体明确的普遍性规则，实践中也形成了复杂多样的矛盾纠纷。

1. 集体成员资格的取得

实践中，集体成员资格的取得主要有以下两种方式。

（1）自然取得。对于集体成员的婚生子女，应当认定自出生始即具有该集体成员的资格。在胎儿是否也能适用自然取得的问题上，一种观点认为对于尚未出生的胎儿与婴儿具有同等的民事权利能力，应当自其出生时就具有农村集体经济组织的成员资格，但是胎儿出生时为死体的，其成员资格自始不存在。另一种观点认为胎儿原则上无民事权利能力，只有在胎儿出生后是活体，才能适用自然取得成为农村集体经济组织的一员；如果是死体，就不具有相应的成员资格。除了胎儿的成员资格认定之外，在胎儿是否享有集体财产的共有权方面，也应当肯定胎儿的利益并为其预留一定份额或通过制定动态调整规则保障其权益。

（2）加入取得。集体成员资格因加入取得的方式主要有两种，一是基于法律行为，即通过婚姻、收养等法律行为成为新的农村集体经济组织的成员。[①]二是基于公共利益，如地质灾害、水利建设过程中产生的移民，根据国家政策和公共利益的需要由政府强制迁入并取得迁入地农村集体经济组织的成员资格。为保障原有成员的合法权益，后者由国家给集体社区一定的安置补偿费，将移民安置在社区集体，移入后即取得移入社区集体成员资格。[②]

---

① 张钦、汪振江："农村集体土地成员权制度解构与变革"，载《西部法学评论》2008 年第 3 期。
② 韩松："农民集体所有权主体的明确性探析"，载《政法论坛》2011 年第 1 期。

需要重点讨论的是基于婚嫁等法律行为而加入农村集体经济组织的取得方式。因缔结婚姻或者收养等获得其他农村集体经济组织成员资格的人员，根据资格的唯一性原则，应当丧失其原所在农村集体经济组织的成员资格。我国部分农村地区的风俗习惯也允许特定主体可以决定是否加入其他集体经济组织并在申请通过后取得其成员资格。对这一问题主要根据民事习惯法进行调整，长期以来并未发生比较显著的矛盾冲突。但是，近年来由于农村集体经济组织因土地征收获得较多的土地征收补偿款，直接涉及集体成员切身的经济利益，使得这一矛盾日趋尖锐。土地承包制的初期，尽管各地实行按照人口变化对承包土地在一定时间内做出动态调整的长效机制，这一问题并没有得到有效解决。其后，随着我国实行土地承包经营权三十年不变的政策，使得一部分农村新增人口获得承包地变得更加困难。特别是外嫁女出于夫家所在集体不分配土地的考虑，因此选择将户口留在原籍，继续享有原集体经济组织的土地承包经营权，导致承包地征收补偿款的分配陷入利益僵局。

首次参与土地承包的人员，在进行土地承包时就获得了农村集体经济组织的成员资格。在此之后，与这些成员具有婚姻、直系血缘、收养等关系者，经过本人申请由成员大会表决通过的也应具备成员资格，享有集体成员权利。首次取得成员权的是在公社化、合作化时期自愿或被动入社的社员，之后的自然人或因与初始社员具有婚姻、血缘、收养等关系，或经社员决议接纳而取得成员资格，享有集体成员权利。成员资格的取得和丧失需要综合考虑和权衡土地承包经营权的保护和集体自治权的尊重。以集体自治权为出发点，是对我国农村实际情况和对集体形成历史的认可和尊重，这也符合基层群众性自治组织设立的根本目的。

自加入之日起，集体经济组织成员依法享有成员权。在成员会议或者成员代表会议表决通过之后，成员需及时办理户口迁移手续。对于加入之日是自会议通过之日还是户籍迁到该农村集体经济组织之日，应当根据实际情况进行具体区分。如果成员在会议通过之日之前已经办理了户口登记，成员资格则自会议通过之日起开始取得。如果成员在会议通过之日后才将户口迁移到该集体组织，成员资格的取得时间应当为根据成员大会的决定自户口登记完成之日起算。

2. 集体成员资格的丧失

集体成员失去其成员资格，意味着集体成员享有的权利和义务也随之终止。一般有以下几种情况：

（1）集体经济组织成员死亡。自然人在死亡或宣告死亡之后，其权利能力和行为能力自然消灭，权利义务当然随之终止。主体行为能力的消灭，就导致其集体成员资格的丧失。

（2）集体成员户口的"农转非"。在我国集体土地所有制的背景下，集体土地的主要功能是为集体成员提供基本的社会保障，以维护集体成员的生存和发展，所以农村居民一般自出生即取得了集体成员资格。成员资格的价值在于能够从集体获得生存和发展条件，也正是因为成员需要依靠集体所提供的生存条件，集体所有权才彰显了自身的功能属性。因此，对于已经取得城镇社会保障的集体成员，应当排除其集体成员资格。即成员户口由农业户口转为非农业户口之后，如果该成员已加入城镇社会保障体系则其集体成员资格也就自行消亡。

（3）已经加入其他集体经济组织。一个主体不能同时具备两个或两个以上的集体成员资格。获得新的农村集体经济组织的成员资格，就应当排除原所属集体经济组织的成员资格。但是，集体成员通过缔结婚姻成为配偶一方的家庭成员之后，原来所属集体的成员资格并不是当然丧失，应当赋予其选择权，由本人提交申请后经对方集体经济组织成员会议的表决而取得集体成员资格后方能丧失。

（4）农村集体经济组织终止或解散。由于不可抗力或情势变更等原因，导致农村集体经济组织丧失其存在依据的，集体成员资格也应当随之归于消灭。[1]相应地，在随之新成立的农村集体经济组织之中，或者加入其他已经存续的农村集体经济组织，该部分主体应当有权获得新的集体成员资格。

（五）特殊群体的成员资格认定

随着城镇化水平的不断提高，农村土地的非农化进程逐渐加快，土地补偿款等集体利益分配的矛盾日渐突出。在对集体成员资格认定时，有权认定成员资格的主体出于实现自身私益的目的，利用村民自治共同体拥有的自治权限以民主议定形式侵害特殊群体的集体成员权益，出现以多数集体成员的名义损害少数人合法权益的情况。因此，应当严格遵循集体成员资格认定程序，依法对相关主体进行监督，为处于弱势地位的特殊群体设置专门的救济途径，切实保护其合法权益。

1. 出嫁女成员资格认定

一般而言，出嫁女是指在结婚后由于各种原因没有将户口迁入嫁入地集体经济组织的已婚妇女。按照我国农村社会传统的风俗习惯和便于户籍管理的原则，农村集体经济组织内的妇女出嫁后，应当将户口迁入嫁入地集体经济组织

---

① 吴春香："农村集体经济组织成员资格界定及相关救济途径研究"，载《法学杂志》2016 年第11 期。

所在地，取得嫁入地农村集体经济组织的成员资格。但是，有的农村集体经济组织为了保持土地承包经营的稳定性，既不对出嫁女分配土地，也不对从本村嫁出的女性收回其承包的土地，这使得出嫁女的集体成员资格认定陷入困境。出嫁女在迁入嫁入地集体经济组织后不再进行土地分配，导致女方在出嫁后不愿放弃原农村集体经济组织的成员资格，仍将户籍保留在原地，① 尤其涉及土地补偿款的分配问题时，出嫁女出于追求经济利益的考量更不可能将户口从原农村集体经济组织迁出。总而言之，基于方便生产生活目的和传统风俗习惯，出嫁女一般应将户籍迁出原集体经济组织，并申请嫁入地集体经济组织的成员资格，平等享有集体成员权利，否则出嫁女具有的原集体经济组织成员资格并不当然归于消灭。

2. 入赘婿成员资格认定

由于农村地区受传统落后思想的影响以及长期以来对入赘婿形成的惯例做法，使得入赘婿这一群体在农村受到较多歧视。为了达到保护原有成员的既得利益，通过村民会议限制甚至排除入赘婿参加集体利益的分配、侵害入赘婿群体平等分配集体利益的权利，这种歧视现象在实践中比较普遍。事实上，这种做法既不符合《婚姻法》的相关规定，② 也不符合《妇女权益保障法》的相关规定，③ 亦不符合中央政策的有关规定。④ 从事实效果上看，入赘婿和出嫁女在集体成员资格争议上并无本质区别。户口迁入的入赘婿应当具有迁入地的集体成员资格，同等享有集体成员权利和生活保障待遇。

3. 在校学生、现役军人、监狱服刑人员的成员资格认定

从户籍管理的角度看，在校学生、现役军人、监狱服刑人员具有一致性。这三种群体都主要是由于社会管理的需要，将其户籍暂时迁出原农村集体经济组织所在地。但是，这三种群体都没有取得新的社会保障待遇，在离开学校、部队、服刑地后，仍然需要将户籍迁出至新的居住地或迁回原集体经济组织。因此，只要这三类群体在其他地方没有取得新的社会保障，就应按照户籍原则，

---

① 程诗琪："农村'外嫁女'集体经济组织成员资格的确认与法律保护——以海南省三亚市法院'外嫁女'征地补偿费分配纠纷案件为研究基础"，载《法律适用》2018 年第 11 期。

② 《婚姻法》第 9 条规定，"登记结婚后，根据男女双方约定，女方可以成为男方家庭的成员，男方可以成为女方家庭的成员。"

③ 《妇女权益保障法》第 33 条规定，"任何组织和个人不得以妇女未婚、结婚、离婚、丧偶等为由，侵害妇女在农村集体经济组织中的各项权益。因结婚男方到女方住所落户的，男方和子女享有与所在地集体成员平等的权益。"

④ 《中共中央办公厅国务院办公厅〈关于切实维护农村妇女土地承包权益的通知〉》明确指出，"有女无儿、儿子没有赡养能力或女儿尽主要赡养义务的家庭，男到女家生产和生活的，应享受同等村民待遇。"

保留他们在原农村集体经济组织的集体成员资格，反之则不应承认其集体成员资格。

4. 收养子女、超生子女成员资格认定

对于集体成员已经办理了收养手续和户口登记的合法收养子女，其集体成员资格应当予以承认。对于集体成员的超生子女，不论其是否接受了计划生育的行政处罚，出于对未成年人合法权益的保障，其集体成员资格也应予以认可。在二胎政策放开之前，由于受重男轻女观念的传统影响以及考虑到农业生产生活中男性劳动力占据着相当重要的地位，农村地区子女超生的问题难以得到有效遏制。实践中，相关管理部门为了减轻计划生育政策落实上的压力，普遍采取限制超生子女或者其父母相关成员权益的方法以达到保障计划生育政策得到落实的目的。① 同时，由于超生子女群体必然会分割农村集体经济组织的财产份额，摊薄现有集体成员的财产权益，因此，在农村地区对超生子女集体成员资格的认可度比较低。即使认可其成员资格，有的村民委员会也会要求超生子女的父母签订保证书，承诺在办理户籍登记后自愿放弃超生子女应当享有的本集体经济组织财产利益。这种书面保证书并非当事人的真实意思表示，其法律效力存在瑕疵，在超生子女没有取得其他社会保障的情况下，不能排除其成员资格，亦不能排除或限制其应得的合法权益。

5. 外出务工人员、经商人员成员资格认定

改革开放以来，我国经济水平极大提高，生产力得到极大解放。但是，由于政策和地理区位等因素，我国不同地区之间、城乡之间经济发展的不平衡性使得大量农村人口外出谋求发展。尽管此类人员长期在农村集体经济组织以外的区域实际生活居住，甚至完全脱离了该农村集体经济组织的农业生产活动，但是并没有取得城镇社会保障，最基本的生活保障仍由户籍所在地农村集体经济组织维系的本质没有改变。所以，这一类外出务工经商人员的成员资格应当予以保留，除非其已经加入了城镇社会保障体系或者明示放弃成员资格，否则就不能认定已经自然丧失成员资格。

6. 空挂户人员的成员资格认定

空挂户的户籍落在本农村集体经济组织所在的行政村。但是，空挂户事实上并不在集体内实际居住并实际生产生活，也没有与其他集体成员形成较为稳

---

① 《广东省人口与计划生育条例》第40条规定："超生人员，有关单位依照本条例规定作出处理决定之日起，五年内国家机关和事业单位、国有企业、国有控股企业，乡镇集体企业不予招工、录（聘）用；五年内不得选为村（居）民委员会成员和评为先进；七年内不得享受公费医疗福利；七年以上十四年以下不得享受农村股份合作制分红及其他集体福利。"

定的持续性联系,其生存保障并不依赖该农村集体经济组织的集体土地,应当明确排除此类主体具有落户的农村集体经济组织的成员资格。① 否则,将会严重侵犯具有该农村集体经济组织成员资格者的合法权益。

7. 户籍已迁入城镇人员的成员资格认定

对于已经取得城镇户口或非农户口的人员,是否取得城镇居民生活保障是其集体资格认定的关键标准。如果该类主体已经取得城镇居民社会保障,意味着已经获得生存和发展的稳定依赖,在认定集体成员资格时应当予以排除。即使此类人员仍保有农村居所并承包土地,也不能作为认定其享有集体成员资格的依据。对部分虽然迁出户籍但不享有城镇社会保障的,由于此类主体尚不拥有持续稳定的生活来源,农村集体经济组织仍然是其生活保障的最后依赖,对此类主体则不宜取消其集体成员资格。实质上,这与我国社会保障体系尚不完备、保障范围和保障水平尚不能满足社会需要具有密切关系。因此,我国应继续建立健全体系完备、科学合理的农村社会保障制度,以满足不同层次和不同类型的社会保障需求,这也有利于缓解集体成员资格认定争议形成的矛盾冲突。

此外,农村女性成员婚后将户籍迁入城镇并取得城镇社会保障的,应当认定成员资格消灭。反之,婚后女方虽到城镇生活但没有加入城镇户籍的,不具备城镇社会保障的,应当认定其具有集体成员资格。

8. 城市退休返乡人员的成员资格认定

由于受我国落叶归根、乡村宜居等各种思想的影响,部分从城市离职退休的老年群体选择回到农村居住。这一类回到农村养老的人员由于已经纳入城镇居民社会保障体系,拥有稳定持续的生活来源和生存保障,根据成员资格的唯一性原则,绝不能允许此类主体同时享有集体提供的基本生活保障,因此,这一群体的集体成员资格不应当予以认可。如果已经在集体内从事农业生产生活或者通过土地流转享有土地经营权的,其土地征收补偿款的处理可以比照户籍已迁入城镇人员承包土地的方式进行处理。

---

① 王春光、胡瑞怀:《温州蓝皮书》,社会科学文献出版社 2011 年版,第 78 页。

第四章
农村集体经济组织成员权体系的类型化

　　社员权这一概念是在法人制度的基础上衍生而来的。正如史尚宽先生所言，"社员权者，社团法人之社员对于法人所有之权利也"①。社员权制度是公民结社自由宪政保障的私法表达，私法对社员权的约束必须要在宪法所允许的范围之内，不能超过宪法所规定的基本法界限。关于社员权的具体内涵，大部分学者均持较为一致的认知，但是，在概念称谓的具体选择上更倾向于使用"成员权"一词。其主要原因是，社员一词在我国语境中一般作为合作社成员的固定称谓，含义较为特殊；而在传统大陆法系国家的民法理论中，社员是社团法人的对称。然而，社团法人在我国民法体系中的法律内涵较为特殊，一般是指社会团体法人，这又与大陆法系国家社团法人的内涵和地位均不相同。因此，使用"成员权"的学术称谓作为团体法人的对称，无疑更为适合我国当前的法律语境。

一、成员权体系类型化的法律主体语境

　　在成员权概念的定义问题上，学者们见仁见智，存在着几种较具代表性的学术认知。有的学者认为成员权的概念是"社员对于社团所有权利、义务之总称也"，② 有的学者把成员权的概念定义为"社员对社团享有的各种权利的总体"。③ 此外还有一些学者认为成员权并不是真正意义上的权利，而仅仅是指一种资格。④ 通常来说，学者在以下几个方面持大体一致的观点，争议并不是太大：其一，成员权享有的前提条件是成员在团体设立时进行参与抑或在团体成

---

　　① 史尚宽：《民法总论》，中国政法大学出版社2003年版，第25页。
　　② 胡长清：《中国民法总论》，中国政法大学出版社2003年版，第132页。
　　③ 谢怀栻："论民事权利体系"，载《法学研究》1996年第2期。
　　④ 李宜琛：《民法总则》，中国方正出版社2004年版，第110页。

立后加入其中从而获得成员资格，进而可以在和团体之间产生的法律关系中行使自己所享有的成员权，成员资格的有无直接决定着能否享有成员权。其二，成员权的设定是将团体放在对立的法律角色，所以，成员权利和团体权利是截然不同的两种权利，不能将两者不加区分地混为一谈。其三，成员权是依据团体章程或者法律的相关规定设定的，法律能够而且应当对成员权进行规范，但是，必须满足不能从实质上约束成员结社自由的要求。基于此，可以将成员权定义为成员在满足参与团体设立抑或参加团体，具有团体成员资格或身份地位的前提条件下，按照团体章程或者法律规定对团体法人享有的一项复合性权利。

依据大陆法系的传统私法理论，在人的联合的具体方式上，成员人格和团体人格既可以不进行严格区分，也可以进行严格区分。在前一种联合方式上，典型的联合形式如合伙企业；在后一种联合方式上，典型的联合形式如有限责任公司和股份有限公司。对前者而言，因为团体的人格和法律责任都依赖于成员，无法脱离成员单独存在，团体中的任何一个成员都可以以组织体的名义与外部发生法律关系，相比之下，团体用自己名义与外部产生法律关系则少之又少，在此种情况下，对成员权利和团体权利进行严格区分并没有太多的实质意义。对后者来说，因为成员和团体的人格相互独立存在，对其从事的法律行为和承担的法律责任均进行了严格区别，团体往往都是根据自己的独立名义从事相关法律行为，从而与外部发生法律关系，与此相关的法律责任主体也是团体而非团体中的成员，从而在团体内部与外部产生了不同的法律关系。成员和团体间的法律关系属于内部法律关系，团体和外部民事主体间的法律关系属于外部法律关系，对成员权利和团体权利进行区分因而便是理所应当而且是十分必要的。[①]

从这个角度来说，成员权的享有主体只包括团体法人的成员，合伙、共同公有体以及财团法人均被排除在成员权适用的主体范围之外。采取这种做法的国家或地区在进行理论研究和法律设计时，往往又将团体法人的成员权进行更为细致的划分，主要区分为共益权和自益权。共益权是成员为了履行团体法人所承担的法律功能而参与到团体事业中所享有的权利，比如参会权、表决权等。自益权主要是以实现成员个人利益为目的的财产性权利，比如收益分配请求权、剩余财产分配请求权等。[②]

然而，我国对于成员权适用之主体范围的界定则显得更为复杂。第一，传

---

① 周枬：《罗马法原论》，商务印书馆 1994 年版，第 290 页。
② 王泽鉴：《民法总论》，中国政法大学出版社 2001 年版，第 188～189 页。

统大陆法系国家和地区一直坚持所谓的民事主体二元结构论，认为民事主体只包括法人与自然人，否认介于两者中间的其他民事主体。我国法律所规定的民事权利主体不仅包括自然人和法人，还包括其他组织即非法人组织，因此非法人组织中的成员是否具有成员权，如果具有成员权则应属于哪种类型的成员权都是需要研究解决的问题。第二，我国对法人的分类和传统大陆法系国家也存在较大区别，不同类型的法人在权利构造方面截然不同，有些归为法人的组织体和其成员间的关系并不在私法的约束范围之内，此时成员所具享有的权利是不是属于成员权范畴不无疑问。

概括说来，我国与传统大陆法系国家或地区对于团体概念的理解存在着极大区别。基于本土化的法律背景对成员权作出更为细致的分类应属必要。依据主体属性的不同，我国现有法人成员权可作如下几类区分：

目前，《民法总则》将法人划分为营利法人、非营性法人和特别法人。《民法通则》将法人主要分为企业法人、机关法人、事业单位法人和社会团体法人等。这两部民事基本法并行不悖，两种分类方法实际上仍然在结合使用。在这些类型的法人中，企业法人的成员即公司股东，当然享有成员权即公司股东权，机关法人虽然能够进行民事法律活动，然而机关法人与其成员之间并不处于平等的民事主体地位，成员不能够对机关法人享有所谓的成员权。

相比于企业法人和机关法人，事业单位法人的情况则不那么简单。依据《事业单位人事管理条例》，负有行政职能的事业单位法人将会纳入机关法人范围或者比照适用规范机关法人的公法规范；进行营利性活动的事业单位法人逐渐被归入企业法人范围，适用规范企业法人的私法规范；进行公益服务事业的事业单位则被保留下来，适用规范事业单位的准公法性法律规范。目前，我国事业单位法人的改革依然在不断深化，尚未最终完成改革的目标任务。有的事业单位法人需要按照法律规定并基于特定目的承担其社会职能，得到国家的许可后方能予以设立并且不要求把实现利润最大化作为经营目的，这在某种程度上和传统大陆法系国家中的财团法人具有一定的相似性。然而，因为这类法人中仅有服务于团体目的的工作人员，不存在构成事业单位的成员主体，因此也就不存在所谓的成员权问题。

社会团体法人是根据自然人或法人自愿结社而形成的，体现社员的共同意志和实现社员的共同利益，并依据团体章程从事活动的非营利性社会组织。[1]社会团体法人大都具有人合性的特征，和企业法人主要的不同之处在于它不进行营利性活动，然而这对于其成员拥有成员权并没有影响。不容忽视的是，按

---

① 魏振瀛：《民法（第三版）》，北京大学出版社、高等教育出版社2007年版，第80页。

照《基金会管理办法》第 2 条的规定，基金会具有社会团体法人的主体身份。但是，显而易见，我国的基金会和西方国家的财团法人更为接近，其内部并不具有成员。因此，《民法总则》将其界定为捐赠法人，属于非营利法人的一种具体类型。简言之，对于名义上属于社会团体法人实质上属于财团法人的主体，也不存在所谓的成员权，相应的主体法也不调整约束成员和该组织体之间的法律关系。

在以上对成员权类型的分析中可以看出，我国企业法人的成员权仅仅属于成员权的一种具体类型，除此之外，还有许多与之相似的成员权形态。农村集体经济组织成员权不仅具有作为团体成员权类型的一般属性，还具有不同于其他团体成员权的独特属性，主要体现在以下两个方面：

第一，农民集体的对内面相对其具有约束性。① 农民集体存在的法理依据是为集体成员提供服务，提供与成员生产生活密切相关的公共产品，包括基本生存的保障条件、良好的集体环境等，而不是专门为集体成员最大化其个人利益。由此决定了与获取公共产品以及分配集体利益有着密切联系的团体特性，是确定农民集体性质的主要面相。至于其代表成员从事市场交易活动、获取利益的对外面相则居于相对次要的地位，这也是农民集体和集体成员之间人格分离不彻底的直接原因。基于这种团体性质，集体成员权在具体构造上有其诸多独特之处。比如，基于确保农民集体创造的公共产品可以合理有效地分配给集体成员的目的，需要对享有集体成员权的主体进行严格界定；为了防止公共产品创造力的匮乏，不仅赋予集体成员相应的成员权利，也明确规定其应当履行的法定义务。同时，基于这一团体特性，法律对集体成员权的行使作出其他团体不具有的约束条件。比如，集体成员在退出农村集体经济组织时，不享有分割集体财产的请求权。

第二，具有强烈的人合性色彩。通过漫长的历史积累和文化沉淀，农村社会已经形成了以血缘或地域作为联系纽带，以家庭（家族）作为基本单位，以人际关系的"差序格局"作为层级结构的乡土特性。② 此种格局的深远影响磨砺了中华民族的思维习惯和基本品格，从这方面而言，"当代的中国人都是农民，现代中国是一个农业社会"。③ 在当前的农村社会，这一影响尽管有所减退但却并没有彻底消失，由此产生的农村社会习惯深深地影响着集体成员权的功

---

① 高达：《农村集体经济组织成员权研究》，西南政法大学民商法学专业 2014 年博士学位论文，第 115～117 页。
② 费孝通：《乡土中国生育制度》，北京出版社 1998 年版，第 1～2 页。
③ 贺雪峰：《村治的逻辑——农民行动单位的视角》，中国社会科学出版社 2009 年版，第65 页。

能属性和权利构造。其一，集体成员权的享有主体应当是农民个体，但是实践中却很少由单独的农民个体行使其成员权利，主要以农户家庭作为行使主体，比如以户为表决单位、一户一票的表决权机制以及以农户单位承包农地和请求分配宅基地。这显然和通常由成员个体行使其权利的成员权存在很大差异。其二，出生能够作为获取集体成员资格的事实原因，而且是实践中获取成员身份的主要原因。其三，农村集体经济组织普遍以村社集体作为主要的组织形态，这实际上是村落共同体的经济反映并得到广大农民的普遍认同。

二、农村集体经济组织成员权体系的基本指向

集体成员权问题已经成为我国农村综合改革过程中的关键问题。[①] 坚持农村集体经济组织的私法内涵使之回归到私法主体的本质属性，是集体成员权存在的团体法基础。集体所有权的设定意在避免个人垄断特定的生存资料，最终形成少数人独占生存资料、多数人失去生存资料的失衡格局，其本质功能是为了保障社会的实质公平、防止财产配置的两分化造成社会结构断裂。集体所有权在何种单位层次进行配置，是界定集体经济和集体所有制的重要依据，必须置于内部组织形态及其运作机理中加以理解。"集体所有制是集体经济的核心特征，即一定的财产的所有权形态必须是超越成员个人且由全部成员共同组成的集体"[②]。因此，法律需要设定超越集体成员的特定代表主体，承载集体所有权功能的具体实现并成为特定集体财产的实际产权人。

首先，集体所有权是集体成员权的产权基础，两者之关系具有互生互构性。集体所有权是成员集体享有的排他性物权，其主体系由全体集体成员共同构成。集体成员是成员集体的个人要素，拥有独立于成员集体的法律人格。两者之间的产权关联，集中体现在基于集体所有权而构建的成员用益物权体系，该体系借由身份制度将集体财产及其权益分配限定于特定的集体范围，使全体成员可以对集体利益享有占有、使用和受益的权利。集体利益的终极价值是通过成员权机制转化为集体成员的个人利益。但是，集体利益本身是成员集体的共同利益，直接针对成员整体而非特定的成员个人，与每一个集体成员的个人利益并不必然完全一致，其法律表现形态即是农村集体经济组织拥有自己的独立利

---

① 臧之页、孙永军："农村集体经济组织成员权的构建：基于'股东权'视角分析"，载《南京农业大学学报（社会科学版）》2018 年第 3 期。

② 陈小君、戴威："论农村集体经济组织成员权利的实现——基于法律的角度"，载《人民论坛》2012 年第 2 期。

益。直言之，集体成员权的体系构建，其根本目标是以集体成员的个体权利作为正当性依据，并以个体权利作为出发点和落脚点，但是，绝不能独立于集体所有权的主体框架予以展开。另外，农村集体经济组织法人拥有相对独立的团体利益并可以通过团体治理机制得到实现，从而就具有摆脱集体成员控制而任性妄为的可能性。在此种情况下，集体成员权制度反过来又成为一种有效的制约力量，控制着农村集体经济组织的越界行为，使之不能背离服务于成员整体利益的根本宗旨。"可以说，成员权的得失成败直接牵系团体财产法的法律命运"①。

其次，集体成员究属何种主体形态是构建集体成员权制度的基本问题。我国现行的涉农立法和涉农政策中，集体利益主要以农户作为主要的分配单位，从而引起农户家庭和成员个人的主体争议，即成员权的主体是农户家庭、成员个人抑或两者兼具。实际上，农户并非严格的法律概念和明确的主体形态。农户本身具有模糊性，其具体内涵并不清晰且存在变动性，立户和分户的标准亦不明确，实际操作中较为混乱随意。随着农村集体产权制度改革的全面推进，越来越多的地方采取以农户为股权管理单位的静态管理模式，将股份利益固化于改革实施时的农户家庭，导致新增成员的利益诉求得不到实现而引发大量涉农纠纷。从集体成员权的价值意蕴看，以自然人作为集体成员的主体形态更具合理性。首先，自然人是明确具体的民事主体，法律内涵比较清晰，主体身份易于识别，亦便于对鳏寡孤独、未成年人等特殊成员给予特殊照顾或特别福利。其次，以自然人作为集体成员权的主体形态有利于充分保障每个农民的生存权益，真正体现集体所有权以及农村集体经济组织的公平性、兜底性和保障性。最后，有利于建立起自然人与所在集体的直接利益关联，减轻农户家庭因成员多寡和负担差异带来的经济压力，从家庭保障逐渐延伸至集体保障，真正体现集体所有制的优越性。

再次，需要厘定集体成员身份界定的实质标准。集体成员身份认定是极为关键、极具难度的问题，也是明确特定主体能否享有、是否享有以及享有何种权利的前提。由于农村人口大规模的频繁流动，原本固化稳定的成员身份受到各种发展因素的强力冲击。随着农村集体经济组织法律地位的明确和经济职能的强化，其私法主体的本质属性正在逐步被还原，个体意思自治和集体自治功能的重要性开始彰显，集体成员身份的认定也应当尊重和适应这一变化。因此，立法需要在国家意志和成员自治之间实现平衡，在"成员大会决议"和

---

① 许中缘、高振凯："民法典物权编的编纂应贯彻团体法思维——基于农民集体成员权的视角"，载《中国不动产法研究》2018 年第 1 辑。

各种事实因素之间寻找契合点，赋予集体成员会议根据本村实际接受或排除某一特定的成员身份，但其行使边界应当限定于需要给予特殊保护个体的合法权益。

最后，需要完善集体成员权救济机制。无救济则无权利。由于涉农立法的滞后性，相关涉农司法解释和司法实践普遍套用村民自治的公法机理，认为农村集体经济组织与其成员之间非属平等关系为由剥夺农民应当享有的诉讼权利，导致集体成员权得不到相应的司法救济。因此，立法不但要逐步完善集体成员权体系中的实体权利，必须构建起科学合理的诉讼机制保障集体成员诉权的充分实现。要逐渐放开诉权限制，减少或禁绝行政终局处理的适用范围，农村集体经济组织与其成员之间的私法平权关系纳入民事诉讼机制中，为集体成员提供相应的司法救济渠道。要建立对农村集体经济组织行为进行司法审查的机制，从程序合法性和内容合法性的维度展开司法审查，以协调集体利益和个人利益的相互冲突。要在确立集体成员直接诉权的同时赋予其代表诉权，使集体成员可以对侵害集体利益的行为寻求司法救济。

三、农村集体经济组织成员权体系的划分标准

集体成员权的体系构成及其具体内容是集体成员权制度的核心问题，亦是构建集体成员权实现机制的基本依据。"农民集体成员权的法律关系较为复杂，必须构建一整套完备的权利体系尚能实现对农民权益的切实保障"[①]。成员权体系反映了集体成员在集体场域中拥有的自由范围及其边界，直接关涉集体成员自身的切身利益及其利益形态。构建集体成员权的权利体系，应当根据科学合理的划分标准进行逻辑推演。具体权利的设置，既应当有利于完善优化母权利的体系架构并予以立法表达，更应当有利于在改革实践和司法实践中加以具体适用，绝非对相关权利进行简单列举那么简单。

对集体成员权体系进行类型化构建，首先必须选定类型化的标准和工具，这决定了权利体系构建的基本面貌。根据权利所涉利益的归属，集体成员权可分为自益权和共益权；根据权利所涉利益的主要特征，集体成员权可以分为以利益享有为核心的实体权利和以利益保障为特征的程序性权利；根据权利所涉利益的实现方式，可以分为需要农村集体经济组织配合实现的请求权和以支配特定集体财产即可实现的支配权。还有的学者运用权利的权能理论，将集体成

---

① 许中缘、高振凯："民法典物权编的编纂应贯彻团体法思维——基于农民集体成员权的视角"，载《中国不动产法研究》2018 年第 1 辑。

员权分为管理权能、知情权能、获益权能和处分权能。① 有的研究者借鉴拉伦茨关于"机关形成权"和"受益权"的划分方法，从法源视角将成员权分为由国家法律强制保障的原生性权利和集体决议自治保障的派生性权利。② 有的研究者则认为，"以成员权的专属性为基础，构建成员权体系化的基本逻辑结构，是较为妥当的类型化处理方法"③。尽管上述各种分类的侧重点不同，所反映出来的成员权内容存在较大差异，但都在某种程度上有利于从不同维度理解和剖析集体成员权的应然体系。

（一）以成员权实现的不同法益作为划分标准

根据学术界的主流观点，集体成员权项下的子权利具有不同的法益追求，以该权利是以追求实现成员整体的团体利益还是追求实现成员个体的自身利益为标准，集体成员权可以划分为共益权和自益权，"前者系以达到社团所定制目的而赋予社员得参与社团事务之权利……后者系社员为社员本身利益得享有及行使财产上利益之权利"。④ 自益权是以实现自身利益为目的通过支配自身行为即可享有经济利益的具体权利，如土地承包经营权、宅基地使用权等，该类权利与集体成员的自身利益直接相关。但是，对于一些需要通过集体共同行动才能实现的权利，如参加集体成员会议的权利、就集体待决议事项发表意见并进行表决的权利等，集体成员单独行使该种权利并不能发生预期的法律后果，需要向集体经济组织表达个人意思并与其他成员行使该权利相结合方能具有实际价值，即权利的行使与后果与成员整体利益相关联。但是，共益权的行使虽然着眼于成员整体利益，其中仍然包含着成员个体的私人利益。实际上，理论上看似内涵较为清晰的集体成员利益和成员整体利益，有时候很难在现实中实现绝对区分。以集体成员表决通过土地补偿款分配方案为例，因分配方案关涉全体成员的共同利益，一般认为表决权属于共益权的范畴。但是，最终通过的分配方案与成员个体利益之间的关系更为直接、更为密切，因为直接关涉特定主体能否获得土地补偿款及获得多少土地补偿款。集体成员之所以行使表决权，其直接动因仍是获得该方案中的分配利益。从根本上讲，个体利益的直接驱动是集体成员积极参与集体事务管理的内在动因。因此，将共益权定义为实现成员自身利益兼以追求实现集体整体利益的权利，从利益终极归属的角度上讲更

---

① 侯德斌：《农民集体成员权利研究》，吉林大学经济法学专业 2011 年博士学位论文，第 38～39 页。

② 祝之舟：《农村集体土地统一经营法律制度研究》，中国政法大学出版社 2014 年版，第 94 页。

③ 戴威："论农村集体经济组织成员权内容的类型化构造"，载《私法研究》2015 年第 17 卷。

④ 黄阳寿：《民法总则》，新学林出版股份有限公司 2013 年版，第 150 页。

为准确。① 当然，这并不意味着排除少数成员基于正义感而积极参与集体事务管理或采取维权行为，此类权利主要是集体成员基于其公益动机维护农村集体经济组织的合法权益，比如集体成员代表诉讼权就相对具有比较纯粹的共益权属性。

（二） 以物权具有的诸项权能作为优化标准

参照物权的权能理论尤其是所有权的四大权能标准，可以将集体成员权相应地划分为管理权能、知情权能、获益权能和处分权能。但是，这种分类方法对集体成员权的体系划分虽有其指导价值，却将成员权和传统物权进行简单的类推适用，必然会忽略集体成员权具有的请求权权能。如果单纯按照这一分类标准理解并划分集体成员权，容易对司法实践造成误导作用。比如，司法实践中不少法院均以实体权利作为集体成员享有诉权的基础，对集体成员因请求分配集体利益或请求享受同等待遇的大量纠纷，以不属于法院受案范围为由将其排除于司法救济程序之外。② 另外，处分权能从属于土地承包经营权和宅基地使用权等财产性权利，将其作为集体成员权的分类工具并不完全符合集体成员权的权利特性。

将集体成员权划分为由国家法律强制保障的原生性权利和集体决议自治保障的派生性权利，虽然这种分类方法可以揭示集体成员权的产生逻辑——权利形成不仅基于全体集体成员通过民主机制形成的众意，而且强调了集体成员权形成的法律逻辑。集体成员加入农村集体经济组织成为其人格构成要素，在让渡个人权利时应当获得相应的成员权利作为对价。但是，集体成员仍然保留着不可剥夺或限制的基本权利，这类基本权利应当由法律明确规定予以底线保障，决不允许农村集体经济组织以多数集体成员的名义肆意予夺予取，否则农村集体经济组织将失去其存续的伦理正当性。但是，对于何种权利应当进入法定化的范畴，则属于集体成员权体系类型化的重要内容。尽管列举式的法定化方法难以完全涵盖基本权利的范围，但应当成为权利法定化的主要方式，这也是对集体成员权进行类型化的重要使命和重要价值。

（三） 以实体性权利和程序性权利作为划分标准

有的学者认为，集体成员加入农村集体经济组织让渡其权利，所获两类权

---

① 戴威："论农村集体经济组织成员权内容的类型化构造"，载《私法研究》2015 年第 17 卷。
② 最高人民法院《关于审理涉及农村土地承包纠纷案件适用法律若干法律问题的解释》第 1 条第 2 款规定："集体经济组织成员因未实际取得土地承包经营权提起民事诉讼的，人民法院应当告知其向有关行政主管部门申请解决。"

利是农民个体之所以成为集体成员的基本要素：一类是集体利益分配权。该权利是农民个体让渡其财产权的对价，只有参与分享集体收益才能证成集体财产形成的正当性；另一类是集体事务参与权。该权利在于个体意志能够通过参与集体事务形成集体意志，可以证成集体具有独立意志的正当性。基于此，集体成员权的体系构建可以划分为实体性权利和程序性权利，前者包括分配请求权和获益权，后者包括知情权、表决权和监督权等层次。① 我们认为，这一观点和思路是可行，基本能够揭示集体成员权类型化的内在逻辑。

程序性权利具有管理性、程序性和辅助性，主要价值仍是服务于集体成员实现其实体性权利的需要。根据团体法人的人格理论，程序性权利还具有形成集体意志的作用，通过一整套符合正当程序原则的运行机制将集体成员的个体意志按照多数决原则形成集体成员的共同意志，并以该共同意志作为农村集体经济组织的独立意志，从而赋予其人格化的意思能力。因此，程序性权利需要遵循严格的法律规定或组织章程规定，以保障集体成员个体意志的充分表达以及集体意志的有效形成。集体成员行使程序性权利，可能为了自益、公益抑或两者兼顾，这较自益权和共益权的划分方法更为科学合理。

实体性权利主要关注集体成员的实际利益，具有财产性、实体性和自益性，可以分为集体利益分配请求权、获益权和支配权。从根本上讲，集体成员身份之价值在于农民个体可以从特定集体获得财产性权利以保障其生存权。因此，财产性权利在集体成员权的体系构建中应当居于主要位置。正是从这个角度来说，有的学者才主张，"农业集体经济组织与其成员之间的关系属于经济关系，其成员权应该主要属于财产权利"②。所谓利益分配请求权，是指请求集体分配其财产利益的权利，需要集体成员向特定集体为一定的意思表示。获益权则可能是集体成员行使集体收益分配请求权的效果，也可能是特定集体主动分配相关集体利益的后果。请求权主要发生在特定集体履行其分配义务的场合，获益权主要适用于集体成员主动分配集体利益的场合。尽管请求权可以转化为受益权，但并非所有的请求权都能实现转化，能否转化还受制于各种主客观因素。随着"赋予农民更多的财产权利"的相关改革进程日渐加快，特别是农地"三权分置"改革、宅基地"三权分置"改革和农村集体资产股份权能改革的强力推进，农民成员权中纯粹的支配性财产权益将逐渐减少，更多的财产权将被移出成员权范畴并获得独立的法律地位。

---

① 戴威："论农村集体经济组织成员权内容的类型化构造"，载《私法研究》2015年第17卷。
② 李宴："关于农业集体经济组织成员权的法律探讨"，载《农村经济》2009年第7期。

四、农村集体经济组织成员权的类型化体系

如前所述，集体成员权并不是单一具体的特定权利，而是包含着诸多具体的权利项。集体成员权是指具有成员资格的集体成员按照农村集体经济组织章程、村规民约或法律规定，对农村集体经济组织所享有的一种概括性权利。从团体法人的成员权类型来看，集体成员权和其他团体成员权都拥有共同的法理，在具体权能构成上都包括管理权能、知情权能、获益权能和处分权能。但是，基于集体土地所有权具有的生存保障功能，处分权能的行使受到国家严格限制。

（一）集体利益分配请求权

1. 土地承包权

土地承包权的内涵及争议肇端于我国承包地"三权分置"改革的制度创新，即在"两权分离"的基础上将土地承包经营权再切分为土地承包权和土地经营权。在2018年新修订的《农村土地承包法》之中，立法在对"三权分置"作出相应的法律表达，将政策语境中适用的"土地承包权"正式确立为法律范畴。立法原本希望借此次修法契机明确土地承包权的法律内涵，最后却删除《农村土地承包法修正案（草案）》第6条有关土地承包权概念进行界定的草拟条文。[1] 究其原因，是立法机关认为土地承包权的实质内涵《农村土地承包法》的第5条中早已明确，[2] 完全可以将该条作为土地承包权的确权条款。[3] 根据该条规定，土地承包权的含义应当是指农村集体经济组织成员依法享有的承包土地的权利。

关于土地承包权的法律性质，理论界主要存在"物权说"和"成员权说"两种观点。持"物权说"的学者认为，土地承包权是受经营权限制的土地承包经营权，性质上为用益物权，[4] 在严格意义上仍是土地承包经营权，只是因承包经营权部分权能让渡于经营权而产生的新的权利内容。[5] 从内在逻辑看，土

---

① 《农村土地承包法修正案（草案）》第6条第2款规定："土地承包权是指农村集体经济组织成员依法享有的承包土地的权利。"

② 《农村土地承包法》第5条规定："农村集体经济组织成员有权依法承包由本集体经济组织发包的农村土地。任何组织和个人不得剥夺和非法限制农村集体经济组织成员承包土地的权利。"

③ 丁文："论'三权分置'中的土地承包权"，载《法商研究》2017年第3期。

④ 张力、郑志峰："推进农村土地承包权与经营权仔分离的法制构造研究"，载《农业经济问题》2015年第1期。

⑤ 潘俊："农村土地'三权分置'：权利内容与风险防范"，载《中州学刊》2014年第11期。

地流转分为债权性流转和物权性流转，转让与互换是物权性流转，出租与转包是债权性流转。① 实际上，持该观点的学者把土地承包权与土地经营权的分置作为一种土地承包经营权的行使及实现方式，② 是对土地承包经营权进行债权性流转的结果。土地债权性流转后，原承包人依然享有土地承包经营权，但该土地承包经营权因部分权能被剥离而受到限制，为了将该受到限制的土地承包经营权与圆满的土地承包经营权区分开来，从而将受到限制的土地承包经营权命名为土地承包权。

持"成员权说"的学者认为，土地承包权是指农村集体组织成员依法承包本集体土地一种资格，其性质应为"成员权"。③ 集体成员本身即是基于其特定的成员身份而取得土地承包权，该权利具有明显的成员权属性。④ 有的学者通过解读"三权分置"改革政策，提出"稳定农户承包权"的规范旨意是以稳定集体成员的土地承包资格为重心。⑤ 从现行《农村土地承包法》第 5 条来看，立法也已经明确土地承包权应当是一种承包土地的资格。同时，"三权分置"下的土地承包权彰显的是一种身份性和保障性的权利特征，如果将土地承包权解读为"受经营权限制的土地承包经营权"，不仅不能体现土地承包权的性质特点，也有悖于"三权分置"的改革初衷。⑥ 其实，这种观点下的土地承包权是土地所有权和土地承包经营权之间的一种过渡性权利，是集体成员获得土地承包经营权的基础。

从性质上，认为土地承包权的性质应当为集体成员权。持"物权说"的学者，是对土地承包权的来源产生了错误认识，认为土地承包经营权自身包括两个不同的权利内容，即承包权和经营权。⑦ 进而基于土地承包经营权的物权性质，认为通过土地承包经营权自身分解而出现的两个权利都应当为物权。实际上，土地承包经营权本身是一个完整的权利，不具备分离的前提条件。⑧ 因此，土地承包权的出现不是基于权利分离路径。"三权分置"主要是为了进一步明确和保护农户承包土地的权利，而这一权利早已规定在《农村土地承包法》第 5 条之中，并不是通过拆分土地承包经营权而产生的一个新权利。所以，土地

---

① 朱继胜："'三权分置'下土地经营权的物权塑造"，载《北方法学》2017 年第 3 期。
② 朱继胜："论'三权分置'下的土地承包权"，载《河北法学》2016 年第 3 期。
③ 戴维、陈小君："论农村集体经济组织成员权利的实现"，载《人民论坛》2012 年第 1 期。
④ 丁文："论土地承包权与土地承包经营权的分离"，载《中国法学》2015 年第 3 期。
⑤ 高飞："土地承包权与土地经营权分设的法律反思及立法回应"，载《法商研究》2018 年第 3 期。
⑥ 丁文："论'三权分置'中的土地承包权"，载《法商研究》2017 年第 3 期。
⑦ 房绍坤：《物权法用益物权编》，中国人民大学出版社 2007 年版，第 40～44 页。
⑧ 蔡立东、姜楠："承包权与经营权分置的法构造"，载《法学研究》2015 年第 3 期。

承包权不应当理解为受经营权限制的土地承包经营权，作为一种与集体成员身份密切相关的权利，其性质应当界定为集体成员权。

2. 宅基地资格权

宅基地资格权的法律命题肇源于我国宅基地"三权分置"改革的政策创新和制度实践，由浙江省义乌市在宅基地制度改革的实践中通过地方规范性文件首次明确提出，① 2018 年 2 月发布的《关于实施乡村振兴战略的意见》则在中央政策文件中首次明确提出。② "从语义上分析，'三权分置'所对应的权利配置模式应该是农民集体、农户、社会主体三方享有宅基地权利，从而形成三个主体同时针对宅基地享有三种不同权利的产权配置格局"③。提出宅地基资格权的主要动因，是由于城市建设用地供给不足和农村宅基地低效利用存在突出矛盾。"之所以提出资格权和农民房屋所有权，其实和承包地一样，资格权相当于承包权"④。将资格权和使用权进行两权分离，可以在坚持宅基地居住保障功能、实现"户有所居"的底线基础上，为逐渐放活宅基地使用权并实现有序流转创造前提条件，夯实筑牢城镇化战略的实现根基。

从学术界对资格权的解读来看，主要存在两种代表性观点。其一，成员权说，即资格权是一种获得宅基地使用权的初始资格，其性质是集体成员权的具体权利。只有取得宅基地资格权，才能取得和享有宅基地使用权。资格权与集体成员资格密切相关，主要体现为一种具有居住保障功能的可期待利益。宅基地使用权并不必然与成员资格相关联，主要是体现具有财产权属性的市场化私权，可以不受身份限制进行对外流转交易。其二，宅基地使用权说，即资格权是设立次级使用权后的宅基地使用权，具有物权属性。根据这一观点，宅基地

---

① 2015 年 3 月，义乌市被列为全国农村土地制度改革试点地区。2015 年 4 月，义乌市在《义乌市农村宅基地制度改革试点实施方案》中提出"完善'以集体经济组织成员资格和家庭农户为控制标准，以多种方式实现户有所居和财产权益'的宅基地分配模式。探索建立集体经济组织成员相对固化、初始分配公平取得、新增成员市场配置的宅基地分配制度"。在全国最先提出农村宅基地所有权、资格权、使用权"三权分置"制度设计。2016 年 4 月 26 日，义乌市印发的《关于推进农村宅基地制度改革试点工作的若干意见》明确，在落实宅基地所有权和保障集体经济组织成员资格权的前提下，允许宅基地使用权通过合法方式有条件转让。由此，基本确立了义乌市宅基地制度改革中的宅基地所有权、资格权、使用权"三权分置"制度基础。

② 2018 年 2 月 4 日，中共中央、国务院发布的《关于实施乡村振兴战略的意见》明确提出："完善农民闲置宅基地和闲置农房政策，探索宅基地所有权、资格权、使用权'三权分置'，落实宅基地集体所有权，保障宅基地农户资格权和农民房屋财产权，适度放活宅基地和农民房屋使用权，不得违规违法买卖宅基地，严格实行土地用途管制，严格禁止下乡利用农村宅基地建设别墅大院和私人会馆。"

③ 宋志红："宅基地'三权分置'的法律内涵和制度设计"，载《法学评论》2018 年第 4 期。

④ 孔祥智："'一号文件'派发'乡村振兴'新红利"，载《华夏时报》2018 年 2 月 8 日。

使用权可以派生出次级使用权，资格权是具有物权属性的剥离次级使用权后的宅基地使用权，次级使用权应属"债权型利用权"或者次级用益物权。① 在这一权利分离过程中，宅基地使用权的居住保障功能贯穿各个阶段，其身份性和封闭性得以延续，对外流转宅基地使用权仍受现行法律和政策的约束。如果次级使用权的期限届满，宅基地资格权自动回复到宅基地使用权的原权状态。

将宅基地资格权界定为集体成员权，可以突破使用权只能内部流转和不得抵押的限制，直接彰显宅基地使用权具有的财产权属性，有利于平衡资格权承担的居住保障功能和使用权承载的市场化私权功能。在操作技术上，宅基地使用权通过两权分离形成资格权和使用权。资格权承继宅基地使用权的身份权属性，将宅基地使用权的无期限性衔接成员资格的无期限性。使用权承继宅基地使用权的财产权属性，通过对使用权流转规则的立法构建，有利于盘活闲置浪费的宅基地资源，大幅增加集体成员的财产性收入。

3. 集体收益分配权

集体收益分配请求权是集体成员权的核心权能之一，即集体成员有权请求分配农村集体经济组织的集体收益，直接关系到集体成员能否获得及获得多少集体收益，直接关系到集体收益如何转化为集体成员的合法权益。行使集体收益权的基本前提，是农村集体经济组织通过集体财产的经营管理行为实现盈利。比如，集体资产投资集体企业获得的经营收益，统一经营流转土地所产生的收益，获得国家财政转移支付、社会捐赠等形成的收益。但是，对农村集体经济组织统一将集体土地流转给他人经营的情况，要注意区别处理。其中，一部分收益是集体成员流转其土地承包经营权产生的流转对价，应当根据承包地的流转面积进行确定，在不同的集体成员之间存在差异；另一部分收益是农村集体经济组织基于其组织管理和流转服务等产生的额外收益，由成员集体共同所有，如需要分配则应遵循成员平等分配原则。

但是，集体成员请求分配集体收益并非没有限制，也不是任何集体收益都应当进行分配。农村集体经济组织为了自身的可持续发展需要持续投入积累资金，或者需在村集体范围内提供公共物品、公共服务和公共福利等，可以根据法律规定或者农村集体经济组织章程从集体收益中提取相应的公积金和公益金。公积金主要解决集体发展壮大的资金供给问题，公益金主要保障集体公共服务的资金供给问题。按照提取公积金和公益金后的剩余集体收益，应当在集体成员间平等分配或者按照股权比例进行。只要具有集体成员资格，当然可以请求对集体收益进行相应分配并取得属于自己的利益份额。集体收益分配权问题，后文将专章论述。

---

① 刘国栋："论宅基地三权分置政策中农户资格权的法律表达"，载《法律科学》2019 年第 1 期。

4. 土地征收补偿款分配权

土地征收补偿款是指农民集体所有的土地被国家征收后给予的经济补偿，是国家对集体土地所有权丧失的一种补偿方式，其能够包含在集体收益的范围内，但却和一般意义上的集体收益有所区别。第一，依照《土地管理法》的相关规定，土地征收补偿标准按照土地用途和农业产值确定的。① 国家依据农地用途以及产值对农民集体丧失的土地所有权进行补偿，实质上是把财产的价值形式进行了转换。第二，集体土地所有权由集体成员共同享有，尽管能够在成员之间予以份额化，却并不能直接分配给集体成员。但是，土地被征收后所获得的货币是土地所有权转换后的对价，能够在成员之间进行直接分配。因此，土地征收补偿款是对农民集体失去土地所有权以及部分成员失去承包经营权的弥补性对价，需要平衡丧失土地承包经营权的集体成员、其他集体成员以及集体各方利益的基础上制定分配方案。第三，土地征收补偿款以集体土地所有权的丧失为代价，并不能简单地看作一种增值收益，对其进行分配时也不能完全等同于集体经营收益。

集体成员是否可以请求对土地征收补偿款进行分配，理论界和实务界对此存在分歧。有的观点认为，土地征收补偿款是为了弥补集体丧失土地所有权的损失，应该在集体的统一支配下处理公共事务；对于丧失土地承包经营权的农户，对其已经给付安置补偿费以及补偿地上附着物的损失，因此，土地征收补偿款不应在成员间进行分配，应该主要用于事关全体集体成员利益的共同事务。这种观点得到农业部相关文件的认可。② 这种观点在很长时间较为盛行，更关系到法院决定是否受理的司法态度。比如，是否决定分配及分配多少土地征收补偿款属于村民自治范畴，人民法院不受理由此引发的争议。③ 集体成员作为

---

① 《土地管理法》第 27 条规定："国家建设征用土地，由用地单位支付土地补偿费。征用耕地的补偿费，为该耕地被征用前三年平均年产值的三至六倍。征用其他土地的补偿标准，由省、自治区、直辖市参照征用耕地的补偿费标准规定。被征用土地上的附着物和青苗的补偿标准，由省、自治区、直辖市规定。征用城市郊区的菜地，用地单位应当按照国家有关规定缴纳新菜地开发建设基金。"

② 《农业部关于加强农村集体经济组织征收补偿费监督管理指导工作的意见》（农村发〔2005〕1 号）提出："土地补偿费应主要用于被征地的农民生产生活需要。留归被征地农民部分的土地补偿费归农民个人所有，要充分尊重被征地农民的意愿，不得强迫农民参加商业保险；留归农村集体经济组织的土地补偿费属农民集体资产，应当用于发展生产、增加积累、集体福利、公益事业等方面，不得用于发放干部报酬、支付招待费等非生产性开支。地上附着物及青苗补偿费归地上附着物及青苗的所有者所有。安置补助费必须专款专用，不得挪作他用。2004 年以前的土地补偿费，没有分配的，仍归农村集体经济组织管理使用，原则上不得用于个人分配。"

③ 《最高人民法院关于审理涉及农村土地承包纠纷适用法律问题的解释》第 1 条第 3 款规定，"集体经济组织成员就用于分配的土地补偿费数额提起民事诉讼的，人民法院不予受理。"

集体之一员，其个人利益与集体整体利益相互关联，并不是相互封闭和完全分离。集体成员权制度的设立初衷即是将集体利益落实到成员个体利益上，由集体成员通过行使成员权从农村集体经济组织获得属于自己的利益份额。只要属于集体利益，都应当属于集体成员可以请求分配的范畴。当然，决定集体利益包括土地征收补偿款的具体用途属于集体内部的自治事项。土地征收补偿款未在集体成员间进行分配的，集体成员可以请求集体进行分配或者提请成员会议讨论，集体内部机关或管理人无视成员请求拒不召开成员会议或者制定不公平、不合理的分配方案，集体成员可以向人民法院提起诉讼。人民法院应当责令召开成员会议进行讨论或者根据《物权法》第 63 条的规定撤销不公平、不合理的分配方案。

（二）获益权

获益权的获得方式有两种，一种是由集体成员行使请求权而获得，另一种是由集体直接分配而享有。将获益权作为成员权的具体权能，有利于在法律中明确规定集体成员行使请求权所获收益的具体内容。[1]

1. 集体土地获得权

集体成员享有对承包地以及宅基地长期无偿使用的权利以及获取它们所带来的收益，这是其获益权的基本内容。尽管随着承包地"三权分置"改革和宅基地"三权分置"改革的推进，非集体成员可以通过流转行为享有承包地的土地经营权和宅基地的次级使用权，但是，集体成员因其具有专属性的成员身份可以享有更为完整的权能以及保留到期后权利回归圆满的回复权。其一，无偿性。非成员经流转享有权利时，应当向集体成员给付相应的转让费用。因此，流转主体基于其非集体成员的身份不享有无偿使用的权利，农村集体经济组织有权向其收取有关使用费。其二，无期限性。集体成员虽然流转了使用权，但其成员身份并不因此而丧失，所以基于该权利的利益仍然继续存在。非集体成员经流转获得的权利具有一定期限的限制，农村集体经济组织在其到期后可以收回流转土地并进行重新分配。法律规定土地承包经营权的经营期限为 30 年，但在集体成员身份不变的前提下，集体成员的农地承包权和宅基地资格权不会因期限届满而丧失。

2. 集体收益获取权

集体收益进行分配时可以分配货币，也可以分配实物。除此之外，对于经济状况较好的村集体而言，分配方式并不局限于以上两种，如使用购买商业保

---

① 戴威："论农村集体经济组织成员权内容的类型化构造"，载《私法研究》2015 年第 17 卷。

险、发放福利的方式分配集体利益。有部分村集体采用把收益当作成员的追加股金进行累积的方式进行分配。无论采取何种形式进行分配都是由集体内部可以自主决定的自治事项，并不违背法律规定。怎样分配需要经过集体成员大会讨论决定，应当保证集体成员会议进行决议的正当性，包括内容合法和程序合法；应当对集体收益分配方案进行公示，使得成员能够了解集体收益是如何进行具体分配的；集体成员大会也可以在法律允许的范围内把分配权授予集体管理机关，但相关程序必须符合法律规定并且符合正当程序，以达到成员意志能够有效表达的目的。

3. 征地补偿款分配权

征地补偿款分配权实现的关键是如何具体分配，在决定如何分配时必须充分考虑农户的意愿。调查表明，征地补偿纠纷是目前农村社会中冲突频发、纠纷不断、矛盾激烈的问题，农民上访最普遍的问题就是因土地征收产生的纠纷，[1] 因征地费用所产生的纠纷达到了全国征地纠纷的 85%。[2] 完全将土地补偿款交由集体支配极易造成不公平、不公正的分配结果，因此有的地方通过制定地方性文件规定补偿方式，或者由农村集体经济组织统一支配，或者在村组与成员之间明确分配比例。相较而言，以上四种分配模式各有其合理之处亦各有其弊端，关键是如何最大限度地平衡集体、丧失土地承包经营权的集体成员之间的利益份额。然而，如果丧失土地承包经营权的成员不仅没有得到补偿款也没有得到重新分配的土地，或者只是重视单方利益将补偿款分配给丧失土地承包经营权的成员，或者完全由集体进行统一支配，无疑有违基本的公平性和公正性。如果被征收土地涉及全部的集体成员，则由全体成员进行共同表决是最为公平合理的方法。但是，如果土地征收只涉及部分集体成员，由全体成员对土地征收补偿款分配进行民主表决，则必然会产生"多数人暴政"问题，即多数派集体成员挤压少数派成员的应得权益及其利益份额。同时，尽管农村公共服务可以惠及全体集体成员，但并不能因此忽略集体成员对短期利益信赖的问题。对于大部分集体成员而言，短期利益可以更快地实际获取，而农村公共服务则具有一定的不确定性，因此进行分配时需要考虑短期利益与长期利益、个体私益和集体公益之间的平衡问题。

实践中，丧失土地承包经营权的集体成员在获取安置补偿以后，如果可以获得同等面积的集体土地，土地征收行为实际上并没有改变其拥有的土地状况，则分配土地征收补偿款时可以和其他成员平等对待、实行平等分配。如果不能

---

① 韩俊：《调查中国农村》，中国法制出版社 2008 年版，第 30 页。
② 胡文清："社会冲突理论视野里的农村征地纠纷"，载《土地经济与管理》2006 年第 3 期。

向其重新分配土地，那么就应当进行合理补偿，以保障丧失土地承包经营权的成员合法权益。对此，可以明确设定一个最低的分配比例，其具体比例可由农村集体经济组织自行确定，也可以参考分配集体收益前提取公积金或公益金的做法，用以支持集体可持续发展或满足公共服务之需。

4. 获得集体物质帮助权

获得集体物质帮助权并不是一个明确的法律概念，我国现行立法并无直接表述。但是，可以根据《宪法》第 45 条规定的获得物质帮助权进行法理演绎。① 农村集体经济组织显然属于农村社会中重要的法律主体，具有向生存困难的集体成员提供物质帮助的宪法义务。目前，这一权利主要在《农村五保供养工作条例》的相关规定之中。② 根据该条例规定，国家对保障"五保户"的基本生存负有法定义务和国家责任，有集体收入的农村集体经济组织负有补充性保障责任。但是，对农村集体经济组织享有获得物质帮助权的集体成员，其主体资格必须具备一定的适用条件，即集体成员属于"老年、残疾或者未满 16周岁的村民，无劳动能力、无生活来源又无法定赡养、抚养、扶养义务人，或者其法定赡养、抚养、扶养义务人无赡养、抚养、扶养能力的"。

保障集体成员生存权是农村集体经济组织具有正当性的主要依据，获得物质帮助权是保障集体成员生存权的实现方式之一。"如果说生存者通过'劳动—财产—维持生存'的定式完成了自我实现的话，那么另一种定式'物质请求—国家帮助—维持生存'就是某些特殊主体生存权实现的方式"。③ 大多数集体成员可以通过第一种定式实现"内生性保障"，而对于存在生存障碍的集体成员则主要通过第二种定式实现"外生性保障"，来自集体提供的物质帮助是一种重要的保障方式。1956 年通过的《高级农业生产合作社示范章程》即明确规定，对生活无着的老弱孤寡残疾社员给予"五保"待遇，对意外事故导致生活

---

① 《宪法》第 45 条规定："中华人民共和国公民在年老、疾病或者丧失劳动能力的情况下，有从国家和社会获得物质帮助的权利。国家发展为公民享受这些权利所需要的社会保险、社会救济和医疗卫生事业。国家和社会保障残废军人的生活，抚恤烈士家属，优待军人家属。国家和社会帮助安排盲、聋、哑和其他有残疾的公民的劳动、生活和教育。"

② 《农村五保供养工作条例》第 11 条规定："农村五保供养资金，在地方人民政府财政预算中安排。有农村集体经营等收入的地方，可以从农村集体经营等收入中安排资金，用于补助和改善农村五保供养对象的生活。农村五保供养对象将承包土地交由他人代耕的，其收益归该农村五保供养对象所有。具体办法由省、自治区、直辖市人民政府规定。中央财政对财政困难地区的农村五保供养，在资金上给予适当补助。农村五保供养资金，应当专门用于农村五保供养对象的生活，任何组织或者个人不得贪污、挪用、截留或者私分。"

③ 韩德培：《人权的理论与实践》，武汉大学出版社 1995 年版，第 388 页。

困难的社员给予酌量补助。① 农村集体经济组织作为家庭与国家之间提供生存保障的缓冲平台，可以分担国家保障和家庭保障的压力。在农村集体经济组织具有收入能力的情况下，应当提取部分集体收益作为提供物质帮助的专项基金，以防止和应对集体成员因意外事故、自然灾害、老弱孤寡等原因陷入生活困境的问题。在农村集体经济组织经济水平允许的情况下，可以为集体成员购买商业保险预防生存风险，也可以为集体成员代交新型农村养老保险、新型农村合作医疗等社会保险中需要由集体成员本人缴纳的相关费用。

（三）集体事务民主管理权

1. 基本内涵

所谓集体事务民主管理权，亦有学者称为集体事务参与权，是指集体成员为了实现个人利益和集体利益有权对集体财产的占有、使用、收益和处分等集体事务提出意见和建议，并通过集体成员会议或者其他形式积极参与农村集体经济组织民主管理的权利。相较而言，民主管理权比集体事务参与权更能彰显农村集体经济组织管理权的本质属性，更能凸显集体成员享有程序性权利的主体归属。

集体事务民主管理权是集体成员权体系中的程序保障权，是集体成员自愿接受成员集体的共同意志和共同利益的约束而对应享有的保障性权利。特定农民成为集体成员后，需要让渡个人的部分权利交由农村集体经济组织统一行使，从而构成对个人利益的限制或减损，集体成员在保留人格独立、财产权利等最基本权利的前提下取得对集体事务的民主管理权。② 从集体所有权的诸项内容来看，作为权利主体的"成员集体"具有典型的群体性，作为权利目的的利益实现具有公共性和普惠性，作为权利客体的集体财产具有不可分割性，这些要素决定了集体所有权具有管理权能。③ 因此，以集体所有权为基础派生的集体成员权必然承接和反映其管理权能，集体事务民主管理权则是其具体表现形式。

---

① 《高级农业生产合作社示范章程》（1956 年）第 14 条规定："社员的土地转为合作社集体所有、取消土地报酬以后，对于不能担负主要劳动的社员，合作社应该适当地安排适合于他们的劳动，如果他们在生活上有困难，合作社应该给以适当的照顾；对于完全丧失劳动力，历来靠土地收入维持生活的社员，应该用公益金维持他们的生活，在必要的时候，也可以暂时给以适当的土地报酬。"第 53 条规定："农业生产合作社对于缺乏劳动力或者完全丧失劳动力、生活没有依靠的老、弱、孤、寡、残疾的社员，在生产上和生活上给以适当的安排和照顾，保证他们的吃、穿和柴火的供应，保证年幼的受到教育和年老的死后安葬，使他们生养死葬都有依靠。对于遭到不幸事故、生活发生严重困难的社员，合作社要酌量给以补助。"

② 叶林："私法权利的转型——一个团体法视角的考察"，载《法学家》2010 年第 4 期。

③ 韩松："论农民集体土地所有权的管理权能"，载《中国法学》2016 年第 2 期。

集体事务民主管理权尽管不属于实体性权利，但却是保障集体成员有效表达个人意志并通过个人意志相互结合形成集体意志的程序助推器，也是在需要集体公意决定成员个体的财产权利时保障自身合法权益的重要机制。因此，民主管理权及其公开透明的程序设计是保障和实现实体财产权利的基础。

2. 基本内容

从本质上讲，民主管理权就是集体成员通过民主形式参与管理集体的共同事务。在广义上，民主管理权主要指我国村民自治实践中的"四民原则"，即民主选举、民主决策、民主管理和民主监督。从狭义上讲，民主管理权主要指其中的民主决策和民主管理。具体而言，主要包括以下内容：

（1）制定农村集体经济组织章程和管理规约。集体成员权的重要价值之一，即是确保集体所有权之行使符合集体成员的共同意志和共同利益，集中体现于由集体成员通过民主议定程序制定的组织章程和管理规约之中。组织章程和管理规约是农村集体经济组织调整其内部法律关系的基本依据，"无疑是其规范化存续、治理的根本性制度载体，不可或缺"，[1] 而组织章程则是农村集体经济组织取得法人资格的必备要件。[2] 通过民主制定组织章程和管理规约，可以明确集体事务管理的基本原则、职能配置、程序设计、权利保障以及管理责任等问题，为集体成员行使民主管理权提供行为准则和运行依据，从而保障成员共同利益并有效实现个人利益。集体成员参与组织章程和管理规约的制定过程，就是参与集体事务民主管理的过程，这既是实现集体所有权具有的管理权能，更是行使集体成员权的具体权利。[3]

（2）民主选举集体财产的管理人员及监督人员。民主选举管理者的权利是集体成员权的核心权利之一，是保障集体事务的处理按照成员共同意志行使的组织保障，直接关涉集体财产的安全性以及运营管理的经济效果。民主选择的对象范围主要包括：农民集体经济组织的管理人员及监督人员，如股份经济合作社的理事或董事、经理等；村民委员会的成员、村民小组的组长、集体财产管理委员会的成员、集体财产监督委员会的成员等监督委以及集体财产管理委员会的成员等。都应当山集体成员民主选举。

（3）对集体重大事项实行民主决策。根据相关法律的规定，凡属法律规定应当依照法定程序由集体成员决定的事项，必须在集体成员的参与下实行民主

---

① 屈茂辉："农村集体经济组织法人制度研究"，载《政法论坛》2018 年第 2 期。

② 《中共中央国务院关于稳步推进农村集体产权制度改革的意见》（2016 年 12 月 26 日）明确要求："改革后农村集体经济组织要完善治理机制，制定组织章程，涉及成员利益的重大事项实行民主决策，防止少数人操控。"

③ 韩松："论农民集体土地所有权的管理权能"，载《中国法学》2016 年第 2 期。

决策。比如，《物权法》第59条第2款规定的土地承包方案、土地补偿费的使用和分配办法等；①《村民委员会组织法》第24条规定的集体收益的使用、土地承包经营方案、宅基地的使用方案、集体财产处分行为等，②都必须由成员会议或村民会议讨论决定。

（4）对集体事务实行民主监督。通过集体成员对集体事务的民主监督，可以确保组织章程、管理规约以及成员会议的决定得到有效执行，防止集体财产管理者背离集体成员的共同意志和共同利益，减少集体财产权益的不当流失和集体成员权益的非法侵害。比如，《村民委员会组织法》第23条规定，村民会议有权撤销或者变更村民代表会议以及村民委员会不适当的决定；③《村民委员会组织法》第23条规定的村务公开内容，都应当接受村民监督。

3. 主要层次

有的学者认为，集体事务民主管理权在内容构成上包括知情权、表决权和监督权等三个层次。④ 我们认为，表决权的适用范围较窄，尚不足以涵摄民主管理权或集体成员参与权的主要程序机制，因此应当以决议权的范畴取代表决权。

知情权是集体成员享有知悉集体事务真实情况的权利，是集体成员行使民主管理权的前提。不了解集体事务的真实情况，就不可能充分有效地实现民主管理权。知情权包含的信息公开原则也是破解农村集体经济组织内部代理人问题的重要机制，有利于避免内部管理者为了采取暗箱操作谋取私利而闭塞集体事务的相关信息，因此，应当通过私法规范构建畅通的信息传导机制以尽量消

---

① 《物权法》第59条规定："农民集体所有的不动产和动产，属于本集体成员集体所有。下列事项应当依照法定程序经本集体成员决定：（一）土地承包方案以及将土地发包给本集体以外的单位或者个人承包；（二）个别土地承包经营权人之间承包地的调整；（三）土地补偿费等费用的使用、分配办法；（四）集体出资的企业的所有权变动等事项；（五）法律规定的其他事项。"

② 《村民委员会组织法》第24条规定："涉及村民利益的下列事项，经村民会议讨论决定方可办理：（一）本村享受误工补贴的人员及补贴标准；（二）从村集体经济所得收益的使用；（三）本村公益事业的兴办和筹资筹劳方案及建设承包方案；（四）土地承包经营方案；（五）村集体经济项目的立项、承包方案；（六）宅基地的使用方案；（七）征地补偿费的使用、分配方案；（八）以借贷、租赁或者其他方式处分村集体财产；（九）村民会议认为应当由村民会议讨论决定的涉及村民利益的其他事项。村民会议可以授权村民代表会议讨论决定前款规定的事项。法律对讨论决定村集体经济组织财产和成员权益的事项另有规定的，依照其规定。"

③ 《村民委员会组织法》第23条规定："村民会议审议村民委员会的年度工作报告，评议村民委员会成员的工作；有权撤销或者变更村民委员会不适当的决定；有权撤销或者变更村民代表会议不适当的决定。村民会议可以授权村民代表会议审议村民委员会的年度工作报告，评议村民委员会成员的工作，撤销或者变更村民委员会不适当的决定。"

④ 戴威："论农村集体经济组织成员权内容的类型化构造"，载《私法研究》2015年第17卷。

弭信息不对称问题,① 使集体经济组织成员充分掌握必要信息制约团体专横行为。

决议权是集体成员民主管理权的核心范畴,即集体成员有权通过成员会议参与形成集体决议的权利,包括参会权、发言权、质询权和表决权等权利。决议权既是集体成员个体意志的表达方式,也是个体意思相结合形成集体意思的重要机制。集体成员通过行使决议权,可以按照多数决原则聚合各自独立的个体意志形成共同意志,进而将该共同意志拟制成为成员整体的独立意志,从而在重大事项上显示出集体成员参与管理的力量。

监督权是民主管理权的保障性权利,意在防止农村集体经济组织及其内部管理人的专断懈怠及侵权行为。监督权主要包括:提请召开或召集成员会议的权利,为了防止内部管理人为了独断决策而拒不召开成员会议,赋予集体成员提请召开成员会议的建议权以及自行召集权;集体成员直接诉权或代表诉权,赋予集体成员对侵害集体成员合法权益的行为或者侵害集体合法权益的行为,赋予其诉诸司法救济的权利;罢免权,集体成员对失职的内部管理人及监督人员、成员代表等主体,可以行使罢免权;对集体决议的异议权,对于集体成员会议通过的集体决议,如果存在侵害集体成员合法权益或者违反法律及组织章程规定,持反对意见的集体成员可以诉请法院进行司法审查。

4. 决议权及其效力规则

决议权是实现集体事务民主管理权的法律工具和行使集体成员权的主要方式,② 即由集体成员通过参与集体成员会议作出决议得到体现。如果不能参与形成集体决议,农民就会丧失对各项改革的话语权和主导权。同时,决议权之行使是分配集体权益的主要方式。"毫不夸张地说,决议是现代社会分配权益的最重要的制度",③ 农村土地之不动产权利即是通过决议形式分配。④

根据团体法理论,决议权具有如下法律特质。其一,必须由多数集体成员参与,由符合法律、政策或村民自治章程要求的集体成员出席会议。比如广东省要求由集体成员半数以上参加或 2/3 以上的户代表参加。⑤ 其二,必须由多

---

① [加]布莱恩·R. 柴芬斯:《公司法:理论、结论和运作》,林华伟译,法律出版社 2001 年版,第 137 页。

② 王雷:"论民法中的决议行为——从农民集体决议、业主管理规约到公司决议",载《中外法学》2015 年第 1 期。

③ 陈醇:"意思形成与意思表示的区别——决议的独立性初探",载《比较法研究》2008 年第 6 期。

④ 王雷:"公司决议行为瑕疵制度的解释与完善",载《清华法学》2016 年第 5 期。

⑤ 《广东省农村集体经济组织管理规定》第 10 条规定:"农村集体经济组织成员大会,应当有本组织具有选举权的成员的半数以上参加,或者有本组织 2/3 以上的户的代表参加,所作决定应当经到会人员的半数以上通过。农村集体经济组织召开成员代表会议,应当有本组织 2/3 以上的成员代表参加,所作决定应当经到会代表 2/3 以上通过。"

数集体成员同意。比如《农村土地承包法》规定承包方案应当经村民会议 2/3 以上成员同意。① 其三，少数成员必须服从多数成员的意思。一俟集体成员会议作出决议，即转化为农村集体经济组织的独立意志，"其法律效果对于那些不同意甚至反对决议的集体成员——只要他们处于少数——仍然发生"。② 其四，决议权之行使必须遵循严格的决议程序。本质上，决议就是多数人排除少数人而少数人必须接受这一不利后果。因此，决议程序的正当性就显得尤为重要，如会议召集、会议通知、开会、民主讨论、民主表决和公示等程序。

但是，由于集体成员权根植于集体所有权，而集体所有权的首要价值是为集体成员提供基本的生存依赖。因此，集体成员决议权就具有其特殊性。其一，决议权的配置按照集体成员身份平等分配，原则上采取一人一票的表决方式，体现民主议定原则。其二，决议内容涉及对集体成员具有生存保障功能的财产利益，系根据多数成员的意见分配集体所有权承载的生存依赖，其利益冲突往往比较尖锐，容易形成疑难案件和反复诉讼的情况。其三，参与决议的集体成员是农民，由于其自治能力薄弱、民主管理水平不高、外出务工以及受家族或村干部操控等原因，村民会议大多流于形式，集体成员在多数情况下会流失其决议权。其四，村民委员会决议成为最主要的现实形态。村民委员会代为管理集体财产的私主体身份往往被误认为具有准行政管理职能的公法人身份，很多法院据此认为其并无司法审查的权力。比如北京市规定，村民认为集体财产收益分配决议没有给予平等村民待遇，村民起诉要求享受平等待遇的，不予受理。③

司法实践中，集体成员决议权纠纷比较混乱，效力标准和审查尺度都不统一，陷入同案异判的司法困境。其一，是否纳入司法审查范围的标准不统一，仍有大量纠纷游离于司法审查之外。其二，效力认定标准不明确，法院对同一类争议是否审查及如何审查尺度不一，甚至出现原被告援引相同条款支持己方诉请、法官亦援引该条款作为裁判依据，形成了不同当事人援引相同条款支持

---

① 《农村土地承包法》第 19 条第 3 项规定，"承包方案应当按照本法第 13 条的规定，依法经本集体经济组织成员的村民会议 2/3 以上成员或者 2/3 以上村民代表的同意。"

② ［德］迪特尔·施瓦布：《民法导论》，郑冲译，法律出版社 2006 年版，第 295 页。

③ 《北京市高级人民法院关于涉农纠纷受理问题的指导意见》（京高法发〔2005〕264 号）规定，"集体财产收益分配的决议、方案，经村民委员会提请村民会议讨论决定，因分配决议、方案的履行而起诉的，依法受理；没有分配决议、方案而起诉要求分配集体财产收益的，不予受理；认为分配决议、方案没有给予平等的村民待遇，起诉要求享受平等待遇的，不予受理。"

不同诉请、相同案情援引相同条款作出不同裁判的窘象。[1] 其三，涉案决议效力瑕疵问题较为普遍，反映出农村集体经济组织内部治理机制比较混乱。其四，决议效力形态误判现象较为突出，有的法院将决议不成立误判为决议可撤销，有的法院将决议可撤销误判为决议有效，还有的法院将决议不成立误判为有效。其五，对村规民约、村民自治章程普遍不予审查。其六，程序瑕疵对决议效力的影响未引起重视，法院大多忽略通知、召集、召开、讨论及公示等程序的独立价值，对程序合法性问题未予足够重视。完善决议权的立法规则，应当主要从以下几个方面切入：

（1）应当以团体法思维厘清村民自治与集体成员自治之关系。农村集体经济组织和村民委员会是不同的法律主体，村民委员会代行集体所有权的管理职能时，其身份应视同为农村集体经济组织。村民委员会代行农村集体经济组织职能的身份应为私法人，其和村民之间并非隶属性的管理服从关系，应当纳入司法审查范围。作为特别法人的村民委员会、农村集体经济组织本质上都属于团体法人，村民会议、集体成员会议实为其意思机关，村民会议决议在法律上应被视为村民委员会的意思，集体成员会议决议亦应为被视为农村集体经济组织的意思，对村民会议或集体成员会所作决议原则上可以适用集体成员撤销权。

（2）完善决议权行使的民主议定规则。集体决议之形成须由集体成员会议遵循民主议定程序作出，主要包括民主议事规则和民主表决规则。其一，民主议事规则。应由法律或章程对民主议事的具体要求作出规定，如会议召集、信息公布、会议通知、出席人数、议事流程、表决方式、公示公告等。具体而言，集体成员应有获得会议通知、获取议程和议题等必要信息的权利；多数成员和少数成员都有提出议案的权利，不应有部分成员垄断决议的话题权；集体成员对决议事项拥有平等的发言权，应当公平分配发言机会；集体成员对决议事项拥有质询、辩论的权利，应通过意思互动使个别优质意思上升为集体意志；应当设置民主协商环节平衡各种意思冲突，以提供各种利益相互妥协的平台；待表决议案应当全面公允，要考虑少数成员的意见和利益；应当明确定期会议的最低次数和临时会议的召开情形，避免少数成员对集体事务的独裁和专制，并应按照要求做成决议记录材料。[2] 其二，民主表决规则，其核心是多数决。除法律另有规定外，集体成员应当平等享有表决权；应有多数集体成员参与表决，

---

[1]　《村民委员会组织法》第 27 条规定："村民自治章程、村规民约以及村民会议或者村民代表会议的决定不得与宪法、法律、法规和国家的政策相抵触，不得有侵犯村民的人身权利、民主权利和合法财产权利的内容。村民自治章程、村规民约以及村民会议或者村民代表会议的决定违反前款规定的，由乡、民族乡、镇的人民政府责令改正。"

[2]　［美］亨利·罗伯特：《议事规则》，王宏昌译，商务印书馆 1995 年版，第 23 页。

方能对待决事项进行有效表决；一般决议事项可采用简单多数通过，重大事项应设置为特别决议，采用绝对多数原则通过。

（3）明确决议权的效力审查规则。我国立法应当采用"三分法"模式，明确集体成员行使决议权所形成的决议应当接受司法审查，其效力瑕疵形态及其适用情形亦应由法律明确规定。其一，决议无效情形。成员会议所作决议违反法律、法规和国家政策强制性规定的无效。其二，决议不成立情形。农村集体经济组织作出决议，未召开集体成员大会或者集体成员代表大会、出席会议的人数不符合法律或者章程的规定、未对决议事项进行表决、表决结果未达到法律或者章程规定的通过比例的，集体成员可以请求人民法院确认决议不成立。其三，决议可撤销情形。集体成员参与形成决议，如果集体成员会议的召集程序、表决方式违反法律、法规，或者决议违反农村集体经济组织章程，或者决议侵害集体成员合法权益的，集体成员可以请求人民法院予以撤销。

（4）明确决议权的效力范围规则。对集体成员依法形成的决议，系农村集体经济组织的独立意思，对全体成员均具有普遍约束力。未参与表决、弃权沉默以及反对的集体成员都有义务服从该决议。集体成员会议是农村集体经济组织的意思机关和权力机关，执行机构及其组成人员对其决议应当遵守并予积极实施。

第五章
农村集体资产股份化改革法律问题

　　从权利发展视角看，农村集体资产股份化改革后形成的股份权是农村集体经济组织成员权的升级版，研究集体成员的股份权无疑是研究集体成员权问题的新课题和新方向。农村集体资产股份化改革是农村集体产权制度改革的关键。农村集体资产股份化改革是一场涉及 2.6 万亿元农村集体资产的重大产权革命，这一改革将集体资产折股量化到每一个农民，以推动"资源变资产、资金变股金、农民变股东"，其核心问题即是构建农民股权问题。为了实现这一改革目标，中央先后发布一系列相关政策文件启动试点并逐渐扩大试点范围，地方则普遍制定了具体的改革实施方案。可以说，科学构建农民股权法律制度直接关乎改革成败，对这一创新性的政策实践亟须结合改革进程持续深入研究。

一、农村集体资产股份化改革的一般分析

（一）农村集体资产股份化改革的内涵分析

　　界定农村集体资产的内涵是准确理解农村集体资产股份化改革的基本前提。根据《物权法》的有关规定，由不动产和动产构成的集体资产是集体所有权的重要客体，并且受到《物权法》的规范和保护。根据农业主管部门相关政策的基本划分方法，集体资产应包括集体经营性资产、集体非经营性资产和集体资源性资产这三类。其中，集体经营性资产一方面包括集体直接经营获得的收入，即通过租赁、买卖附于集体土地上的不动产和农村集体企业经营所得的收益，另一方面则体现为集体以其他形式间接获得的收入，如在其他集体经济组织中的出资和持有的无形资产等。集体非经营性资产主要在集体的文化教育、休闲娱乐等公共服务领域得以体现。集体资源性资产则包括农民集体所有的土地、林场、荒地等自然资源。

从政策角度分析，国家在出台的《关于稳步推进农村集体产权制度改革的意见》（以下简称《意见》）（中发〔2016〕37号）中指出，为实现解放农村生产力并充分发挥农村各个生产要素积极性的目的，需要做好集体资产的汇总清算并将其折算成股份、明确享有股份权的主体以及合理分配股份权等方面的工作，而这些工作的开展都要建立在坚持家庭联产承包责任制的双层经营模式的基础上。具体来讲，实现农村集体资产的股份化就是将集体资产量化为股份，赋予成员股东身份并享有各项权能，从而实现集体资产的股份合作制改革。

从法律视角分析，农村集体资产股份化的目的就是要改变过去"共同共有"那种模糊不清的状态，使集体资产的收益真正分配到成员个人，实现"按份共有"，减少在分配收益时可能产生的利益冲突。具体来讲，就是要根据现在成员占有集体资产的状况，将集体资产转化成农民可以持有的股份权益，使农民享有占有、收益、继承、抵押、有偿退出、担保等多项权利。根据各地改革的情况，可以总结出我国各试点地区股份化的基本步骤：（1）制定具体的改革方案。总结各地改革所采用的具体模式，大多数地区都选择了股份合作制。如厦门市就出台了专门的指导意见，规定以股份合作制的方式进行改制。（2）对集体资产进行清产核资。集体资产关乎集体成员的切身利益，精准清算资产对股份化改革的重要性不言而喻。陕西省就曾对资产核算的具体内容、操作程序及开展方式等做出过详细的规定。（3）集体资产折股量化。如何将集体资产以股份的形式分配到农民手中是集体资产股份化改革面临的核心问题。湖州市在进行改革时就采取了对不同形式集体资产分别处理的方法，对非经营性资产不进行股份化，主要针对经营性资产展开股份化改革，对资源性资产的股份化则区别情形进行限制。（4）对股份权的具体分配。股份权直接分配到成员个人还是分配到户是集体资产股份化改革要面临的另一重要问题。从各地试点经验来看，尚未形成统一的标准，并且在是否设置集体股的问题上，往往也是集体通过村民大会等形式自主决定的。（5）股份量化主体确认。关于股份权归属，基本采用以成员权的主体认定标准作为股份权主体资格的依据。享有股份权的主体是本村集体组织成员。（6）成立农村集体资产管理机构。农村集体经济组织作为集体资产的管理机构，理应肩负起对集体经济组织的股份权进行管理的职责。《意见》将其认定为特殊的经济组织，在具体名称上就有经济合作社、股份经济合作社等。（7）对集体收益进行分配。这是集体股份化改革的关键环节，也能最有力地实现通过改革使成员个人获得更多财产性权利的目的。集体收益如何分配将通过成员大会决定，具体收益主要来源于在集体收益中所提取的公积金、公益金或有关集体支出剩余的部分。

从当前股份化改革的基本态势中，可以总结出目前改革所具备的主要特点。

（1）试点先行。自中央一号文件提出实施农村集体资产股份化改革以来，有关试点便逐渐铺开。自 2015 年在全国 29 个县启动试点后，2017 年增至 100 个试点县，2018 年在江苏等 3 个省开展整省试点、石家庄等 50 个市开展整市试点、天津武清区等 150 个县（区）开展整县（区）试点。（2）分阶段推进。股份化改革呈现出鲜明的分阶段进行的特点。第一是先行试点并推广阶段。实践中，往往会选择经济较为发到的村集体进行试点。如广州这种经济发展更为成熟的东部城市开展试点。第二是全面推行阶段。以广东省部分地区的试点为先例，其他东部地区如浙江省温州市、厦门市马垅区、北京市等地的试点也在逐步进行。发展使得城市面貌日新月异并带来市场经济的巨大变革，城乡发展模式由二元结构逐步向城乡一体化转变，农村社会也从相对封闭走向开放多元，集体产权也逐渐从固化状态向可流转状态迈进。第三是完善阶段。在各地经验的基础，逐渐形成可推广的普遍经验并在全国全面铺开并加以完善，最终通过法律文件加以明确。（3）因地制宜。中央政策明确规定，要根据当地实际情况制定具体的改革方案，不能整齐划一，要因地制宜甚至"一村一策"。包括设立社区型股份经济合作社还是股份经济合作社，以及是否设置集体股等问题都要结合实际。比如，关于集体股的设置，即使同一市辖区也不应搞一刀切。当前，我国的股份化改革还处于试验探索阶段，各地情况不一，在改革推进的具体操作上应当审慎决策、稳步前行。

（二）农村集体资产股份化改革的历史概略

合作化是股份化的开端。合作化最早出现在清末的实业运动中，到了 20 世纪 50 年代，人民公社化运动中互助组、初级合作社、高级合作社等农业合作生产社纷纷出现，标志着合作社在中国发展的高潮来临。然而，这一制度并未持续发挥积极作用。时至 80 年代，我国决定建立"双层经营"模式下的家庭联产承包责任制度，从而开启了对农村经济体制的改革。这次改革使得资本与劳动紧密相连，极大调动了农民的生产积极性，使得农村经济得到迅猛发展。生产者和生产要素相结合的社区型合作社这一新型农村集体经济组织就是在该制度确立后出现的。自此，"土地"和"劳动"相结合的新型生产方式出现。

20 世纪 90 年代，我国农村产业的一体化发展得到显著提升，这主要得益于乡镇企业的异军突起和股份合作企业的日渐成熟。其中，以土地流转为基础的土地股份合作制是社区合作社良好运行的重要部分，在一定程度上保障了最广大农民的合法权益。尽管农村集体资产不断增长，但实践中这些资产往往被闲置浪费，出现权利空位的现象。① 随后，新一轮农村集体产权制度改革在农村自发进行，在借鉴农民专业合作化发展的基础上，对社区经济组织进行重新架构，采取不同的经营与管理模式，对集体资产进行深化改革。虽然农民合作化在土地等资源性资产的发展上已经进行了成功验证，但是仍需在"三权分置"背景下对集体资产进行大力发掘。因此，符合现代经济发展的农村集体资产股份化改革实乃大势所趋。②

从纵向来看，股份化的改革历程起始于 20 世纪 80 年代。随着城市经济的迅猛发展，城镇化水平提高并并且经济效益逐渐惠及周边农村。广州作为股份化改革的先行者有着较强的代表性。该地将土地等资源性资产作为股份化重点进行改革，以社区为单位成立股份经济合作社，做到"确股、确户"，并在乡镇股份合作企业的发展下将改革由点到面辐射到全区，从而加快了该地区集体资产股份化改革的步伐。③ 广东省在 20 世纪末就基本实现了试点地区的股份化改革，取得了比较丰硕的经济发展成果，并且在其具体的改革过程先后出现了天河模式、南海模式等改革样板。进入 21 世纪以后，农村集体资产股份化改革的浪潮席卷到我国沿海地区的更多省份，此外，处于内陆地区的北京、重庆等地也开启了这一改革的试点工作。由此，农村集体资产股份化改革形成了由东部沿海延伸至内陆的发展路径，整个改革过程体现出大胆突破、逐渐辐射和稳中有序的特点。

从横向的角度看，农村集体经济制度体现出从集体所有的单一性向多样性不断发展的特点。农村集体资产股份化改革是在新的法律、政策的规范下将原有农村集体经济组织的财产权益和资源进行重新调整和分配。本质上，这是对集体资产进行分配和处置制度核心理念进行的又一次革新。因此，股份量化改革的背后离不开法律、政策的支持和保障，而不是简单地将农民转化为股民。同时，随着农村集体资产股份量化改革的不断推进及城乡各种差距的进一步缩小，村民逐渐转为城市居民将成为越来越普遍的伴生现象。因此，为了适应经济发展的新趋势，必然要对原本由村民委员会进行管理的集体资产进行重新分配。股份化改革作为农村集体经济发展新的突破点，要在坚持股份合作制的基础上结合经济学中产权理论，进一步凸显改革的正向效应，达到促进农村集体经济发展的目的。

---

① 傅晨：《中国农村合作经济：组织形式与制度变迁》，中国经济出版社 2006 年版，第 53 页。
② 冯开文：《农民合作社的农业——一体化研究》，中国农业出版社 2013 年版，第 42 页。
③ 陈天宝：《农村社区股份合作制改革及规范》，中国农业大学出版社 2009 年版，第 175 页。

二、农村集体资产股份化改革的主要模式

(一) 农村集体资产股份化改革的主要依据

2014 年 10 月，中央出台《积极发展农民股份合作赋予集体资产股份权能改革试点方案》，部署在全国 29 个试点县开展试点工作，这标志着股份化改革从"地方性试验"走向全国试点阶段。2015 年 11 月，国务院通过了《深化农村改革综合性实施方案》，提出农村集体产权制度改革的重点是通过明确集体产权的具体归属保障农民应有的财产权益，对农村集体所有制经济的结构组织形式和具体经营方式进行有益探索以优化农村治理结构，同时明确了农村集体产权制度改革的主要任务，尤其是要推进"确权到户和股份合作制改革"。[①]

2016 年 12 月，《中共中央国务院关于稳步推进农村集体产权制度改革的意见》进一步要求，"先进行试点，再由点及面展开，力争用 5 年左右时间基本完成改革"。2017 年，中央持续扩大改革的试点范围，将全国试点县的范围增加到 100 个。2018 年，试点力度进一步加大，在江苏、山东、吉林等三个省份开展整省范围内的全面试点，在石家庄等 50 个市推进整市范围内的全面试点，在天津武清区等 150 个县开展整县试点。截至 2018 年 5 月，国家级试点县已经达到 1000 个左右，省级试点县已经达到 266 个；超过 13 万个村组已完成股份化改革，另外还有 16.4 万个组、4.4 万个村已完成清产核资工作。[②]

---

① 《深化农村改革综合性实施方案》明确提出："以土地集体所有为基础的农村集体所有制，是社会主义公有制的重要形式，是实现农民共同富裕的制度保障。在土地集体所有基础上建立的农村集体经济组织制度，与村民自治组织制度相交织，构成了我国农村治理的基本框架，为中国特色农业农村现代化提供了基本的制度支撑。建立健全符合社会主义市场经济体制要求和社会主义初级阶段实际的农村集体产权制度，必须以保护农民集体经济组织成员权利为核心，以明晰农村集体产权归属、赋予农民更多财产权利为重点，探索社会主义市场经济条件下农村集体所有制经济的有效组织形式和经营方式，确保集体经济发展成果惠及本集体所有成员，进一步发挥集体经济优越性，进一步调动集体经济组织成员积极性""分类推进农村集体资产确权到户和股份合作制改革。在确认农村集体经济组织成员身份、全面核实农村集体资产基础上，对土地等资源性资产，重点是抓紧抓实土地承包经营权确权登记颁证工作；对非经营性资产，重点是探索有利于提高公共服务能力的集体统一运营管理有效机制；对经营性资产，重点是将资产折股量化到本集体经济组织成员，赋予农民对集体资产更多权能，发展多种形式的股份合作。健全农村集体'三资'管理监督和收益分配制度。明确集体经济组织市场主体地位。建立符合实际需求的农村产权流转交易市场，保障农村产权依法自愿公开公正有序交易。现阶段农村集体产权制度改革严格限定在本集体经济组织内部进行，切实防止集体经济组织内部少数人侵占、支配集体资产，防止外部资本侵吞、控制集体资产。"

② "农村集体产权制度改革平稳推进全国已有超过 13 万个村组完成改革"，载《农村经营管理》2018 年第 7 期。

从全国试点改革的主要历程看，对于2014年确定的第一批全国29个试点县而言，其主要的改革任务和目标是推进集体资产权能改革试点，以农村集体经济组织成员权利的保护为重点，落实集体成员之间股份合作，并根据各试点县的实际情况，探索实现农民集体资产股份权益的具体路径。对第二批全国试点县，其主要改革任务和目标是在第一批试点的基础上进一步加大工作力度，拓宽改革范围和推进改革深度。具体而言，包括对集体资产进行清产核资、完善集体资产管理制度、探索集体经济组织成员身份标准、赋予集体资产股份权能等，从而使归属模糊不清的集体资产转化为成员可切实享有的股份权益，体现我国农村集体经济的现实优越性。在2018年确定的第三批全国改革试点地区中，将原来的"探索确认集体成员身份"的目标提升为"全面确认集体成员身份"，同时要求重视农村集体经济组织登记工作，在改革内容和具体要求上进一步丰富和细化。

从地方做法来看，各地普遍启动和开展试点工作，在国家确定的试点地区之外，各地也根据当地实际情况自行确定了一批试点单位。

《浙江省关于全省农村经济合作社股份合作制改革的意见》提出，股份化改革要在对集体资产进行全面核算的基础上进行，将农村集体资产转化为股份并制定了具体方案，明确了一些改名为股份经济合作社的合作社继续享有原村集体资产的经营管理权利。《湖北省集体产权制度改革实施意见》强调，在全省范围内推进集体经营性资产股份合作制改革中，要将股份权益落实到具体成员、明确到每一户。四川省和重庆市则出台专门文件，分别对股份量化改革的主体资格和新集体资产股份权能改革作出具体规定。《温州市关于加快城乡统筹综合改革的若干意见》在集体资产股份化改革中及其实践中，探索出"三分三改"的改革模式。上海市闵行区针对本区村民委员会与集体经济组织之间职权划分不明晰的现状，通过了《村集体经济组织股权管理暂行办法》，并且相继出台了两个规范性文件确保农村集体产权制度改革不偏离中央和地方的改革方向。[①]《安徽天长市农村集体资产股权设置与管理实行办法》则确定了集体经营性资产的具体范围，确定股份化改革的各个环节，包括改革方案制定、将集体资产核算量化成股份、赋予成员股份权能并将其落实到具体成员、进行股权及集体收益的分配等。《四川省都江堰市农村经济组织管理办法》中详细规定了农村集体经济组织的各项权利、所承担义务及责任、经营管理的具体模式等。《宁波市海曙区加强社区股份经济合作社管理的实施办法》提出，要按照公司

---

① 2014年出台《关于推进本市农村集体经济组织产权制度改革若干意见》，2015年制定《上海市深化农村改革综合性实施方案》。

"三会制度"的管理模式成立股份经济合作社，并且明确了有关成员股份权益的流转和继承方面的政策要求。

在梳理和分析有关政策文件的基础上可以看出，各地集体资产股份化改革中依据的政策性文件大都是对中央政策的进一步细化，在改革目标、改革内容和改革进程等方面并无太大差异。但是，具体到各个县市区，其具体改革模式一般遵循"一村一策"的基本原则，由此在村组集体资产股份化改革的过程中形成了不同的改革模式。比如，上海市侧重于股权管理，四川省则侧重于成员确定。

（二）农村集体资产股份化改革的地方实践

地方在具体的改革探索中，形成一些具有典型意义的代表性模式，在全国产生了较大的政策影响和示范效应。

1. 温州市"三分三改"模式

《温州市农村集体资产产权制度改革实施方案》对温州股份化改革的"三分三改"模式作出了总体部署，要求以"分与改结合，资与地分离"为目标，使农村发展紧跟城镇化的步伐。"股改"的重点是按照现代公司法的治理机制对集体资产进行股份制改革，同时保持集体所有的性质不发生改变。主要包括以下内容：

（1）根据各地实际情况和对集体资产类别采取不同的改革策略。温州市在区别集体资产不同类型的基础上，针对股份化改革中遗留的集体股问题，"资地分开"，建立非土地股份经济合作社，将集体资产所产量化的股份命名为资产股。

（2）推进成立股份经济合作社。遵循股份化改革的具体步骤和规范性程序成立村股份经济合作社，将集体经营性资产具体量化到每一户、每一成员作为前提，集体成员取得村股份经济合作社的股东身份。同时，主要参考公司企业的运行制度进行组织架构，保障村股份经济合作社作为市场主体有序参与市场经营。

（3）以设置个人股为原则，设置集体股为例外。在农村集体产权改革过程中，温州市的股权设置原则上只设置个人股，不设集体股。但是，在具体实践中为了降低基层的改革阻力，规定可以在为未改制村设置集体股。另外，改制村可根据集体资产的现状在股份经济合作社只设置个人股，该股构成一般是人口股与劳龄股，具体分配时要按照成员股东数量以1∶1进行。

（4）集体成员股份权益的具体分配。对于人口股，比例不得少于集体资产总额的60%，本集体经济组织成员一律享有人口股，其中领取独生子女证者在原所持有的人口股的基础上可另外增加 50%，村集体也可以通过民主投票赋予非集体成员一定的人口股。劳龄股分配以成员在本集体从事劳动的年限为依据。例如温州市就规定了 2006 年 12 月是劳龄股计算的基准日，在满 16 周岁的前提下，每劳动一年按一份股计算。

（5）人口股享受对象是具有成员资格和保留成员资格的人员。有的村集体把股改过程中的成员分为两种：一是法定对象，该类成员主要包括有本村户籍、"农转非"的原村村民以及保留本村户籍的在读大学生等，可以持有全额人口股。二是酌定对象，涉及原属于集体成员且尚在册的村民以及户籍关系未迁出的本村外嫁女两类，分别可以享有 80% 与 50% 的股份权。除此以外，村集体也可以根据股份经济合作社章程的规定，通过民主投票来决定分配的具体份额。

《温州市鹿城区农村集体资产产权制度改革股权量化参考意见》中指出，对股份配置是只设个人股，不设集体股。其中，人口股所占的比例最高，达到60% 以上。对于改制村，可以区分成员股东和非成员股东，并且无论股东身份如何，都能平等地获得股份收益。

2. 重庆市"双层配股"模式

重庆市在《重庆市实施〈农民专业合作社法〉办法》的指导下，逐渐形成了"双层配股"的改革模式。

（1）只清理农村集体资产但不对其进行评估。各村在推进改革过程中都对集体资产进行了彻底清理。至于未对集体资产展开评估，主要有三方面的原因：一是实践中仍缺乏资产评估的具体标准，评估价值的高低直接决定了成员股东的直接经济收益，在条件尚未成熟的情况下贸然进行改革容易引发各村村民矛盾，不利于农村社会和谐稳定。二是在股权登记程序及公示制度等还并不完善的情况下，我国农村尚不具有对集体资产开展评估的条件。三是由于缺乏评估标准而导致评估费用虚高，集体成员往往很难信任评估的结果。[①]

（2）重庆市大多数地区都实行"双层配股"的模式，通过区分集体股和个人股来确认股份及进行分配。渝北区、沙坪坝区等多数村将全部集体资产经过量化分配给成员，主要以在籍集体成员的劳龄或农龄为依据进行分配。为了抚恤军烈属、五保户、老党员等特殊群体，重庆市在改革中保留了集体股。其中，梁平县在确立人口股和劳龄股的同时，还设立了扶贫股和敬老股。该县的改革进程始于 2015 年 5 月，经过对集体资产的进行清算后，实现了每一股份的到人到户，每位成员都能享有相应股份，并且将全部股份纳入社区股份经济合作社

---

① 陈泳："农村集体资产股份化改革'改'出农村持续发展新动力"，载《成都日报》2016 年9 月 6 日。

中。从统计结果来看，该社区股份经济合作社持有 160 万余元的集体经营性资产，除去已提取的 40% 的公积金和公益金后，其余部分均由集体成员进行股份持有。

（3）针对集体资产所获收益进行合理分配，确保集体成员收益权。重庆市九龙坡区将集体资产命名为"份额资产"，并且将其分配至每一位村民。具体分配对象是从 1985 年 1 月 1 日起至 2006 年 12 月 31 日保留本村户籍的村民，每往后一个年度可累计增加一个分配份额，每人至多不超过 22 个份额。针对集体资产量化而成的份额，股民只享有对股份占有权能，无权就其收益请求分配。该市收益分配方案是在农村集体经济组织完成法人化治理阶段后，按照股份合作企业的收益分配方式在城市化水平较高时期具体实施。

3. 天长市"双标准"模式

《天长市农村集体资产股权设置与管理实行办法》强调，经营性资产的范围包括经营性质的房屋等建筑物、生产设备等，具体涉及经营性固定资产、货币资金、有价证券、可收债权、投资等。2016 年，按照中央政策有关赋予股份权六项权能的要求，该市出台《天长市农村集体资产股份权能改革试点工作推进方案》，并且把"赋能"作为重点。由于该市辖区在集体经济发展方面处于弱势，因此在改革过程中采取"双标准"模式，即根据集体经营性资产的有无，各村分别成立股份经济合作社与经济合作社。

（1）截至 2014 年年底，天长市 151 个村或社区，其中 21 个村无集体经营性资产，集体资产总量为 2.5 亿元，集体经营性收益总额 556 万元，平均每个村分别为 165 万元与 3.7 万元，以 2015 年 6 月 30 日为股份权能改革的基准日。

（2）对于股份权的具体设置，该市未另外设立集体股而仅仅设立个人股，将全部集体经营性资产折算成股份分配至每一个成员并对其严格控制，如果确实需要设置集体股，必须经集体成员会议讨论决定。该市在改革过程中也未设立劳龄股，每一成员都能享有股份权。通过明确股份享有主体及内部共享、流转机制，将股权稳定固化在本集体经济组织。为了确保农民对股份权的占有、收益，发放股权证作为股份收益的凭证。

（3）根据村集体有无经营性资产，分别设股份经济合作社与经济合作社。截至 2016 年年底，天长市设立的股份经济合作社与经济合作社数量分别为 127 个和 24 个。集体经营性资产股份化的具体管理职责由村党支部、村民委员会及合作社在分别履行各自职责的基础上共同承担。此外，该市村集体也积极开展了股份权的抵押试点，目前完成的抵押权贷款近 40 笔。

4. 上海市"三级合一"模式

城市化的急剧推进使得闵行区农村集体资产的总量不断增加，集体经营性资产总额在 2016 年增长至近 280 亿元，在全市占到了近 20%。截至 2016 年年底，上海已有 1760 个村实行股份化改革，涵盖 95% 以上的村集体。由于上海经济发展水平比较高，因此在改革中推行了"三级合一"模式。这一模式改变了各地"一村一策"的传统做法，以乡镇为中心，整合各村集体经营性资产以建立更大规模的股份经济合作社。具体按照以下步骤展开：

（1）全面清理核算现有的集体经营性资产，并及时公示相应的清产核资结果，具体由资产评估中介机构对需要量化的集体经营性资产进行评估。在改革方案的设计上，要有出席会议的全体成员的 1/3 以上方可通过。

（2）在股份权的设立上主要有两种方式：一是针对那些同时设立个人股和集体股的撤制村，其有关的集体管理等开支由集体股承担。二是针对不设立集体股只设置个人股的撤制村，将评估后的集体经营性资产全部按照劳龄量化，设置劳龄股。有的村集体在设立股份权时划分了较多种类，除了主要的劳龄股以外，还分为村民股、集体股及风险责任股等。[1]

（3）股份经济合作社治理的法人化。上海市的集体经济组织依据《农民专业合作社法》里面的规定，引入了职业经理人制度对股份经济合作社进行科学管理，包括召开成员大会，合作社章程、选举"三会"高层管理人员等。

（三）股份化改革主要模式的比较分析

通过分析上述模式可以发现，四地都是遵循因地制宜的原则按照股份合作制的精神制定农村集体资产股份化改革方案。即使在同一个地区内，各个村集体也都是按照本村实际情况进行改革。在改革目的上，都是为了实现以市场导向对资源进行有效配置，保持集体经济财富的有效增值。[2] 在组织载体上，四地都充分肯定股份合作社这一组织形态的制度功能。在内部管理模式上，大多都是参照公司法人治理机制这一现代企业管理制度进行组织架构。

但是，四种模式在股份化改革的操作过程中仍然存在一定区别。其一，改革开始的时间和侧重点存在差异。其中重庆、温州的改革时间比较早，上海、天长开始得比较晚，改革的侧重点则从股份量化逐渐发展到赋予权能的阶段。同时，各地区依据"一村一策"原则进行不同类型的探索，股权设置的具体类别存在较大差异。其二，经济发展水平和集体资产积累状态对选择组织载体具有不同的影响。就集体经营性资产较少的天长市而言，该市就针对性地设置了

---

① 上海市农村经营管理站：《上海推进农村集体经济组织产权制度改革集锦》，复旦大学出版社 2012 年版，第 255~260 页。

② 钟怀宇："论改革中国农村土地集体所有制的实现形式"，载《当代经济研究》2007 年第 3 期。

不同的集体经济组织。其三，各地分配集体收益的状况存在差异。值得深思的是重庆市部分地区的改革做法，只对集体资产进行量化而不分配到具体成员，无疑将不利于实现集体成员的财产性权益。其四，是否引入专业评估机构不同。重庆市九龙坡地区为了避免出现不公平，对集体资产只清理不评估，其他三地认为需要聘请专业资产评估机构并建立"三资"平台。①

总体而言，农村集体产权制度改革是一个复杂漫长的过程，应当在尊重当前各地集体资产股份化改革实践经验的基础上，逐渐向纵深推进。比如，从各地的改革实践和学界的主流观点来看，不设置集体股，只设立个人股，将集体资产直接股份量化到个人已成为各地改革的共识性做法。②

三、农村集体资产股份化改革的主要问题

（一）农村集体资产股份化改革面临的主要问题

当前，在我国农村法制建设仍较为滞后的背景下，农村集体资产股份化改革还存在许多问题需要解决。

1. 股份权主体资格不明确

股份权能改革纠纷生成的一般机理是：原告具有某种特殊身份，农民集体认为其不具有或不完全具有成员身份，进而通过改革方案剥夺或限制其具体权益，由此纠纷成讼。集体成员资格问题已经成为股份权能改革的前置性难题。成员资格的有无，直接决定是否享有股权主体资格以及享有多少股份量化权益。一般而言，各地在改革过程中主要依据户籍标准对集体成员的股份量化主体资格进行认定，并形成了不同的做法。其一是单一户籍说，即认为确定村民是否能成为股份量化主体，只能依据村民的户籍来确定。根据这一做法，有关户籍证明在改革过程中起到重要作用，这在实际操作起来会比较简单，从而减少可能产生的分歧。其二是户籍+权利义务说，认为村民除了要拥有本村户籍外，还应当与村集体实际发生权利义务关系。该做法得到了一些学者的认同，认为能更加适应农村人口频繁流动的状况。③ 其三是户籍+年龄说。认为除了户籍

---

① 黎明、肖磊："农村集体资产和财务管理中存在的问题及成因分析"，载《农村经济》2006年第3期。

② 段龙龙、张樱："论我国农村集体经济组织公有性质弱化及其应对"，载《农村经济》2013年第9期。

③ 王玉梅：《从农民到股民：农村社区股份合作社基本法律问题研究》，中国政法大学出版社2015年版，第144页。

之外，符合一定年龄也是享有股份量化主体资格的关键条件。因此，即使是本集体成员的子女，也要满足年龄要求才能获得股份。在温州市很多地方就将该年龄要求设置为 16 周岁。[①]

但是，实践中争议最大的问题是特殊群体的股权配置资格问题，如在校大学生、外嫁女、入赘婿、现役军人等。改革实践中，各地普遍强调以生产关系及与本村形成的依附关系等"客观事实"作为认定标准。从这一标准来看，在拥有本村户籍的情况下亦未必享有股份量化改革的主体资格。除了户籍因素之外，各地在改革过程中还主要考量生产生活、承担义务、土地承包经营权、集体保障等各种要素。但是，各地对各类资格要素形成的排练组合或者赋予各类要素在资格认定中的权重不同，进而形成股权量化主体资格的多元化标准，差异较大甚至相互冲突。比如，有的以户籍为基本标准，同时考察是否获得其他集体的基本保障；[②] 有的以实际的生产生活状态作为基本标准，同时考察是否以享有土地承包经营权作为判断标准；[③] 有的以基本生活保障来源作为基本标准，同时考量是否具有本村户籍。[④] 采取不同的集体成员资格认定标准，极大影响了不同群体的改革地位、权益享有及其具体的利益份额。

2. 股份权结构设置缺乏合理性

分析 29 个试点县的改革情况可以看出，集体股的存废和个人股的具体类别是股权设置中存在的主要问题。温州市规定不设集体股、只设个人股，但在实践中这一原则并未真正实现，仍有较多的村集体选择留了集体股。改革中主要设置个人股，各地逐渐形成普遍共识，但是，对如何设置个人股以及个人股应当包括哪些类别，各地仍然存在极大分歧，通常的做法是交由村民代表大会民主议定。总体而言，股权类别主要包括三类。

（1）集体股。实践中普遍认为集体股的收益能够用来支付集体经济组织的公共性支出，从而降低改革推进的摩擦成本。目前，部分改革地区在实践中并没有对集体资产进行分类，改革对象不仅仅针对集体经营性资产，同时也涵盖了资源性资产、公益性资产。集体股的设立需要从集体自身情况出发，要求集体本身具有一定集体资产的积累，那些符合相应条件、经济发展较好的部分地区可以选择设立集体股。实践中一般会把那些难以通过量化进行股权分配的教

① 上海市农村经营管理站：《上海推进农村集体经济组织产权制度改革集锦》，复旦大学出版社2012 年版，第 121 页。

② 浙江省温州市中级人民法院（2015）浙温民终字第 2131 号民事判决。

③ 广东省开平市人民法院（2017）粤 0783 民初第 736 号民事判决。

④ 浙江省舟山市中级人民法院（2013）浙舟民终字第 55 号民事判决。

育、公用建筑物及有关公益性资产等设立成集体股。① 集体股的设立也是从农村社会保障体系还不够完善的实际出发，能够在当前形势下使农村集体经济组织更好地发挥社会保障职能。可以将集体收益中的特定部分用来保障公共服务支出，也可以将集体股的分红部分用于保障村民的基本福利。但是，集体股的主要问题是其产权的模糊性将引发二次改革，改革成本事实上并未降低。

（2）人口福利股。集体成员享有人口福利是集体所有权的本质要求，也是集体成员享有成员权利的直接体现。在农村集体资产股份化改革中，各地普遍按照"一人一股"的方式设置人口福利股。保障集体成员的生存权益是集体经济组织的基本义务。所以，在针对集体资产及其收益的股权分配中要保障每一成员平等地享有权益。并且，农村集体资产的累积是所有成员共同劳动的结果，每一个农户家庭都为此做出了贡献并让渡了自身的合法权益。分析农村集体资产的具体来源可以看出，在人民公社化与合作化过程中，由农村家庭将其私有财产让渡出来结合成为集体资产。因此，无论是从我国农村集体经济组织发展的历史流变还是现实状况进行考量，都应当将集体资产按人头进行股权分配。

（3）根据量化标准的不同，可以将贡献股分成劳龄股、干部股及岗位股等几类，在具体分配的股额上主要依据贡献时长和贡献大小来分配。在评价成员贡献时，可以参考劳动年限、岗位职责及是否具有干部身份等标准来进行。② 在劳动年限的具体计算上，往往是结合每个地方集体经济组织的存续状况来确定。有些地区根据岗位设立相应的岗位股，其目的主要是激励农民股东参与集体财产经营管理的积极性。干部股主要是针对村民委员会成员的组成人员以及农村集体经济组织的管理人员而设置。③ 贡献股是实践中普遍采用的配股方式，如北京市、温州市、天长市等地区，但是衡量贡献的具体要素则差异极大。

3. 股份权量化方式不够合理

如何确定具体份额是股权量化中的核心问题，即应当按照何种比例标准确定集体成员具体的股权份额。

其一，集体股与个人股的比例。这两类股权的份额往往差异很大。温州市在改革中明确个人股在集体净资产中所占比例不得低于60%，温州洞头县确定集体股和个人股比例分别为20%和80%。在北京的部分地区，各村经过量化后的集体股与个人股的比例大都保持在30%和70%左右。从2013年起，兰州市

---

① 马永伟："农村集体资产产权制度改革"，载《福建论坛》2013年第6期。
② 钱忠好：《中国农村土地制度变迁和创新研究》，社会科学文献出版社2005年版，第45～50页。
③ 陈金标："农村集体经济组织产权制度改革：广东的探索"，载《农业经济与管理》2011年第2期。

个人股与集体股的比例分别保持在 65% 和 25% 。上海市仅就未撤制村设立了集体股，同时对其比例进行了严格限制，如江宁区就将集体股限定在 30% ，而个人股则占到了 70% ，这与北京的做法比较相似。

其二，各地区在试点中，普遍将人口股与农龄股按照一定比例进行组合。比如，北京市人口股与农龄股分别占比 25% 和 45% ；上海市与北京市类似；兰州市的改革做法中，人口股占比 30% ，农龄股则达到 70% ；温州市把两者的比例均设为 40% 。至于各地所设的其他类型股份，一般所占比例较小，普遍在 10% 以下。此外，实践中还出现了"户股"和"人头股"，即并没有直接量化到成员个人，比如厦门市马垅区中的户股与人头股的比例就为 10∶1 ，户股占据了绝大部分。

概言之，各村集体资产股份量化的方式及分配比例普遍差异较大，村集体对如何进行量化拥有较大的自治权。集体成员的收益依据所持有的股权比例进行分配，股份量化方式的不明确、自然存在较大隐患。

4. 农村集体治理机制不健全

从改革实践看，农村集体经济组织是股份化改革的组织载体，一般采取股份经济合作社的形式。尽管各地普遍对农村集体经济组织进行了法人化改造，但是，目前农村集体经济组织内部的治理机制还存在着诸多不足。其一，内部治理机制还需要进行改进。实践中，农村集体经济组织法人普遍借鉴现代公司治理机制，分别建立股东（代表）大会、董事会及监事会等内部机构。但是，看似规范完善的村集体治理机构在实践中往往沦为摆设。绝大部分股份经济合作社的股东（代表）大会每年都只召开一次，一般成员股东参加会议往往只是听取管理人员的有关报告、宣布重要决策等，很难发挥众人议事众人决机制的实际价值。少数经营管理者决定或控制重要的人事安排、分配方案、项目建设等，投票表决也大多流于形式，[1] 股份权的管理权能和成员会议作为权力机关的地位未能得到充分尊重，进一步挫伤了集体成员参与农村集体经济组织自治的积极性。董事会或理事会作为执行机关，不遵守组织章程和法定程序作出决策的情况较为普遍，监事会及其监督机制的虚置现象比较突出。其二，独立性尚待增强。根据相关政策文件和不同改革试验地区的实践情况，有些地区的股份经济合作社"政社不分"的情况仍然较为突出。比如，对理事会的理事以及其他经营管理人员的选聘，应当由成员会议及理事会按照法定程序决定，但是实践中较多受到基层政治权力的干预。村民委员会成员往往直接决定农村集体

---

① 李增元：《村民自治到社区自治：农村基层民主管理的现代转型》，山东人民出版社 2014 年版，第 53 页。

经济组织的重大事项，乡镇政府有时也会直接介入农村集体经济组织的对外合同关系。在有的改革试点地区，即便根据改革方案设置了股份经济合作社，但村民委员会仍然实际掌握和管理集体资产。基层政治权力和村民自治权力的不当干预，必然影响股份经济合作社作为农村集体经济组织的经济独立性。其三，监督机制尚待健全。通过解析试点地区的改革做法发现，农村集体经济组织的内部监督机制存在较大问题。一是集体成员对农村集体经济组织内部事务的知情权未能得到保障。集体成员了解本集体资产的运营状况，是其作为本集体最大利益相关者应当享有的权利。尽管《物权法》对此作出规定，但实践中的执行情况尚不理想。二是农村集体经济组织经营管理者的管理权过大，权力滥用问题较为突出。三是虽然股份经济合作社在成立之后制定章程，但章程作为"宪章"的作用在实践中流于形式。

5. 股份权的具体权能缺乏完整性

针对集体资产所设股权的具体权能，首先要面临的问题赋能的方式和权能效果的发挥。当前，由于股份权能改革还处于探索阶段，实践中关于权能完整性的问题在各地普遍存在。其一，当前赋予集体成员的股份权能并不完整。党的十八届三中全会明确了要使农民享有更多财产性权利的改革方向，要求保障农民享有对集体资产股份的占有、收益、抵押、有偿退出及继承等多项权能。从实践来看，改革中主要还是侧重于保护股份权中的收益权能，如对产权界定、确认成员资格及其股权等，而对其他相关权能的关注明显不够。改革伊始，广州、温州侧重于明确产权及确权到户。其后，上海、安徽天长市开始探索完善股份权的各项权能，前者开展了全面实现六项权能的试点，后者则开启了抵押权能的试点。在重庆市，其中的部分地区仅对集体资产进行折股量化，集体成员只有占有权而无收益权。天长市的股份化改革中存在有些村没有集体经营性资产的情况，集体成员的占有权和收益权难以得到有效实现。总体上，集体资产股份权能的赋予及其实现在实践中还未能完全落实到位。其二，股份权的流转性受到较大限制。目前，集体成员的股份权主要限制在集体内部流转，这在《上海市闵行区农村集体资产股份权管理》的有关规定已有明确规定。股份权作为市场化私权的价值还未能得到有效尊重。各地实践中，集体资产股份权流转的现象也比较少。除此之外，流转受限在股份权的继承权能中也有体现，如《厦门市马垅区股份经济合作社章程》明确规定集体资产股份权的继承人必须是本集体成员，否则就不能参与继承。在温州市的部分地区，则要求继承人如果是非集体成员，只能享有股份权的收益权，不享有管理权。

（二）农村集体经营性资产股份化改革问题的主要原因

1. 缺少具体明确的法律规则作为改革依据

目前，我国还没有对农村集体经济组织出台专门的立法。为更好地保护农民享有的土地承包经营权的流转权，最高人民法院在 2008 年就已制定了关于集体土地流转的司法政策。[①] 实践中，各种专门管理集体资产的农村集体经济组织相继出现，如农村经济股份合作社和农民专业合作社等。我国农业主管部门出台的《农村集体资产清产核资资产所有权界定暂行办法》明确，农村集体经济组织作为集体资产唯一持有者在集体资产的股份量化过程中具有关键作用。但是，我国《物权法》并没有对农村集体经济组织的法律地位予以明确。虽然可以依据《民法总则》的相关规定取得特别法人的主体资格，但是，关于我国农村集体经济组织的具体架构、相关权利义务等在法律仍然存在极大疏漏。同时，具体到农村集体资产股份化改革，相关法律法规具有的滞后性就更为突出，改革的具体内容及其相关规则未能通过法律及时加以明确，大多只能依据中央或地方出台的相关政策性文件予以实施。

2. 各地普遍采取一村一策原则

从各地改革文件以及股份化改革的实践经验看，各地推行股份化改革普遍遵循"一村一策"的基本原则，结合本集体实际情况因地制宜地加以推进。比如，《上海市闵行区全面推进农村集体经济组织产权制度改革工作的指导意见》明确规定，各镇、各村可以在考量历史因素以及当前经济发展程度的基础上，按照"一村一策"的原则制定具体的改革方案。上海市闵行区莘庄镇为了调动岗位人员的工作积极性，就允许按照职位高低认购一定比例股份的岗位股，但临近的新桥镇就没有设立岗位股。各改革试点地方对股份权的收益分配标准也普遍受到"一村一策"原则的影响，从而出现收益分配机制差异极大的情况。有些地区选择设立集体股，但是受性质所限，集体股只能属于集体所有，成员无权对其收益进行分红。还有的地方无集体经营性资产或者集体收益，集体成员的股份权往往面临无利可分的尴尬境地。重庆市采取对集体经营性资产以份额形式量化到人、暂不分配所生收益的模式。改革中，尽管收益权与分配权作为集体成员自益权的主要内容，但在实践由于收益分配方案的形式化倾向大多难以发挥实质作用。[②]

---

① 《关于为推进农村改革发展提供司法保障和法律服务的若干意见》明确要求，"各级人民法院对改变土地集体所有性质、改变土地用途、损害农民土地承包权益的流转行为，要依法确认无效。"

② 张东："分配正义与收益公正分配"，载《法学论坛》2012 年第 1 期。

3. 股份化改革所涉利益复杂

农村集体资产股份化改革过程中，会牵涉诸多利益相关主体，既会涉及集体成员、农村集体经济组织、村民委员会、地方政府以及中央政府等众多利益主体，也包括集体成员内部具有不同身份和不同利益诉求的各种群体。在股份化改革过程中，必须理顺国家、集体以及个人之间的逻辑关系。从集体成员的角度看，其主要目的就是通过股份化改革获得财产性利益；从集体角度来说，是在适应市场经济发展的背景下壮大集体经济、实现集体利益最大化。从股份化改革的载体来看，集体经济组织既承担经济功能也需要承担社会保障功能，尤其是当前农村保障体系尚未健全的情况下社会保障功能更为明显。分析农村集体经济组织的内部情况可以发现，经营管理人员和集体成员之间的制衡关系较为微妙，前者往往试图获得更多的管理权限，而后者普遍希望借助各种途径和渠道制约前者权利、维护自身利益。股份化改革中出现的管理权滥用问题，不过是经营管理者与集体成员在相互博弈中占据优势地位的直接结果。从政府层面来看，各地不同的实践模式实质上也是政府与村集体博弈的结果。政府出台文件指导当地的改革实践以防止其背离改革初衷，村集体亦需要在符合指导原则的基础上结合本集体的实际情况优化改革方案。个人、集体与国家三者之间有着不同的利益驱动因素，在实践中可能表现为合力推进改革进程、实现耦合化发展，同样，也可能因为三者之间发生冲突从而引发矛盾纠纷。

四、农村集体资产股份化改革的完善建议

（一）完善农村集体资产股份化改革的相关立法

2016年10月，国务院发布的《全国农业现代化规划（2016～2020年）》明确提出农村集体资产确权到户和股份合作制改革的发展目标。[①] 2017年3月，农村集体经济组织的特别法人地位在《民法总则》中得以正式确立，并享有法

① 《全国农业现代化规划（2016～2020年）》在"四、深化农业农村改革"部分明确提出："（三）深化农村集体产权制度改革。着力推进农村集体资产确权到户和股份合作制改革，赋予农民对集体资产股份占有、收益、有偿退出及抵押、担保、继承权。有序推进农村集体资产股份权能改革试点，到2020年基本完成经营性资产折股量化到本集体经济组织成员，健全非经营性资产集体统一运行管护机制。加快建立城乡统一用地市场，在符合规划、用途管制和依法取得前提下，推进农村集体经营性建设用地与国有建设用地同等入市、同权同价。稳妥推进农村土地征收、集体经营性建设用地入市、宅基地制度改革等试点，加强经验总结，适时修订完善相关法律法规。完善集体林权制度，引导林权规范有序流转，鼓励发展家庭林场、股份合作林场。"

人应有的民事权利能力和民事行为能力。目前，基于我国尚没有针对股份化改革的有效法律指引，有必要及时制定统一的《农村集体经济组织法》，明确农民集体经济组织享有的权利和义务、内容及责任等。①

就《农村集体经济组织法》的立法模式而言，有不少学者认为需借鉴《公司法》的做法。在我国现行的法律体系中，《公司法》属于民商法之下的单行法，其制定主体是全国人大常委会，同样，《农民专业合作社法》也是由全国人大常委会制定的。从我国的实际情况，由全国人大常委会、国务院对此进行立法是比较可行的办法。在中央立法尚未完成的情况下，地方人大和地方政府可以通过行使地方立法权，积极制定《农村集体经济组织条例》或者《农村集体经济组织管理办法》等。但是，从长远来看，应当由全国人大常委会制定《农村集体经济组织法》，真正确立我国的农村集体经济组织法律制度。② 对此，有必要吸取地方立法的有益经验。例如，《浙江省村集体经济合作社组织条例》就农村集体经济组织的设立、终止，社员及其资格界定，建立"三会"形式的组织机构作出了规定，并且明确规定了有关集体财产的管理等方面的内容；《湖北省农村集体经济组织管理办法》主要由设立、社员、组织机构和法律责任等组成。《黑龙江省农村集体经济组织资产管理条例》主要涉及资产范围、经营、监督等方面的内容。申言之，可以将《农村集体经济组织法》分为总则和分则两部分，在立法中明确农村集体经济组织的基本架构，具体内容应当包括：集体成员及其权利和义务，组织机构及其运行机制，设立、变更和终止，成员（代表）大会的民主议事、表决规则、选举和罢免管理人员的规则等。

（二）明确农村集体资产股份化改革的主要规则

1. 明确股权主体的资格标准

在股份化改革过程中，如何认定股份经济合作社的股东资格是必须要明确的前置问题。股份经济合作社建立在传统的农村集体经济组织基础之上，原农村集体经济组织的成员理应成为其原始股东。一般来说，集体成员当然地满足成为股东的条件，并成为改制后股份经济合作社的股东。但是，由于集体成员资格认定标准模糊不清，股权主体资格的认定标准相应存在较大分歧。对此，前已论及，兹不赘述。实践中，普遍采用以个人作为集体资产股份量化的单位、以"户"作为股权管理和股权证发放的单位。但是，有的地方选择以户为股份量化单位和股权管理单位。例如，杭州市有的股份经济合作社将集体资产股份

---

① 陈金钊："改革与修法的意义阐释"，载《河南大学学报（社会科学版）》2014年第6期。
② 黄灿明："关于加快农村集体经济组织立法的思考"，载《理论研究》2007年第3期。

权划分到"户"，户主与户内其他成员在整个股份权中分别占有不同比例的股权：户主所持有的股份即户股占到了 77% ，其他个人持有 23% ，户主拥有全部的户股。虽然个人股的分配是依据每一户人口数量来确定，实际上户主因股权而获取的收益最大，其他非户主成员的股份获益权则受到一定限制，这也埋下了户股与个人股发生冲突的隐患。比如，在（2009）杭西民初字第 2069 号判决书中，人民法院就认可了户股收益分配权的合法性，认为户主可以获得全部的户股收益，户内其他个人只能参与个人股的收益分配。目前，现行法律和政策中并没有户主可以比户内成员享有更高比例的股份占有权和收益权的相关规定，此类判决是否具有合法性或合理性还值得商榷。

平等权是集体成员的一项基本权利。股权设置应当严格践行主体平等原则，作为股权主体的集体经济组织成员应当平等享有集体资产的各项权能。有的学者赞同将"户"作为对集体利益进行分配时的基本单位，但是，"户"并非规范的法律术语，也不是一种明确的主体存在形态。[①] 基于成员权的一般法理，集体资产股份权主体应当以"自然人"作为基本单位对股份权进行分配，既有利于集体成员个体权利的实现，亦能减少集体资产股权在流转过程中面临的主体障碍。

2. 合理设置股权的具体类别

（1）根据实际情况决定是否设置集体股。从试点地区集体资产股份化的做法和经验看，随着集体资产的不断扩大和农村地区人口组成的复杂化，改革需要破除的障碍越来越多。继续保留集体股，在农村集体经济组织的变更和重组过程中确实需要再次分配确权，即存在对集体股进行"二次改革"的问题。实践中，集体股的存废问题给后续股份化改革增添了不稳定因素。从长期发展看，设置集体股会对集体资产股份化改革的彻底性和部分集体股产权的清晰性构成威胁，在集体资产股份化改革中的适应力较弱，不符合市场经济的发展趋势。[②] 因此，从"生不增，死不减"的发展趋势出发，应当尽可能地取消集体股的设置。[③] 比如，温州市洞头县自 2010 年起就取消了集体股的设置。当前，我国农村集体产权制度的改革正有序推进，集体股影响着集体资产股份化改革的彻底性和部分集体股产权的清晰性，废除集体股也成为学界比较普遍的观点。

---

① 戴威、陈小君："论农村集体经济组织成员权利的实现——基于法律的角度"，载《人民论坛》2012 年第 1 期。

② 黄延信："对农村集体产权制度改革若干问题的思考"，载《农业经济问题》2014 年第 4 期。

③ 张睿等："三分三改：统筹城乡发展新路"，载《温州日报》2011 年 10 月 9 日。

但是，各地改革所依据的具体条件并不相同，以公益性基金的形式保留集体股用于提供公共服务，在一定时期内有其存在的必要性和现实合理性。比如，上海市就在集体股的设置上区分情形作出规定，第一种是不再设置集体股的情况，针对是撤制村，第二种是针对未撤制村，规定可以保留一定的集体股，但不能超过个人股。在股份化改革的操作过程中，可以由成员会议根据章程规定民主议定是否设置集体股，但其整体趋向应当是废除集体股。

（2）合理配置个人股类型。对于农村集体资产，户籍股、基本股、资源股、技术股、现金股、劳龄股、干部股等是集体资产个人股权配置的主要类型。个人股的分配强调个体性，其分配单位是个人，分配对象是独立的集体成员个体。实践中，主要将个人股划分为以下几种类型：

第一，个人股。主要基于集体成员权益的人身专属性进行股权分配，这是对农村集体经济组织成员身份设置的均衡量化。实际上，这也是农村集体经济组织成员享有的原始产权，是农村双层经营体制和集体土地保障功能的特殊产物。

第二，劳龄股。顾名思义，是以劳动年限作为股权分配的标准，能够真实体现出成员对集体所做的贡献。当前，股份经济合作社在设置个人股时，主要将其分为劳龄股和人口股这两类，但这两类股份在股权设置中有着所占比重或者主次地位的争议，其各自的配置比例在不同地方存在不同做法。实践中，各地制定的改革方案或者农村集体经济组织章程，大都只是规定因地制宜地决定股权种类及其相应比重，但是，这种原则性规定落实到具体的村社股份化改革过程中，往往很难直接发挥调整作用。有的学者认为，基于集体成员资格具有的人身专属性，应当将劳龄股作为股权结构的基本单位。比如，上海市以农龄作为红利分配的主要标准，浙江要求人口股占总股份的比例要在50%以上。受城乡一体化的不断推进、户籍制度改革、农村人口流动加快和现代化农业发展等多种因素的影响，成员的劳动贡献主要是对存量资产的静态划分，而对增加集体资产总量无所助益。

第三，增资股。亦称现金股，是集体经济组织成员以出资方式购买集体资产股份。集体成员可以通过出资获得多种股份并参与分红。[①] 由于现金股与其他股份取得的方式并不相同，需要集体成员通过出资购买进而以增量资产的形式入股，所以在集体成员自愿出资的情况下，有的农村集体经济组织根据章程规定通过民主议定程序作出是否设立现金股的决议。如北京市在2004年出台的

① "农村集体产权制度改革和政策问题研究"课题组："农村集体产权制度改革中的股权设置与管理分析——基于北京、上海、广东的调研"，载《农业经济问题》2014年第8期。

《关于积极推进乡村集体经济产权制度改革的意见》就提出，可以根据具体情况决定是否在本集体经济组织内部设置现金股。

对集体资产设置增资股，在我国当前的农村具有一定现实意义。一是使成员的个人财产融入集体中，在增强股份经济合作社实力的同时，能够极大地激发集体成员参与集体事业的积极性。二是股东对集体资产的增资能够缓解集体发展过程中资金短缺的状况，进而开展更大规模的经营管理活动，使得集体资产获得更大的提升空间。三是对原有集体成员来说，以出资购买新型股份经济合作社的股份，本身也是对其原有股东权利的保障。但是，同时亦有必要规定增资股的最高限额，以防止出现个别集体成员垄断集体资产股权和经营管理权的情况。[①]

第四，其他股。各改革地区在个人股的设置上往往采取不同的方法。比如，广州市将集体资产转化为公益股及分配股两种形式，并且由各地根据自身发展条件决定相应的比例。其中，公益股由集体成员共有，收益仅用于集体内部的有关公共事务；分配股由所有股东按照份额各自持有，具体包括管理股和配送股等。上海市结合自身情况，还设立了经营管理股（风险股）、独生子女奖励股等个人股权。除了上述基本的股权类型外，其他股权类型的设置一般可以由各地根据其实际情况自由选择。[②]

3. 探索股份量化的具体方式

从改革的具体情况来看，各地在进行股权量化时往往采取不同的方式。对于设置集体股的地区，要明确具体的量化方式，为集体股和个人股的量化比例划定范围，使股份量化具有更强的可操作性。实践中，温州采取"四六"分比例，北京确定"三七"分比例，都划定了一个基本范围，都有助于辖区内的量化比例渐趋于统一。对新启动的改革地区，如果仍然采用不同的量化比例，必然会导致改革的难度逐渐增大，甚至不排除二次改革的可能性。因此，为了能够兼顾改革的效率性和有效性，应当在借鉴各地试点经验的基础上，明确集体股量化比例的范围或者划定集体股的最高限额。

设置集体股最初的目的是以其收益支付集体公共支出，保障集体成员的基本生活，担负农村社会公共服务提供者的角色。有的观点认为，各地在改革过程可以提取相应的公积金，以替代集体股并为集体保留基本储备，不失为解决取消集体股后遗留问题的可行路径。可以在立法中明确提取公积金的顺位和比例大小。

---

① 刘香玲："对'城中村'集体资产股份制改革的几点思考"，载《生产力研究》2010 年第 6 期。

② 费孝通：《乡村经济：中国农民的生活》，江苏人民出版社 1986 年版，第 25 页。

在设置个人股时，尤其要重视区分"户股"与"人头股"的问题。个人股是将股份直接量化至成员个人，"户股"是将股份分配到每一户"农户"。作出这种区分的关键问题是户主的股份多于户内其他成员的股份，这种差别就极易引发家庭矛盾，形成户内股权纠纷。因此，应当将"户股"的股权份额转为每户个人持有，以大幅减少户内纠纷产生的可能性。

在确定农龄股与人口股各自所占比例的问题上，一些地区采取积分制作为计算比例的依据。明确划分股权类型之后，对人口股、农龄股、增资股等可以依据不同的要素设定相应比例，在此基础上加权计算具体分配额。由于个人股在集体资产的股权分配中占有主要地位，所以在对其进行量化时应尽可能谨慎选择合理的方式，在确定具体份额时要实行科学的计算方法。比如，有的地方按照集体成员对集体贡献的大小，制定十分制的积分计算方式，贡献分 = 工龄分 × 0.2 + 级能分 × 0.6 + 效绩分 × 0.2。[①] 这种计算方式看似精确，但是，在实际运用过程中仍然显得过于复杂，需要在改革实践中进一步加以完善。

鉴于增资股的股权可能会突破本集体成员的范围，需要将其股份比例严格控制在必要范围之内，以防止外部人或少数集体成员股权占比过高。否则，容易使集体利益沦为少数人谋取私利的借口，不利于对其他成员合法权益的保护。

4. 规范农民集体的内部治理机制

（1）按照"三会"制度的要求设置内部治理机构。目前，虽然股份经济合作社仿照现代公司的内部结构设置，成立有股东大会或社员大会、董事会或理事会、监事会等机构。但是，实践中"三会"制度往往流于形式化。首先，必须明确股份经济合作社的最高权力机关为股东（代表）大会，并且经济合作社内部的重大事项都应由该机关以民主方式作出决议。其次，尽量避免村干部兼任董事会人员的情况，防止少数人掌控集体事务决策权，提升组织内部管理层的管理水平。董事会或理事会是股份经济合作社的决策机构，有权通过决议确定经理人选，可以探索引入职业经理人，提高合作社事务管理的专业水平，推进集体资产的保值增值。最后，要科学规定监事会的职能和人员构成，改变重董事会轻监事会的做法，赋予监事列席董事会会议、人事罢免的提议、针对经营管理人员提起诉讼等权利。监事会的人员组成可以从村民股东之中选举产生，也可以探索引进外部人员担任本村股份经济合作社的监事。

（2）控制"管理层"权力。在我国农村的组织架构中，由村民委员会代行农村集体经济组织职能是一种常态。对于村民委员会或者村民小组与他人发生

---

① 许惠渊："当前农村产权制度改革中的问题、难点及对策"，载《中国农村经济》1994 年第 10 期。

民事纠纷的案件，最高人民法院出台的司法解释已经明确其诉讼主体地位。在大多数地区，村民委员会或者村民小组事实上掌握着农村集体资产的经营管理权，且村民委员会成员大多兼任农村集体经济组织经营管理人员的职务。交叉任职极易形成内部人控制的局面，进而使股份经济合作社为少数管理层人员所控制经营，也必将损害了股东应有的权益。因此，对管理权的有效制约显得尤为重要。集体经济组织采取公司化的治理方式，其目标是构建基层群众性自治组织不同的内部产权治理机制，要尽量减少甚至消除村民委员会成员兼任集体经济组织内部管理岗位的现象，厘清村民委员会作为自治组织和农村集体经济组织作为产权组织的本质差异。

（3）建立内部监督机制。信息公示制度是监督机制得以建立的前提。囿于集体成员信息的有限性以及获取信息渠道的狭隘性，信息获取并不容易。股份经济合作社的管理者非常熟悉集体内部的经营信息，但股东固有的信息不对称劣势严重影响其对经济合作社运行情况的了解，对董事或理事等经营管理人员的工作情况难以充分了解和有效监督。根据经济学的委托代理理论，如果不能针对信息不对称问题采取有效措施，极易引发内部管理人员的"道德风险"，从而损害在信息获取中处于弱势地位的一方当事人的合法权益。要减少经营管理人员的道德风险，就必须对经济合作社的活动进行有效监督，信息不对称性突出，股东约束成本就越高。信息不对称问题的解决对强化内部监督机制具有重要意义，必须建立信息公开、公示制度，使股东的知情权和民主监督权得到充分保障，让集体成员可以轻松掌握股份经济合作社的运营情况和经营管理人员的履职情况，进而保障股东更好地行使共益权。

5. 逐步赋予各项股权具体权能

依据"权能分离理论"，完整赋予股权各项权能是集体所有权应然的本质含义。十八大提出赋予六项股份权能，但实际改革中成员往往只享有占有和收益的权能，其他如股权质押、有偿退出及股权继承等权能却未能得到充分实现。如果集体成员不能充分享有完整的股份权能，其成员合法权益的实现也必然是不完整的。其一，要出台专门的《农村集体经济组织法》，将股份权的各项权能以立法形式明确下来，实现股份化改革过程中有法可依。其二，增强股权的可流转性。有的学者主张股份权可以进行有限流转，即对股份权的流转进行一定限制。有的学者主张股份权不能流转，原因是股份权的流转可能冲击集体所有权。从法律逻辑上说，《物权法》第128条确立土地承包经营权流转制度，既然土地承包经营权可以流转，在集体资产量化到个人的情况下，当然可以允许其股份权流转。因此，为了更好地保护农村集体经济组织成员权，理应在允许集体成员在集体内部实现股份权的自由流转，并逐渐将股份权的对外流转范围予以扩大。保障集体股份权的完整性和稳定性，能够激发集体成员行使股份权的积极性。[①] 其三，在对股权进行静态管理的同时，应当解决好与新增人口成员权之间的矛盾。目前，很多地方采取股权静态管理模式，即"确权到人，按户管理，生不增，死不减"。但是，由于对因婚嫁、出生等新增人口并不动态赋予股份，这种管理模式显然与新增人口之间容易发生利益冲突。对尚不适合推进股权固化的地区，可以根据本地情况对股权管理模式做出适当性调整。但是，为了确保股权权能的完整性，真正充实集体成员股权，应当逐渐推进针对股权的静态管理模式。

（三）完善农村集体资产股份化改革的相关救济机制

1. 完善集体内部救济机制

解决股份化改革过程中诸多侵犯集体成员权益的问题，首先应当建立健全集体内部救济机制。股东救济权是集体成员权的重要组成部分，当集体成员的合法权益受到侵害时，股东应当可以诉诸司法救济。目前，农村集体经济组织取得特别法人的身份，法律主体资格被重新定位，取得集体成员资格的自然人应当成为享有股权的成员股东。内部的权利救济机制是股东权益受到侵害时的重要屏障。具体而言，当集体成员的股东权益受到侵害时，自力救济往往是最便利的选择，即依照《村民委员会组织法》和有关章程的规定向组织内部机构寻求救济。

按照权益侵害者的身份，可以将纠纷分为以下三类：第一类是因成员股东损害其他股东权益而产生的纠纷；第二类是因股东损害集体权益而产生的纠纷；第三类是因集体侵害股东权益而产生的纠纷。目前，实践中比较突出的纠纷主要是第一类和第三类。对于第一类成员股东侵害成员股东合法权益引起的纠纷，可以首先采用协商解决的方式。如果调解未果，可以向村民委员会或者农村集体经济组织寻求调解，后者应当基于中立者角色消弭争议。第三类是因集体侵害股东权益而产生的纠纷，对此有必要严格追究特定侵权人的法律责任或内部责任。

2. 完善司法审查救济机制

集体组织成员股东可以以自己的名义直接提起诉讼，包括提起直接诉讼和派生诉讼机制。直接诉讼是集体成员为了维护自己的合法权益而以自己的名义向人民法院提起诉讼。派生诉讼即代表诉讼，是集体成员为了维护农村集体经济组织的合法权益而以自己的名义向人民法院提起的诉讼。农村集体经济组织与其成员之间的关系，类似公司与其股东之间的关系，可以借鉴公司法中有关

---

① 邓纲："我国农村产权抵押融资制度改革的问题与前景"，载《农业经济问题》2010 年第 2 期。

股东权利救济机制的有关规定。对此，后文将予详述。目前，集体成员股权纠纷大多归类于侵害集体经济组织成员权益的案由。但是，司法实践中有相当比例的法院认为农村集体经济组织与其成员之间的纠纷不属于平等主体之间的民事纠纷，因而拒绝司法介入。实质上，这是对没有将两者关系置于团体法语境下而对其私法属性产生的误判，此类纠纷应当纳入民事诉讼受案范围，并通过民事诉讼程序集体成员提供有效救济。

3. 完善行政审查救济机制

在农村集体资产股份化改革的初期，政府推动是各地改革得以顺利进行的重要力量，亦对保障股份经济合作社的可持续性发展具有重要作用。

目前，由于司法救济渠道具有周期长、成本高和不确定性大等特点，受侵害的集体成员一般更倾向于选择通过非诉方式解决纠纷。行政调解、行政裁决、行政复议等非诉方式在解决集体成员权益纠纷中具有自己的独特优势。行政审查是非诉方式的一种，其最大优势是程序方便快捷。可以在各改革地区探索建立行政审查制度，以节约集体成员维护自身权益所耗费的时间成本和司法成本，更加快速有效地解决股份化改革纠纷。对于农村集体经济组织与其成员之间的纠纷，包括集体成员资格确认等，应当允许集体成员向有关行政部门寻求行政救济，由行政部门进行裁决，有关行政部门不得推诿或拒绝。

第六章
农村集体经济组织成员
集体收益分配权问题

集体收益分配权是集体成员权的核心权能之一。党的十八大报告首次明确提出，要依法维护"集体收益分配权"。由于我国农村集体资产股份化改革尚处于持续推进的过程中，因此集体收益分配权在实施改革的地区主要表现为集体资产股份收益权，在其他未实施改革的地区仍然表现为传统意义上的集体收益分配权。从立法层面确立集体收益分配权，对直接提高集体成员的财产性收入、消除农民集体与集体成员之间的利益冲突、激发集体成员的积极性，实现集体资产增值都具有重要意义。无疑，面对存量规模庞大且必将持续增加的农村集体资产，如何分配其收益以使广大农民切实享受到实际利益是当前亟待解决的重大课题。

一、农村集体经济组织成员集体收益分配权的法理分析

（一）集体收益分配权的法律内涵

顾名思义，集体收益分配权就是集体成员享有对集体收益进行分配的权利。[1] 有的学者认为按股分红即为集体收益分配权的表现。[2] 有的学者将其称为集体资产股份收益权，即集体成员根据所持股份对集体收益进行分配的权利。[3] 有的学者则直接称其为"农民集体资产股份权"。[4] 集体成员各自所持股份是对

---

[1] 张安毅：“户籍改革背景下农民集体所有权与收益分配权制度改造研究”，载《中国农业大学学报（社会科学版）》2015 年第 2 期。

[2] 黄美珍：“农村集体经济收益分配机制的思索”，载《农业与技术》2015 年第 11 期。

[3] 韩松：“论农民集体成员对集体土地资产的股份权”，载《法商研究》2014 年第 2 期。

[4] 李德勋等：“‘村—社’自治背景下农村股份合作社股权结构优化”，载《江苏社会科学》2017 年第 3 期。

其具有参与集体收益的分配资格以及具体分配数额的证明。尽管学者们对于集体收益分配权的具体名称意见各异，但他们所定义的集体收益分配权在本质上是相同的，即集体收益分配权就是集体成员参与分配集体收益的权利。但是，农村集体资产股份收益权并不完全等同于集体收益分配权，前者仅仅是后者的内容之一。

实践中，集体收益分配权也不仅表现为农村集体资产股份收益权这一种形式，还存在很多其他多种形式。值得注意的是，农村集体资产股份收益权在众多表现形式中有其显著优势。农村集体资产股份收益权以股份形式将数额确定下来，使得集体资产得以明确，这种形式使农民的集体收益分配权得到真正落实，农民能够真正获得收益。当前，我国处于全面推行农村集体资产改革的进程中，让集体收益分配权通过集体资产股份收益权这种形式得以落实是大势所趋。[1]

从特征上考量，集体成员权具有专属性、平等性、人身性、财产性等，同时受到私法和公法的双重调整。集体成员权包含集体收益分配权，前者具有的特征后者同样具有。集体收益分配权的专属性体现在该权利的主体上，它是由集体成员享有的集体组织收益进行分配的权利。集体收益分配权的平等性体现在具备集体成员资格的农民一律平等地享有对集体收益进行分配的权利。集体收益分配权的私法属性主要体现在集体成员有权决定分配方案。实践中，集体成员通常通过表决的形式决定如何进行收益分配。集体收益分配权的公法属性体现在当集体成员的集体收益分配权受到村民委员会或者政府等侵害时，集体成员相对于村民委员会、政府等机构明显属于弱势群体，因此，当其权利受到侵害时，往往很难顺利维权，最终导致成员集体收益分配权落空，极有可能引发群体性矛盾，严重影响社会秩序。因此，需要辅以公力救济为集体成员的收益分配权提供法律武器。

集体收益分配权还兼具人身性和财产性。集体收益分配权的人身性和财产性不同于土地承包经营权以及宅基地使用权，后者属于所有权体系下的用益物权，前者是专由集体成员所行使的财产权利，是一种期待权和请求权。[2]集体收益分配权的人身性主要体现在权利的主体上。集体收益分配权只有农村集体经济组织成员才能享有，因此，首先应当从形式和实质两个方面对成员资格进行判断，如结合户籍、经常居住地等。集体收益分配权的财产性体现在权利的

---

① 应秀良："农村集体经济收益分配规则研究——兼论社员资格的取得与丧失"，载《人民司法》2016 年第 10 期。

② 申亮等："农村集体收益分配权研究"，载《安徽农业科学》2013 年第 22 期。

客体上，即集体收益。集体收益主要来源于两个方面，一是由集体经营活动产生的收益，二是因集体固有资产产生的收益，如土地补偿款、安置补助费、土地租金收入、乡镇企业收益、福利分红等。成员行使集体收益分配权的方式是成员向集体提出分配收益的请求，由此可见，集体收益分配权是一项请求权。但是，集体成员真正取得收益必须建立在集体有收益且收益的集体分配方案得以确定的情况下才有可能，因此又是一项期待权。集体成员是集体经济组织中的个体，对农村集体财产享有所有权，所有权通过分配集体收益得以实现，实质上是财产所有权的一项权能。我国当前关于案由的规定中，没有"集体收益分配权纠纷"，最高人民法院把涉及集体收益分配权的纠纷纳入所有权项下的三级案由"侵犯集体经济组织成员权益纠纷"，也体现了集体收益分配权的财产性。

（二）集体收益分配权的构成要素

1. 集体收益分配权的主体

从上述关于集体收益分配权的定义可以看出，学界对于集体收益分配权的主体是农村集体经济组织成员这一观点是没有争议的。但是，如何认定是否属于农村集体经济组织成员立法上并没有明确的规定。学界对于成员资格的认定问题众说纷纭，提出了各种观点，大部分学者支持以户籍为认定标准，根据户籍认定是否具有成员资格进而享有集体收益分配权。[1] 然而，当前我国户籍制度改革已经导致不宜单纯以户籍标准认定集体成员资格。目前，集体成员资格认定纠纷所引发的矛盾也日益增多，[2] 特别是对于外迁户、大中专学生、外嫁女等特殊群体的资格争议尤甚。比如，外嫁女在出嫁后是不是当然地丧失出嫁地的集体成员资格？出嫁后是不是具备嫁入地的集体成员资格等问题。实践中，有的村集体以村规民约的形式确定"出嫁即丧失主体资格"，但是，目前对于这种主张没有没有明确的法理基础予以支撑，其合法性还有待考量。[3] 梳理司法案例不难发现，外迁户、离婚、丧偶者、空挂户等这些特殊群体恰恰是最容易引发集体成员资格认定纠纷的一类主体。因此，在对上述特殊主体进行成员身份认定时，应当以户籍标准作为认定的基础标准，重点结合基本生活保障这

---

① 王利明、周友军："论我国农村土地权利制度的完善"，载《中国法学》2012年第1期，第52页。

② 张安毅："论农民集体经济组织成员权救济的立法完善"，载《广西警察学院学报》2017年第6期。

③ 应秀良："农村集体经济收益分配规则研究——兼论社员资格的取得与丧失"，载《人民司法》2016年第10期。

一标准，着重考虑其实际生活条件，以维持其基本生计为底线。鉴于某些特殊情况，有的农民即使其户籍不属于本集体，也可以认定其集体成员资格，进而享有集体收益分配权。特殊群体适用特殊标准，充分保障特殊群体的集体收益分配权，有利于缓和农民矛盾，维持农村稳定。

2. **集体收益分配权的客体**

集体收益分配权的客体是集体收益，即可供分配的集体财产。一是由集体经营活动产生的收益，二是因集体固有资产产生的收益，如土地补偿款、安置补助费、土地租金收入、乡镇企业收益、福利分红等。[①] 1982 年通过的《全国人大常委关于批准〈国家建设征用土地条例〉的决议》中规定，土地征用的补偿款包括在集体收益内，《土地管理法（1986）》已经将其废止。我国现行法律中没有对于集体收益具体内容的规定。自上述条款废止后，关于集体收益是否包含土地征用补偿款的争论一直不断。有的学者根据集体收益的来源把集体收益分为补偿类收益和经营性收益：补偿类收益主要包括土地征收补偿费、征收或征用村集体的房屋林地等获得的收益，其中土地征收补偿费比较常见；经营性收益包括出租村集体资产获得的收益和村办企业日常经营获得的收益。[②] 基于上述分类，对不同的收益应采取不同的分配方式和救济方法。具体来说，补偿类收益要考虑补偿的特殊属性基于补偿原则在遵循法律规定的前提下制定分配方案；经营性收益的分配方案则通过召开村集体大会的方式由集体成员按照法律规定的程序进行表决来确定。同时，土地征收补偿费的分配规则由征收单位制定，如补偿标准以及数额等。村集体只对经营性收益享有完全的支配权，对于土地征收补偿费的分配方案则无权参与制定。还有的观点认为，土地征收补偿费不应该被归入集体收益范围内，因为土地征收补偿费是给予因征收土地造成损失的农民的经济补偿，并不是完全归属于集体。实际上，这种观点对集体收益范畴的理解产生了错误认知。土地征收补偿款作为集体收益的一部分当然是归属于集体经济组织的收益，但是在进行具体分配时，应该首先弥补土地被征收人的损失，如对剩余承包年限的土地承包经营权的补偿费、地上附着物及青苗补偿费等。弥补损失后剩余的土地征收补偿费就可以完全纳入集体收益，由集体成员进行分配。

3. **集体收益分配权的内容**

集体收益分配权是由集体成员享有的一项自益权，具体内容为成员向集体

---

① 申亮等：“农村集体收益分配权研究”，载《安徽农业科学》2013 年第 22 期。
② 应秀良：“农村集体经济收益分配规则研究——兼论社员资格的取得与丧失”，载《人民司法》2016 年第 10 期。

请求分配收益的权利和最终实际获取收益的权利。分配权与股东分红请求权具有同一属性，因此其可以类比股东分红请求权。[①] 如果在推行股份合作制改革的村组，集体收益分配权又可以以一种更具优越性的途径来实现，即通过农民集体资产股份权的形式实现，这项权利的内容由集体收益分配请求权、新股优先认购权构成，以请求权或形成权的形式落实。集体成员享有集体收益分配权也就意味着同时具有制定、表决集体收益分配方案、选举集体资产管理者的权利等。集体成员通过投票等形式来行使上述权利，是集体收益分配权人身性与财产性的体现。[②] 法律应当明确集体收益分配权的具体内容，集体决议或团体章程对此也应当予以明确，当然，权利内容应当符合法律规定。虽然从程序上决议或者章程的通过不需要全体成员的一致同意，但是一旦决议和章程经过确定，全体成员都必须严格遵守。集体成员既是权利的享有者，也是义务的承担者，如提供劳务为集体创造公共产品等。

（三）集体收益分配权的价值分析

集体收益分配权是由集体成员所享有的向集体请求分配收益和实际获取收益的权利。权利的存在必须有价值依据。权利主体包括个人、群体、社会等，对权利的价值进行研究应该从权利主体的需要开始。[③]

1. 保障集体成员的利益

权利设定要有价值首先必须使正义得到实现，因此集体收益分配权的设定对于集体中的每个成员都应无差别地公平对待。[④] 基于历史唯物主义的逻辑，认定某一法律条文是否符合正义原则，要在其特定的历史背景下对其实施状况进行考察。集体收益分配权使得集体成员实实在在地获得了属于自己的那份收益，从而激发了他们加入集体资产运营的积极性，并想尽一切办法增加集体资产，进而使个体价值和社会价值都得到了充分实现。但是，村社内部管理人员滥用权力导致农民集体成员权受到侵害的现象屡见不鲜，集体成员的合法权益不能很好地得以维护，因此，应当完善集体收益分配权的法律法规，保障集体成员真正行使集体收益分配权。

2. 强化集体资产的经营

实践中由于集体成员的产权主体地位模糊，他们的利益需求不能得到充分

① 王保树、崔勤之：《中国公司法原理》，社会科学文献出版社1998年版，第168页。
② 赵汀阳：《每个人的政治》，社会科学文献出版社2010年版，第142页。
③ 孙国华：《法理学教程》，中国人民大学出版社1999年版，第96页。
④ 卓泽渊：《法的价值总论》，人民出版社2001年版，第101页。

满足，所以在对集体资产进行统一管理经营时，集体成员个体倾向于采取消极冷漠的态度，生产经营的积极性不高，更不会关心集体财产的管理运营，由此导致集体资产的保值增值陷入治理僵局。在法律上对集体收益分配权予以确认，对集体收益分配权的权利内容加以明确，使集体成员清楚地知道自己享有的权利和承担的义务，可以提升集体成员的参与度和积极性，有利于集体成员主动参与到集体资产的运营管理活动中，促进农村集体经济的发展壮大。

3. 化解集体收益分配纠纷

我国当前的总体立法趋势是，农村地区自治权内容越来越广泛，但是自治权监督机制与自治权实施机制尚不匹配，导致村民自治权的滥用现象较为普遍。集体收益分配纠纷是由此导致的主要问题。集体收益分配方案由村民会议采用多数决的形式共同制定，结果只要满足大多数人的利益即可，但是，这种符合大多数利益的结果极易导致"多数人暴政"，严重损害少数人的利益。如前所述，集体收益分配权具有正义价值和秩序价值，个人利益和社会利益的冲突不超过秩序范畴是保障社会生产有序进行的底线，主要通过国家和法律的权威以及物质后盾得以实现。权利自身所固有的稳定合理的制度化性质产生了权利的秩序价值，国家权力的行使受到个人权利的限制和制衡，合理限制和适度干预使得国家权力与个人权利得以平衡，国家权力因此获得介入的合法性。集体收益分配权的社会价值体现在主体行使权利时需要的工具性价值，如公民权利的确认和实现，对收益的无差别分配进行保障、避免权力对权利或者权利对权利的侵害、维护社会共同价值。集体成员无差别地享有集体收益分配权，对农村中"重男轻女""熟人社会"的现象形成极大冲击，有助于改变农民群体这种落后的认识。农村社会的稳定有赖于集体收益分配权的设立、行使和救济，当集体成员的集体收益分配权无法实现的时候，集体成员应当能够找到合法的救济途经来维护自己的合法权益。

二、农村集体经济组织成员集体收益分配权的实证分析

（一）集体收益分配权的规则梳理

集体收益分配纠纷是指集体收益分配权受到侵害而产生的各种纠纷。对此，我们需要从司法实践的真实样态入手，结合现行立法或政策关于集体收益分配权的规定，寻找有关集体收益分配权的法律盲区，进而通过制定专门法律完善集体收益分配权的相关规则。

1. 全国性规则梳理

2012 年，党的十八大报告首次明确提出，要依法维护"集体收益分配权"。2014 年，《国务院关于进一步推进户籍制度改革的意见》也提到了"集体收益分配权"。① 2016 年 11 月 26 日，中央出台《中共中央国务院关于稳步推进农村集体产权制度改革的意见》，作为指导农村集体产权制度改革的总纲领，该文件对集体经营性资产的管理主体、集体经济组织管理集体资产的方式以及保证集体成员的股权收益等内容进行了规定。

可以看出，虽然集体收益分配权属于农民集体成员权的一部分，但是集体收益分配权却很少出现在正式的法律法规中。这样的立法现状和农村改革的发展进程有很大关系，经过 2014 年户籍改革，特别是党的十八届三中全会正式提出农村集体资产改革，要积极保障集体成员的集体收益分配权，随之"集体收益分配权"在很多行政规范性文件中开始频繁出现。然而，上述立法对于集体收益的具体内容和分配规则等依然没有涉及。土地承包方案是召开集体成员大会由本集体成员集体讨论最终得以确定，但是集体收益分配方案如何确定法律却没有明确。法律明确规定土地补偿费属于农民集体，但是对于这笔费用如何在集体成员中进行具体分配也没有说明。过多的立法空白导致农民之间、农民和集体之间对于如何分配土地补偿款争议不断。②

2. 地方性规则梳理

梳理我国目前关于集体收益分配权的相关规则，所涉规定大部分都是地方性规定。在地方性规定中，对于集体收益分配权的专门规定仅仅涉及对集体收益进行分配时所应当遵循的基本原则和程序、着重强调集体成员依照法律规定享有集体收益分配权。其内容主要包括：一是为了配合户籍制度改革，因此，把户籍作为认定是否属于集体成员的单一标准不具有完全的合理性和可行性。因户籍改革而在城市落户的农民依然能够拥有集体成员的权益，集体收益分配权配合户籍制度的变化促进农村人口向城镇流动。比如南京明确排除户籍标准，吉林省、苏州市对进城落户的农民并不认定自动丧失集体收益分配权。二是对集体收益权的丧失规则予以明确。比如，吉林省规定，农民获得城镇居住许可

---

① 《国务院关于进一步推进户籍制度改革的意见》（国发〔2014〕25 号）规定："（十二）完善农村产权制度：土地承包经营权和宅基地使用权是法律赋予农户的用益物权，集体收益分配权是农民作为集体经济组织成员应当享有的合法财产权利。……进城落户农民是否有偿退出'三权'，应根据党的十八届三中全会精神，在尊重农民意愿前提下开展试点。现阶段，不得以退出土地承包经营权、宅基地使用权、集体收益分配权作为农民进城落户的条件。"

② 张安毅："户籍改革背景下农民集体所有权与收益分配权制度改造研究"，载《中国农业大学学报（社会科学版）》2015 年第 2 期。

并在地级市以下城镇落户并不自动丧失集体收益分配权。[1] 三是关注特殊群体的集体收益分配权。河北省、江苏省苏州市等地对外出务工人员等特殊群体的集体收益分配权进行特殊保障，吉林省、浙江省规定无论男女均无差别地享有集体收益分配权，并在地方立法中强调保障妇女群体的集体收益分配权。四是对集体收益分配权的基本内容作出详细规定，具体包括集体收益的分配方式、分配权的行使方式和行使程序等。关于集体收益的分配方式，上海市设立股份合作社，将合作社的股权分配到集体成员个体，再依据股权分配集体收益，进而形成长期有效的集体收益分配机制。[2] 浙江省规定把土地征收征用补偿款等集体收益纳入股份经济合作社的股本中，集体成员依其所占股份取得集体收益。关于集体收益的分配程序，南京市明确规定对集体收益进行分配要合法、合理。黑龙江规定了对独生子女家庭和农村计划生育双女家庭的集体收益分配权的重点保障，有利于从实质意义上更好地实现社会公平。

涉及收益分配权的地方性规定虽然不尽相同，但基本上顺应了户籍制度改革与集体资产股份制改革的大趋势，户籍不能作为认定享有集体收益分配权的唯一标准。[3] 同时，强调对特殊人群的集体收益分配权的特殊保障。有的地方性规定提出对集体收益的分配范围、顺序以及比例要进行明确，但是如何明确并没有做出具体规定。

3. 地方性司法政策梳理

关于集体收益分配权的立法规定过于模糊，导致实践中法院对集体收益分配权纠纷的审理成为难题。各省高级人民法院基于立法目的、立法精神颁布了集体收益分配权纠纷的指导意见，内容主要包含集体收益分配权的司法审查、集体收益分配规则的效力认定、集体成员资格认定、特殊群体集体收益分配权的确认和保障等。

---

[1] 《南京市人民政府关于进一步做好为农民工服务工作的实施意见》（宁政发〔2015〕272 号），《苏州市人民政府关于进一步推动为农民工服务工作的实施意见》（苏府〔2016〕16 号）。

[2] 《上海市农业委员会关于印发〈关于完善本市村级集体经济组织收益分配制度的指导意见〉的通知》（沪农委〔2012〕105 号）。

[3] 《国务院关于进一步推进户籍制度改革的意见》（国发〔2014〕25 号）明确要求："土地承包经营权和宅基地使用权是法律赋予农户的用益物权，集体收益分配权是农民作为集体经济组织成员应当享有的合法财产权利。加快推进农村土地确权、登记、颁证，依法保障农民的土地承包经营权、宅基地使用权。推进农村集体经济组织产权制度改革，探索集体经济组织成员资格认定办法和集体经济有效实现形式，保护成员的集体财产权和收益分配权。建立农村产权流转交易市场，推动农村产权流转交易公开、公正、规范运行。坚持依法、自愿、有偿的原则，引导农业转移人口有序流转土地承包经营权。进城落户农民是否有偿退出'三权'，应根据党的十八届三中全会精神，在尊重农民意愿前提下开展试点。现阶段，不得以退出土地承包经营权、宅基地使用权、集体收益分配权作为农民进城落户的条件。"

(1) 集体收益分配权的司法介入。梳理各省高级人民法院有关集体收益分配权的具体规定发现，地方规定既有合理之处亦有不足之处。其中，是否受理此类纠纷、集体收益分配纠纷是否包括土地补偿款分配纠纷等仍然没有形成统一做法。2001 年最高人民法院在答复地方的请示中明确，集体收益分配纠纷属于平等主体之间的民事纠纷，应当予以受理。① 重庆市高级人民法院对集体收益分配纠纷作出专门规定，明确要求法院应当受理此类纠纷。② 陕西省高级人民法院也作出了类似规定，明确法院应当受理集体收益分配纠纷，土地征收补偿款分配纠纷应当包括其内。③ 因农村集体经济组织未制定分配方案或未作出分配决议、方案或决议决定不分配或者只进行部分分配的情形而引起的集体收益分配纠纷，集体成员向人民法院提起诉讼，请求对集体收益进行分配或者对分配数额进行增减时，最高人民法院以及陕西、广东、福建等地方省高级人民法院的相关意见均明确不受理此类纠纷。除此之外，陕西省高级人民法院认为，不属于法院受理范围的事项还包括因为计划生育奖罚而产生的集体收益分配纠纷等。④

---

① 《最高人民法院研究室关于人民法院对农村集体经济所得收益分配纠纷是否受理问题的答复》（法研〔2001〕51 号）。该答复指出："农村集体经济组织与其成员之间因收益分配产生的纠纷，属平等民事主体之间的纠纷。当事人就该纠纷起诉到人民法院，只要符合《中华人民共和国民事诉讼法》第 108 条的规定，人民法院应当受理。"

② 《重庆市省高级人民法院关于审理农村集体经济组织收益分配纠纷案件的会议纪要》（渝高法〔2009〕161 号）。该纪要指出："因集体经济组织收益分配发生的下列纠纷，人民法院应予受理。(1) 因土地补偿费分配发生的纠纷；(2) 因土地流转收益分配发生的纠纷；(3) 因其他集体财产征收或经营产生的收益分配发生的纠纷；(4) 因安置补助费、地上附着物和青苗补偿费分配发生的纠纷。"

③ 《陕西省高级人民法院关于审理农村集体经济组织收益分配纠纷案件若干问题的意见》，2016 年 2 月 1 日。该意见第 1 条规定："人民法院受理以下农村集体经济组织成员与其所在的集体经济组织因集体经济组织收益分配发生的纠纷：（一）因土地补偿费分配发生的纠纷；（二）因安置补助费分配发生的纠纷；（三）因集体资产经营等收益和其他收入分配发生的纠纷。"

④ 《陕西省高级人民法院关于审理农村集体经济组织收益分配纠纷案件若干问题的意见》，2016 年 2 月 1 日。该意见第 3 条规定："当事人依照民事诉讼法第 108 条规定和本意见第 1 条规定起诉的，依据下列不同情形，法院分别予以受理或不予受理：（一）1999 年 1 月 1 日新修订的《中华人民共和国土地管理法》实施以前，农村集体经济组织成员与农村集体经济组织因农村集体经济组织收益分配发生的纠纷，向人民法院提起诉讼的，人民法院不予受理；该法实施以后，农村集体经济组织成员与农村集体经济组织因农村集体经济组织收益分配发生的纠纷，向人民法院提起诉讼的，人民法院应予受理。（二）农村集体经济组织成员因涉及计划生育奖罚而发生的收益分配纠纷向人民法院提起民事诉讼的，人民法院不予受理。（三）当事人对行政机关所作出的关于农村集体经济组织收益分配处理决定不服，以行政机关为被告向人民法院提起诉讼的，不作为民事案件受理。（四）农村集体经济组织收益是否分配由农村集体经济组织或者村民委员会、村民小组依照法律规定的民主议定程序讨论决定。决定对全体成员不分配或者决定分配总额的，该集体经济组织成员请求分配或者请求增减分配总额的，人民法院不予受理。"

（2）集体收益分配方案的效力认定。应否及如何对集体收益分配方案进行司法审查，地方法院普遍没有进行明确规定。从已经作出规定的少数地方法院来看，如重庆市高级人民法院、① 陕西省高级人民法院，② 一般都认为应当对集体收益分配方案进行司法审查并主要根据两个标准进行效力认定。第一，集体收益分配方案的制定应当遵循民主议定程序。即主要通过召开村民会议的方式，由村民按照多数决原则对分配方案进行投票表决，达到法定足额数即为方案通过。③ 村民所签放弃集体收益分配的保证书或者协议书不符合法定程序，与集体成员通过法定程序投票表决形成的集体收益分配方案相比，保证书或协议书的效力较低。因此，应当依据现行《民法通则》《合同法》等规定对保证书或协议书进行司法审查。第二，集体收益分配方案的内容应当符合宪法、法律、法规的规定，同时应当符合相关国家政策的要求。集体成员的合法权益受法律保护，任何组织和个人不得侵犯，特别是对特殊人群权益的保护更不容忽视。陕西省高级人民法院对特殊群体的集体收益分配权进行了较为详细的规定，如外嫁女、离婚丧偶者、入赘女婿、被收养子女、大中专学生、服现役的初级士兵、义务兵都属于特殊群体，对其集体收益分配权进行重点保护。同时明确，农村居民与城镇居民结婚后，非因个人原因农村居民的户籍依然保留于原村且本人还在户籍所在地生产、生活，其应当具有集体收益分配权的，因其集体收益分配权被剥夺而引起纠纷向人民法院提起诉讼请求判决其享有集体收益分配权，人民法院应当支持其诉请，这实际上关系到集体收益分配权的主体资格认定问题。

（3）集体成员资格认定。如前所述，对于集体成员资格认定问题的规定，现行法律还没有明确规定，导致司法实践中法院在对集体成员资格进行认定时

① 《重庆市省高级人民法院关于审理农村集体经济组织收益分配纠纷案件的会议纪要》（渝高法〔2009〕161号）。该纪要指出："17. 当事人对农村集体经济组织收益分配方案提出异议的，应审查其效力。作出的分配方案未经民主议定，或者民主议定的程序和内容不符合《村民委员会组织法》、《农村土地承包法》以及《物权法》的规定，损害集体经济组织成员合法权益的，不作为收益分配的依据。""18. 农村集体经济组织作出的分配方案被确认不作为分配依据的，可以判决集体经济组织在一定期限内重新作出分配方案。农村集体经济组织仍坚持不变，当事人再次起诉的，人民法院可以直接对原分配方案进行变更调整。"
② 《陕西省高级人民法院关于审理农村集体经济组织收益分配纠纷案件若干问题的意见》，2016年2月1日。该意见第8条规定："人民法院审理农村集体经济组织收益分配纠纷，应审查农村集体经济组织作出的收益分配方案。"第9条规定，"收益分配方案符合下列要求的，确认有效。（一）分配方案的内容不与宪法、法律、法规和国家政策相抵触；部分抵触的，抵触部分无效，其他部分有效；（二）分配方案经村民会议、村民代表会议民主议定产生，符合民主议定程序；"
③ 《最高人民法院关于审理涉及农村土地承包纠纷案件适用法律问题的解释》（法释〔2005〕6号）第27条，《村民委员会组织法》第28条。

于法无据，无从下手。① 贵州省高级人民法院认为人民法院应该以村民大会作出的决定为前提，在享有收益分配权的集体成员中对其进行资格认定。② 关于是否将以土地为基本生活保障作为对集体成员资格认定的基本标准，各省高级人民法院的规定也存在分歧。海南省高级人民法院规定政府确定征地补偿安置方案的时候，要将以土地作为基本生活保障的标准作为基本标准，以户籍标准、固定生产生活关系标准等作为辅助标准对其进行认定。重庆市高级人民法院和福建省高级人民法院也将"以土地为基本生活保障"作为判定集体成员资格的基本标准。重庆市认为对集体成员资格的断定要从实质和形式两方面考察，实质上就是要考虑是否以土地为基本生活保障这一要素，形式上就是要考虑户籍、经常居住地等要素。福建省高级人民法院认为对集体成员资格进行认定时必须考虑其以土地为基本生活保障的标准。

从上述规定看出，各省高级人民法院对于集体成员资格的认定标准存在较大差异，特别是对特殊群体是否享有集体收益分配权，更是存在较大分歧。司法实践中外嫁女的集体收益分配权受到侵害的现象非常普遍，纠纷频发的现实导致在没有明确法律规定的情形下为了解决纠纷而出现众多不同的相关规定。外嫁女是否具有集体成员资格应当结合其是否在本集体内部长期固定地生活并进行生产活动来判断，外嫁女并不因其婚姻缔结而自动丧失集体成员资格。③陕西省高级人民法院认为，如果外嫁女婚后户口没有迁出，本人仍在原集体内生产生活，同时不享有婚姻所在地的集体收益分配权，则该外嫁女依然属于原集体成员；海南省高级人民法院提出户籍没有迁移，但是如果分配到了土地征收补偿费，便不再属于原集体成员；重庆市高级人民法院认为如果出嫁女在出嫁地有固定的生活生产活动，则出嫁女应当享有嫁入地的集体收益分配权。如果本人与配偶都外出，其也属于嫁入地的集体成员。可以看出，虽然都是基于对外嫁女的集体收益分配权进行保护，但是各地的具体认定标准都不尽相同。共同点包含两个方面，一是着重确定特殊群体应该属于哪一集体的成员以此来享有其集体收益分配权，二是着重确定特殊群体在哪个集体有固定的生产生活。对于离婚或丧偶者应该在哪一集体享有集体收益分配权这一问题，福建省高级人民法院认为应当根据其当前的户籍所在地来确定其属于哪一集体的集体成员。

---

① 《江苏省高级人民法院关于执行〈中华人民共和国农村土地承包法〉和〈最高人民法院关于审理涉及农村土地承包纠纷案件适用法律问题的解释若干问题的意见〉的通知》（苏高法审委〔2006〕17号）。

② 《贵州省高级人民法院关于审理涉及农村土地承包纠纷案件的指导意见》，2007年7月16日。

③ 《福建省高级人民法院关于审理涉及农村土地承包纠纷案件疑难问题的解答》，2012年2月23日。

重庆市高级人民法院提出，外嫁女在离婚后依然拥有原村户籍，同时重新分配到承包地的依然属于原集体的集体成员。"空挂户"是指受利益所驱没有在集体内实际生活生产，只是户籍在该集体内的主体。实践中，从其初始目的进行考量，一般不将该主体纳入享有集体收益分配权的范围内。但是，这种处理方式往往极易引发纠纷，尤其是该主体曾与集体签订同等待遇协议时导致司法认定比较困难。随着城镇化的快速推进，现实中"空挂户"的现象愈加普遍，应当对"空挂户"问题如何处理作出明确规定。

（二）集体收益分配权纠纷的司法检视

随着农村集体产权制度的改革步伐日益加快和改革程度的逐渐深化，因集体收益分配权主体认定问题引发的纠纷越来越多。根据中国裁判文书网相关案例的统计结果发现，2011～2016 年的 5 年时间里，侵犯集体收益分配权的相关案例的数量从 17 件增加至 613 件，这些案件主要是基于集体收益分配权主体认定不明确的问题使得集体收益分配权遭受损害而引发的纠纷。另外，在 2017 年的集体收益分配纠纷案件中，主要是关于土地补偿费用分配的纠纷。在司法实践中，土地补偿费用应包含在集体收益内得到了 74% 的判决结果支持。

1. 受理情况

司法实践中，对于该类案件通常情况下人民法院都会予以受理，有大约 3% 的案件被人民法院驳回起诉。驳回起诉的人民法院认为，应该由当地人民政府依照法律法规认定集体成员资格，进而确定其是否享有平等的集体收益分配权。被告未将原告纳入集体成员范围，造成其不享有集体收益分配权，原告的合法权益受到侵害，被告应当承担赔偿责任。[①] 梳理法院驳回诉请的案情及判决结果，可以将法院的驳回理由大致归为以下四类：第一，这类案件属于村民自治的范畴。比如，因对集体成员资格认定和分配数额确定等问题直接关系到农民切身利益，应当召开村民大会由村民民主表决。第二，这类案件应当通过行政诉讼程序予以解决。比如，对集体成员资格的认定和对集体收益分配方案的确定不是发生在平等民事主体之间的纠纷，因而不属于民事诉讼法的受案范围。第三，集体收益分配方案事关全部集体成员的利益，诉讼的原告应当是该分配方案的直接利害关系人，即集体经济组织成员或经济合作社的成员才是适格的原告，才能具有起诉资格。至于因剥夺成员资格的集体收益分配纠纷，则不属于法院受案范围。第四，法院审理集体成员资格认定纠纷在法律上没有明确根据。目前，对于集体成员资格认定的相关问题没有明确规定，人民法院的

---

① 佛山市三水区人民法院（2017）粤 0607 民初第 985 号。

审理于法无据，因此不应受理。

统计结果发现，坚持此类案件属于村民自治以及应该先通过行政程序是法院驳回起诉的主要理由。比如在叶某诉请土地补偿款一案中，被告因原告是外嫁女而拒绝对其分配征地补偿款，该案直接涉及集体成员资格的认定问题，间接涉及村民自治问题，法院以不是平等主体之间的纠纷，不属于民事诉讼法规定的受理范围为由驳回起诉。① 在潘某诉请土地承包经营权一案中，法院同样认为，不属于民事诉讼法规定的受理范围。② 有的法院根据《村民委员会组织法》"征地补偿费的分配方案"应该召开村民会议由村民进行讨论并作出决定的规定，确定纠纷不属于人民法院的受案范围，驳回起诉。③ 有的法院则明确集体收益分配方应该按照民主决议原则予以确定，属于村民自治的事项。④ 法院以"村民自治"为由驳回起诉在实践中占据多数。除此之外，有的法院按照《最高人民法院关于审理涉及农村土地承包纠纷案件适用法律问题的解释》第1条的规定，当事人就土地承包经营权类似案件提起诉讼的，法院应当向原告说明由行政主管部门负责，告知原告去行政主管部门寻求救济。⑤ 同时，有的法院主张对村民自治事务中不符合法律法规的事项的纠正属于乡、民族乡、镇的人民政府的工作范围。⑥ 如苏某等诉请集体成员资格一案中，法院认为应当请求当地行政机关对原告是否具有集体成员资格进行认定。⑦

总体而言，法院对此类案件的判决说理过于简单，缺乏充分的说理论证。比如前引潘某一案中，《最高人民法院关于审理涉及农村土地承包纠纷案件适用法律问题的解释》明确规定，按照地方性法规的规定原告亦应当享有集体收益分配权。村民自治事项明显违反法律法规的规定，人民法院对此应当予以纠正，并支持原告的诉讼请求。⑧ 当事人提供充分证据证明其享有集体收益分配权，法院应当予以认可，而不应当以属于村民自治范围或应当由行政部门处理为由驳回起诉最终导致原告权利的丧失。除此之外，强制要求通过"村民表决"方式确认原告的集体成员资格最终导致原告的集体收益分配权无法实现，是打着村民自治的幌子违反《民法通则》第5条和《物权法》第63条等相关

---

① 四会市人民法院（2015）肇四法立民初字第51号。
② 云浮市云城区人民法院（2014）云城法立民初字第4号。
③ 临汾市尧都区人民法院（2017）晋1002民初第1167号。
④ 山东省济宁市中级人民法院（2017）鲁08民终第37号。
⑤ 新疆维吾尔自治区高级人民法院（2015）新兵民申字第00106号。
⑥ 肇庆市鼎湖区人民法院（2017）粤1203行初第12号。
⑦ 龙门县人民法院（2017）粤1324民初第51号。
⑧ 云浮市云城区人民法院（2014）云城法立民初字第4号。

规定。《最高人民法院关于审理涉及农村土地承包纠纷案件适用法律问题的解释》并不能直接作为解决有关集体收益分配问题的直接依据，集体收益分配权纠纷应该纳入所有权纠纷，其与土地承包经营权纠纷有着本质区别。①

对于法院引用的第三个与第四个理由，更是于法无据。适格原告请求确认其属于经济合作社的成员，是该经济合作社的直接利害关系人。从判决理由的阐述上可以看出，少数法院对"与本案有直接利害关系"的理解出现偏差。司法实践中法院对集体收益分配权不予受理的处理及对不予受理理由的阐释，表明我国关于集体收益分配权的立法缺失及其导致的不利后果，对集体收益分配权纠纷的受理及审理问题予以明确是当前迫切的立法需求。

2. 审理情况

与"集体收益分配权"有关的案件自 2009 年开始出现，之后案件数量呈现逐年增长态势，至 2016 年此类案件已经达到每年 445 件。可以看出，这类案件的发生越来越普遍和频繁。与 2016 年相比，2017 年该类案件减少了一半多，出现这种现象，主要有两方面原因。一是因为 2017 年有些案件或是未结案或是已经结案但没来得及上传，二是因为与集体收益分配权有关的新政策的实施。在农村集体资产股份化改革中，集体资产被量化为股份，集体成员可以享有集体资产股份收益权。如此一来，农民的集体收益权得以实现，纠纷自然减少，如对集体收益分配权主体进行确认产生的纠纷、对集体收益分配不公平不合理引发的纠纷等都明显减少。

集体成员权包含集体收益分配权，其与土地承包经营权、宅基地使用权并存，但是土地承包经营权纠纷、宅基地使用权纠纷均列为最高人民法院规定的案由之一，对于土地承包经营权纠纷相关案由更是对其予以细化，但是对于集体收益分配权纠纷却未将其列为一个独立案由。以 2017 年集体收益分配权相关的 178 个案例作为分析样本发现，集体收益分配权纠纷的案由主要分布在侵害集体经济组织成员权益纠纷、承包地征收补偿纠纷、土地承包经营权纠纷、侵权责任纠纷、名誉权纠纷等。据统计，72% 以上的侵犯集体收益分配权的案件归入侵害集体经济组织成员权益纠纷之中，主要是由于集体成员权包含集体收益分配权。比如，有的法院认为土地补偿费应当归农村集体所有，农民对土地享有的是使用权，而非所有权。如果原告父母早已去世且该农户已经在被告村民组注销，原告自然不应享有集体收益分配权。② 有的案件中，法院按照承包地征收补偿费

---

① 临汾市尧都区人民法院（2017）晋 1002 民初第 1167 号。
② 佛山市三水区人民法院（2017）粤 0607 民初第 985 号。

分配纠纷审理，实际就是集体收益分配权引发的纠纷。① 有的案件中，原告起诉明确请求确认其集体利益分配权，当然属于集体收益分配权纠纷。②

3. 主要争议

通过梳理 178 个样本案例可知，集体收益分配权案件存在的问题主要有三：一是集体收益分配权纠纷的受理和审理范围；二是集体收益分配权主体资格的认定标准不明确，特别是特殊群体的集体成员资格问题；三是关于集体收益分配规则的效力认定标准模糊。集体成员资格认定问题由来已久。但是，法律至今尚无明确规定，由成员资格认定问题引发的集体收益分配权纠纷有增无减。在 2017 年，涉及集体成员资格认定案件占全部集体利益分配纠纷的 92%，由此可见，集体成员资格的认定依然是存在的主要问题。除此之外，集体收益分配规则效力的问题，应该通过召开村民大会的形式由村民表决确定分配方案。法院是否可以对集体收益分配方案的效力进行认定、如何进行认定等问题在我国立法中也没有涉及。

（三）集体收益分配权的法律问题

1. 大量纠纷未被受理

由于集体收益分配纠纷案件的民事案由尚未明确，各地法院对此类案件的处理存在较大差异。③ 和因土地补偿款数额引起的纠纷不同的是，集体收益分配纠纷是在平等主体之间发生的纠纷，完全符合《民事诉讼法》规定的受理条件，人民法院应当受理。④

关于集体收益分配权案件的司法审查权限不清晰，导致集体成员在权利受到侵害后的维权之路比较坎坷。"钟某等与肇庆市高要区金渡镇人民政府一案"中，法院认为三人的诉讼请求涉及道德事项，属于村民自治范围，法院无权进行处分，起诉不符合受理条件，法院最终未予受理。但是，当地政府不作为，原告再次起诉，法院受理后作出判决，要求被告受理原告提出的农村集体收益分配资格认定和补发集体收益分配款的申请。但是，最终原告的申请并未得到行政支持。这一案件仅仅是众多农民维权现状的一个缩影，但足以反映出集体收益分配权的维权之艰。⑤

① 四川省凉山彝族自治州中级人民法院（2017）川 34 民终第 186 号。
② 山东省济宁市中级人民法院（2016）鲁 08 民终第 5650 号。
③ 曹晓锐："论农村集体经济组织收益分配纠纷的司法救济：重庆例证"，载《重庆社会科学》2017 年第 9 期。
④ 四川省凉山彝族自治州中级人民法院（2017）川 34 民终第 186 号。
⑤ 肇庆市鼎湖区人民法院（2017）粤 1203 行初第 12 号。

2. 具体审查范围模糊

人民法院的司法审查范围应当予以明确。首先，对是否具备集体收益分配权主体资格进行审查。有的案件中，原告的集体成员资格正是得到当地政府的依法确认，[①] 有的法院则对其成员资格直接做出判决予以认定。但是，在有些案件中，法院则直接绕开集体收益分配权主体资格的认定问题，认定集体经济组织剥夺了原告的集体收益分配权，对原告作为集体成员所应享有的合法权益造成了侵害，所以村集体应该予以补偿。[②] 实际上，案件的争议焦点仍是原告是否具有集体成员资格，法院的判决结果实质上是对集体成员的身份进行确认。其次，对集体收益分配规则的审查，许多法院认为集体收益分配方案的确定属于村民自治事项，集体收益分配方案应当由村民民主决定。[③] 有的法院则否认原告具有集体成员资格进而认定原告不享有集体收益分配权，以此避免对集体收益分配方案的效力进行裁判。有的法院认为，被告在对集体收益进行分配时按照其股份合作经济社章程的相关规定进行，对原告的集体收益权造成侵犯，但并没有审查股份合作经济社章程内容的合法性。[④]

3. 集体成员资格的认定标准模糊

（1）法院对于一般集体成员资格的认定标准不一致。由于法律对集体成员的资格认定缺乏统一明确的标准，法院在认定时没有法律依据，因而只能根据合理原则来认定当事人是否具有集体成员资格，合理原则的内容宽泛且对其理解相对主观，同案不同判现象频繁出现。当事人不服一审判决多会选择上诉，集体收益分配权纠纷很难通过一审程序得到彻底解决。通过对大量案件的梳理可以发现，法院通常以单一标准或综合标准对集体成员资格进行判定。

统计发现，户籍是法院认定集体成员资格的基本标准，法院依据户籍标准做出认定的案件占比60%，双重或多重标准中户籍也是必备因素。有的法院将把户口登记地作为认定集体成员资格的标准，这种做法不完全具有合理性和规范性。[⑤] 实践中，有的案件中被告主张认定原告的成员资格应当考量原告是否履行成员义务，被告可以以原告未妥善履行成员义务拒绝承认成员资格，但是，

---

① 佛山市三水区人民法院（2017）粤 0607 民初第 1812 号。

② 滦平县人民法院（2017）冀 0824 民初第 419 号。

③ 山东省济宁市中级人民法院（2016）鲁 08 民终第 5650 号。

④ 佛山市三水区人民法院（2017）粤 0607 民初第 972 号。《大塘镇社股份合作经济社章程》第四章第 22 条第 1 款第 7 项规定："本村股东离婚后，未改嫁，每年需在本村居住、生活三个月以上（含三个月）才能配股分红。若一年以上不在本村居住、生活的，作空挂户处理，不配股分红。"

⑤ 温县人民法院（2017）豫 0825 民初第 782 号。

这一观点未获得法院支持。① 现实中，集体成员资格认定纠纷案情各异，将户籍作为唯一认定标准对各种案情统一处理很难实现个案正义。采取综合标准的案件占比 26%，但是，各地法院对综合标准具体包含哪些因素的意见差异很大。常见的综合标准主要包括基本生活保障、经常居住地等。判断成员的基本生活保障主要依据其是否享有土地承包经营权。由此看来，在城乡二元社会中，集体要保障集体成员的基本生活，最重要的就是保障他们拥有土地。② 经常居住地标准是对户籍标准的补充，但是在实践中并没有实现预期目的。

司法实践中，综合标准主要包含六种。第一，户籍 + 权义关系。在"刘某与广州市增城区人民政府荔城街道办事处纠纷一案"中，法院采取了户籍 + 权义关系这一综合标准对原告的集体成员资格进行认定。③ 第二，户籍 + 基本生活保障。在"原告王某某与被告咸阳市秦都区钓台街道办事处八里庄村第一村民小组纠纷一案"中，法院采取了户籍 + 基本生活保障这一综合标准对原告的集体成员资格进行认定，原告的户口登记在被告处且在被告处有承包土地，所以其具备集体成员的资格。④ 对入赘女婿的集体收益分配权进行确认一案中，由于原告户籍登记在当地村民小组，并且在该组有承包地，因此法院确认其属于集体成员。⑤ 第三，户籍 + 经常居住地。"黄某与广饶县广饶街道十四村村民委员会一案"中，法院认为户口在本村且常住于本村的村民属于集体成员。⑥ 第四，户籍 + 经常居住地 + 权义关系。法院认为集体成员资格认定应当综合考量其是否具有所在地户口、是否常住于该地及是否在该集体中固定地生活并开展生产活动。⑦ 第五，户籍 + 基本生活保障 + 经常居住地。法院认为根据原告的户籍所在地、在集体的生产生活状态和具有土地承包经营权的情况，可以解决原告的成员资格问题。⑧ 第六，户籍 + 基本生活保障 + 权义关系。比如，法院认为，上诉人户籍登记在所在地村民小组而且在该组有承包地，购买了新农合医疗保险及社会保险，因此最终认定其属于集体成员。⑨ 实践中，各地应当结合本地的实际情况制定出符合本地情况的地方性法规，以此来明确集体成员的认定标准，以解决集体成员资格的认定问题。

---

① 广州铁路运输第一法院（2017）粤 7101 行初第 494 号。
② 喻晶、陈晋："集体土地所有权的'虚化'与'回归'"，载《农业经济》2013 年第 1 期。
③ 广州铁路运输第一法院（2017）粤 7101 行初第 482 号。
④ 咸阳市秦都区人民法院（2017）陕 0402 民初第 1641 号。
⑤ 陕西省咸阳市中级人民法院（2017）陕 04 民终第 387 号。
⑥ 广饶县人民法院（2017）鲁 0523 民初第 3026 号。
⑦ 陕西省榆林市中级人民法院（2017）陕 08 民终第 620 号。
⑧ 长沙市望城区人民法院（2017）湘 0112 民初第 1829 号。
⑨ 陕西省咸阳市中级人民法院（2017）陕 04 民终第 385 号。

还有的法院以于法无据为由将集体收益分配纠纷归为村民自治事项或行政部门工作范围，从而避免认定集体成员资格。法律缺位导致实践中经常出现法院根据村民会议认可集体成员资格或是由政府确认集体成员资格的情形。"余某与佛山市三水区大塘镇程洞股份合作经济社一案"中，法院依据当地村民委员会的确认判定原告属于集体成员，对原告的诉请予以支持。① 大日头经济社向梁某发放配股通知以及发放股份分红款的行为，使得原告的集体成员资格得以确认。②

（2）法院对于特殊集体成员的资格认定存在较大争议。特殊群体中，出嫁女及出生落户村民的集体收益分配权很容易受到侵害，法院大多认定其具有集体成员资格并享有集体收益分配权。侵犯外来户集体收益分配权的案件占比在10%以上，除此之外还包括空挂户、离异丧偶者等。法律对于外出务工者、大中专院校的学生以及服兵役者的成员资格确定问题的规定已经较为清晰，纠纷数量极少。对特殊群体的集体收益分配权进行认定时，除了要考虑上文提及的一般标准外，还要考虑特殊的认定规则。

在对出嫁女及其子女的集体收益分配权进行认定时，不能以户籍作为唯一的认定标准。出嫁女婚后依然保留原村户籍，依法完全履行成员义务，应当认定其仍然属于原村集体的成员，因而享有集体收益分配权。③ 比如，被上诉人刘某，其户籍从不曾改变，并且不享有嫁入地的集体收益分配权，所以依然享有其户籍所在地的集体收益分配权。④ "岳某与咸阳市秦都区沣东街道办事处某某村第十村民小组一案"中，法院认为原告尽管和他人登记结婚，然而其户籍并没有迁出而且在嫁入地不享有集体收益分配权，所以原告仍应属于其原所在地的集体成员，享有集体收益分配权。⑤

"出生落户"即出生后户口登记在出生地的群体。实践中很多村民认为，出嫁女不具有集体成员的资格，其子女出生落户后也不具有集体成员资格，这种思维是实践中20%的侵犯集体收益分配权案件发生的主要原因。⑥ 由于父母不具有集体成员资格，其子女当然不属于本村集体成员，不享有本集体的集体收益分配权。⑦ 法院在认定过程中，往往也是根据父母的成员资格问题来判断子女的成员资格。某法院认为，原告满足出生后户口在被上诉人处，其父亲

---

① 四川省凉山彝族自治州中级人民法院（2017）川34民终第186号。
② 广东省佛山市中级人民法院（2017）粤06民终第3565号。
③ 广州铁路运输第一法院（2016）粤7101行初第2448号。
④ 陕西省咸阳市中级人民法院（2017）陕04民终第1128号。
⑤ 咸阳市秦都区人民法院（2017）陕0402民初第531号。
⑥ 佛山市三水区人民法院（2017）粤0607民初第812号。
⑦ 广州铁路运输中级人民法院（2017）粤71行终第741号。

或母亲只要有一方是被上诉人的集体成员，原告即具有被上诉人集体成员的资格。① "原告随母入户，并且出生满足计划生育条件"，则属于本集体成员。② 除此之外，法院则根据前述一般标准进行认定，如依据原告户口在被告处并且购买被告处新型农村合作医疗保险的事实，认定其具有被告集体成员资格。③

外来人口不是集体的原始村民，他们通过结婚、投靠、移居以及挂靠等途径迁入并在本集体落户。实践中，因结婚将户口迁入的情形占比在一半以上。大多数村民认为，外来人口没有对村集体投入生产资料，因此不应该与原始成员享有相同的集体收益分配权。基于此，实践中有的集体对村民进行分类，一是原始村民，其享有完全的集体收益分配权；二是外来人口，仅享有30%的集体收益分配权。④ 但是，人民法院大多没有采信这种分类建议。有的法院参考地方性法规的规定，在通过村民大会表决的形式对婚后迁入者属于集体成员进行否定且本人对此同意的前提下，判定其不属于集体成员。⑤ 有的法院以原告没有在本集体进行固定的生产、生活并且不能证明其不享有原集体权益分配权为由驳回了原告的诉请。⑥ 一般而言，大多数法院认为只要符合集体成员资格认定标准就应当认定其享有集体收益分配权。⑦ 实践中法院对外来人口成员资格认定问题的判决，因其认定标准难以统一而出现了同案不同判的问题。"挂靠户"被定义为后来入户的村民，这种界定相当模糊。"空挂户"是指因受利益驱使等原因把户籍迁入该集体但实际不在该集体进行生活生产的人员，此定义相对较为精准。⑧ 对于"空挂户"人员的集体收益分配权法院大多不予肯定，但是法院在审理过程中首先应该对其是不是属于"挂靠户"进行审查，进而对其是否享有集体收益分配权进行判定。"离婚或者丧偶者"，法院认为一般情况下，不考虑其是否有承包地，只要离婚后户口没有改变，就认定其享有集体收益分配权。⑨ 可以看出，集体收益分配权主体资格的认定标准尚未统一，有必要对一般成员和特殊群体的认定标准进行明确规定。

4. 分配规则效力认定模糊

（1）集体收益分配规则的司法裁判情况。法院对于村民自治事项审查限度

① 陕西省咸阳市中级人民法院（2017）陕04民终第387号。
② 佛山市三水区人民法院（2017）粤0607民初第1266号。
③ 咸阳市秦都区人民法院（2017）陕0402民初第1620号。
④ 长沙市望城区人民法院（2017）湘0112民初第1829号。
⑤ 广州铁路运输中级人民法院（2017）粤71行终第205号。
⑥ 株洲市荷塘区人民法院（2017）湘0202民初第196号。
⑦ 陕西省咸阳市中级人民法院（2017）陕04民终第1129号。
⑧ 临汾市尧都区人民法院（2017）晋1002民初第954号。
⑨ 咸阳市秦都区人民法院（2016）陕0402民初第82号。

的确定是相当困难的。审查过度可能会对村民的自治权造成侵犯，审查不足则对少数村民合法权益难以提供切实保障。这种困境的形成主要是由于村民自治的特殊性。现行法律法规关于法院对集体收益分配方案或相关决议审查权的规定过于模糊。集体收益分配规则不公平、不合理进而对集体成员的集体收益分配权造成侵犯的案件占比达到14%。其中，有33%的案件法院否定了集体收益分配规则的效力。比如，涉及集体收益分配方案的决议内容违背了平等权规定，妇女的集体收益分配权无法实现，法院未认可其效力。①

司法实践中，法院在对集体收益分配方案的效力进行认定时主要有四种判决结果。第一，直接宣布无效。"陈某与佛山市三水区云东海街道李沙股份合作经济社侵害集体经济组织成员权益纠纷一案"中，因李沙村的村民规约违反法律规定，法院直接宣布村规民约中规定的集体收益分配规则无效。② 第二，30%的案件中人民法院对直接侵犯集体成员合法权益的相关规定予以撤销。滨村4组以村民大会决议的形式，在分配土地征用补偿款时对原告显失公平，侵犯了其集体收益分配权，因此法院撤销了该决议。③ "杨某等与被告临汾市尧都区段店乡孟家庄村村民委员会、第一村民小组侵害集体经济组织成员权益纠纷一案"中，法院撤销了村民会议中关于外来户相比本集体原始村民仅享有30%的集体收益分配权的规定。④ 第三，法院不进行效力认定。某些法院在对集体收益分配方案审查之后发现分配方案确实不符合法律规定，对集体成员合法权益造成了侵害，但是法院对此不做处理。比如，咸阳市秦都区钓台街道办事处曹家滩村民委员会第二村民小组的征地款分配方案中，关于独生子女户不享受增加一人份额的规定明显违反法律法规和国家政策，但是法院未做处理。⑤ 第四，认定分配方案有效。法院认为其对于村民大会决议等村民自治事项不具有变更权，因此认定分配方案有效。⑥

（2）集体收益分配规则效力的认定不一致。法院是否有权审查以及如何审查村民委员会决议的法律效力，司法实践中仍然存在争议。有的法院认为，分配方案是否合法不属法院民事案件的受理范围，村民对分配方案的合法性审查不享有民事诉权；有的法院进行审查并认为，分配方案不得违反法律规定且不得侵犯集体成员合法权益。样本案例表明，更多的法院选择对集体收益分配方

---

① 滦平县人民法院（2017）冀0824民初第419号。
② 佛山市三水区人民法院（2017）粤0607民初第122号。
③ 四川省凉山彝族自治州中级人民法院（2017）川34民终第186号。
④ 临汾市尧都区人民法院（2017）晋1002民初第954号。
⑤ 陕西省咸阳市中级人民法院（2017）陕04民终第1390号。
⑥ 佛山市三水区人民法院（2017）粤0607民初第1814号。

案效力认定问题进行回避。但是，集体收益分配方案的合法性是集体成员能够享有集体收益分配权等合法权益的基本依据。要想彻底解决因集体收益分配权引起的纠纷，必须首先对集体收益分配方案的效力进行认定。

5. 权利救济路径有待完善

实践中，在侵犯集体收益分配权的案件中，考虑到司法救济维权诉讼成本偏高、过程烦琐复杂等原因，集体成员往往不愿意选择通过司法救济维护自己的合法权益。当纠纷实际发生时，他们大多倾向于向当地人民政府寻求帮助。但是，在受侵害的集体成员寻求行政路径维权时，行政部门之间基于各种原因相互推托，或者直接告知集体成员向法院提起诉讼以维护自己的合法权益。比如，梁某在集体收益分配权遭受侵害后首先向当地政府寻求救济，当地政府认为这属于民事纠纷而拒绝其救济请求。① 样本案例中，集体成员把寻求政府救济作为首要选择的案件达到24%，但是梳理案情不难发现，行政救济难以彻底解决问题。除此之外，理论上农村土地承包仲裁制度对于解决集体收益分配权纠纷是可行的，然而在实践中却很少启动仲裁程序。

当事人权益受到侵犯向法院提起诉讼时，法院往往以该类纠纷属于政府管辖范围或者村民自治范围或是以没有法律依据可以适用为由不予受理。不同地区法院的规定和做法也不一致。主要是因为地区不同，村规民约以及风俗习惯大有不同，加上法律规定的模糊性导致各省高级人民法院意见也在较大差异，因而出现同案不同判的司法现象。尽管各省高级人民法院的指导意见一般不能直接援引判案，但是其裁判意见在实践中普遍影响着所辖法院案件的最终处理。也有的法院直接引用省高级人民法院的意见进行裁判。比如师某诉侵害集体经济组织成员权益纠纷一案中，一审法院参照陕西省高级人民法院《关于审理农村集体经济组织收益分配纠纷案件讨论会纪要》第9条、第20条的规定，最终判决认定原告不再属于该村民小组的集体成员。②

三、农村集体经济组织成员集体收益分配权的规则完善

（一）明确集体收益分配权规则

完善农村集体收益分配规则直接关系到农民基本权利的实现，亟须制定专门的法律法规对集体收益分配问题予以规制，从而为农民合法权益的实现提供

---

① 四川省凉山彝族自治州中级人民法院（2017）川34民终第186号。
② 陕西省咸阳市中级人民法院（2017）陕04民终第388号。

法律支撑。① 依据我国现行《立法法》的规定，集体收益分配权制度应当归于民事基本制度范围，应当对此制定法律或行政法规。法律应当明确集体收益分配权规则，以避免集体成员的权益受到集体决议的侵害。②《物权法》中应当明确规定集体收益分配权，同时应当制定《农村集体经济组织法》以完善集体收益分配权的相关规则，包括集体成员资格的认定、集体收益分配方案等效力认定以及集体收益分配权的司法救济等内容。

1. 将纠纷纳入司法审查范围

集体收益分配权纠纷司法审查权的明确和集体成员权的救济密切相关，必须高度重视集体收益分配权司法审查中存在的问题。集体收益分配权制度的完善首先应当在法律上对集体收益分配权纠纷的司法审查权进行明确。集体收益分配权纠纷是不是应当由法院管辖，学者们对此观点也不一致。一是立法问题说。认为集体成员资格认定在民事基本制度范围内，司法确认集体成员资格不妥。③ 这一学说尽管意识到法律上的空白，却没有进一步对立法规则的构造进行阐明，不能有效解决纠纷。二是行政行为说。因为集体收益分配方案的生效需要由政府备案，所以此类纠纷应当归行政机关处理。这一观点主张产生纠纷后当事人先向政府寻求救济，但是，这种做法可能侵犯村集体自治的权利，使得政府不当介入集体成员的自治范围，最终对村集体的裁决形成压力，无法中立裁决案件。当事人不服政府决定必然会选择向法院提起诉讼，反而将纠纷解决过程复杂化。三是内部行为说。集体收益分配权纠纷属于村民自治范围，由村集体自行解决。这一学说的弊端在于由于农村社会重男轻女、重视熟人关系等观念根深蒂固，由村集体自行解决极易引发"多数人暴政"，激发社会矛盾，威胁社会稳定。四是民事行为说。集体收益分配权纠纷是民事争议，法官可以行使自由裁量权。④ 这一学说简化了纠纷的解决过程，节约了司法成本，因此较为适宜且符合集体收益分配权的法理本质。

针对村集体自行解决纠纷中出现的"多数人暴政"现象，必须对其进行遏制。基于此，村民大会通过的集体收益分配方案以及相关决议应当纳入司法审查范围之内。集体村民自治的事项主要包括制定村规民约等，但是村规民约也存在违反法律规定的可能性。因此，如果村集体大会的决议不合法、不合理，

① 杜国明："'村改居'后农村集体经济组织面临的新问题探讨——基于广东省的调研分析"，载《农村经济》2011年第8期。
② 韩松："论农民集体成员对集体土地资产的股份权"，载《法商研究》2014年第2期。
③ 冷传莉："集体成员撤销权的构造缺陷及弥补"，载《法律适用》2011年第3期。
④ 最高人民法院民事审判第一庭编著：《最高人民法院农村土地承包纠纷案件司法解释理解与适用》，人民法院出版社2005年版，第304页。

造成集体成员的合法权益受到侵害，集体成员可以依据《物权法》《民事诉讼法》寻求私法救济。① 法院可以受理集体收益分配权中因决议不合法、不合理引发的纠纷，并对集体所作的决定进行撤销。此类纠纷可以归于财产权侵权责任纠纷，将其纳入法院的受理范围并不违背我国现行法律规定。在对集体成员进行集体收益分配时，如果集体成员受到不公平对待，分配方案对其权益造成侵害，集体成员可以提起诉讼，法院应当予以受理。② 公司股东权利的救济制度可以为集体收益分配权纠纷的解决提供参考，有利于通过民事诉讼程序化解矛盾，解决纠纷。除此之外，基于现行法律上集体收益分配权纠纷这一案由的缺失，所以《民事案件案由规定》中应当增加集体收益分配权纠纷作为一项新的案由，以使法院在受理集体收益分配权纠纷时能够更加准确规范地进行审理。

2. 明确纠纷的司法审查界限

集体收益分配权纠纷主要包含四个方面的问题，法院受理时应当做出明确归类。这四个方面的问题简单概括起来就是集体收益的"分不分""分多少""分给谁"和"怎么分"。针对前两个问题，因为集体组织具有对集体事务的管理权，可也涉及集体成员短期利益和集体长期利益的平衡，法院不宜对此进行司法干预。前两个问题中，不存在单个集体成员权益受到侵害的问题，对于集体成员中的每个个体都是公平的，如果这时候允许法院进行干预无疑是对村民自治权的侵害，违背了村民自治权设立的初衷。所以，由前两个问题引发的纠纷不宜纳入人民法院的民事受案范围。后两个方面的问题是集体行使村民自治权产生的。在罗某等诉侵权责任纠纷案中，法院的判决结果和原告的诉讼请求就混淆了这一问题。③ 后两个方面的问题必须在前两个问题已经确定的基础之上才能认定。如果集体成员在集体收益分配中不享有和其他集体成员一样的集体收益分配权，应该对其提供司法救济以保障其权利。同时，应当对人民法院的具体受案范围作出明确规定，如表决通过的集体收益分配方案有集体成员不服或没有经过法定程序，对村民章程中有关集体收益分配条款的效力存在争议，集体成员对本集体收益分配方案提起上诉的，以这些纠纷纳入法院受案范围符合民事诉讼法的规定，同时有利于在法律限定的范围内充分保护村民自治权。

对集体收益根据其性质予以分类进而制定分配方案是这类纠纷的核心问题。

---

① 陶镕："集体建设用地使用权流转收益分配之法律探讨"，载《湖南社会科学》2013 年第 1 期。
② 重庆市第一中级人民法院（2017）渝 01 民终第 3704 号。
③ 河南省洛阳市中级人民法院（2016）豫 03 民终第 5243 号。

对不同性质的集体收益制定不同的分配方式，可以更好地实现分配的合法、合理、公平、公正。重庆市将土地征收等各种补偿款、集体资产流转收益、其他集体财产经营性收益等都纳入集体收益的内容，法院判决时可以参考这一做法。对于土地补偿款以及土地流转收益这类集体收益进行分配时应当和一般的集体收益分配做出区分。分配时应当首先对土地承包经营权人进行补偿，然后再对剩余的集体收益通过集体成员大会的形式统一分配。比如，对土地补偿款进行分配时，应当先对土地被征收人进行补偿，再把剩余的土地补偿费在全体集体成员中进行分配。关于集体财产经营性收益的分配，在没有进行股份量化的集体中，应该在集体成员间进行平等分配。在例外的情况下，成员代表大会可以按照集体成员所做贡献，对其分配数额进行相应的增加或者减少。完成股份制改革的集体，则可以依据成员各自享有的股权进行分配。上海市规定依照集体成员各自所拥有的股份进行分配。但是，从立法层面看，规范集体收益分配的规则在法律上还处于空白状态，应当在《物权法》等法律中予以填补。通常情况下，对集体收益进行平等分配是原则性要求，对集体做出特别突出贡献的集体成员以及特殊群体可以在分配时予以特殊考量，但要经过集体成员民主议定。集体收益分配方式可以由股份合作社的组织章程予以规定，以增强分配方式的公平性、合理性和可接受性。

3. 规范集体成员认定标准

集体资产收益应当无差别地在属于本集体的集体成员间进行分配，对是否具有集体成员资格的认定是集体收益分配权切实落实到每个集体成员的一大难点。目前，有关集体成员资格认定的纠纷有增无减，由此产生的矛盾也日益突出。理论界和实务界在认定集体成员资格时的考虑因素不一致，单一标准和复合标准都不同程度地被适用，造成了实践中同案不同判的现象。前已论及，兹不重复。

4. 明晰分配规则效力认定标准

（1）收益分配规则的效力考察因素。集体成员享有一系列共益权，如参加集体成员大会的权利、进行表决的权利等。参与形成决议是集体成员实现集体收益分配权的基本路径。现行法律尚无对集体收益分配决议事项的规定，实践中出现许多集体收益分配方案不公平引发的纠纷，法院对能否对该方案予以效力审查存在较大分歧。对决议的合法性进行考察的时候，不仅要从内容上进行考察，还要从程序上进行考察。[1] 主要包含以下三个方面：第一，决议人数要符合法律规定。村民大会、村民小组会议的参会人数都要符合法律规定，决议

---

[1]　［英］约翰·奥斯丁：《法理学的范围》，刘星译，中国法制出版社 2002 年版，第 162 页。

的通过程序必须满足参会人数占本村村民的 2/3 以上，通过人数达到参会人数的一半以上。然而，决议不可避免地会损害少数人的合法权益，加之实践中有些村规民约否认集体成员资格或作出的收益分配方案不公平、不合理，"多数人暴政"现象随之出现，人民法院应当对此进行依法干预。① 第二，决议事项的内容包括土地补偿款分配等直接涉及集体成员权益的具体事务，集体收益分配数额、征地补偿款的标准等事项应当排除在外。第三，决议的内容符合宪法、法律、法规和国家政策。在法律规则较为滞后的情况下，我国涉农政策就发挥着极为重要的指引作用。因此，集体收益分配方案不但应当合乎法律规定，还应当合乎相关政策的规定。

（2）收益分配规则的效力认定结果。实践中有的行政决定、法院裁判对村民自治的不当干预对村民自治权造成了严重损害。《物权法》规定，人民法院可以直接撤销侵犯集体成员合法权益的决定，法律赋予法院以"撤销"的权力，并未赋予其直接作出给付判决的权利，正是为了避免法院对村民自治干预不当，进而对村民自治权造成损害。② 司法原则只有按照实质原因对集体成员进行救济时，才具有对集体收益方案进行干预的必要性，如集体收益分配方案在程序或内容上不符合法律规定时。正如有的学者认为，对集体成员个人权利的限制不应当包含对其人身自由等基本权利的限制。③

基于规范集体收益分配权司法审查程序的考量，审查时可以采用"两次诉讼"程序。在当事人提起诉讼时，法院可以作出撤销或宣布其无效的判决。撤销制度不要求有实际的损害后果以及行为人有过错。④ 当集体收益分配方案违反法律的强制性规定时，则应当宣告无效。⑤ 法院判决后，农村集体经济组织应当对集体收益进行重新分配，若当事人认为分配方案仍不公平而提起上诉，法院应当进行确认判决。除此之外，对于决议侵害集体成员合法权益的情形，成员可以依法主张损害赔偿。⑥《物权法》中有关集体成员的撤销制度可以通过制定司法解释的方式进行细化。

---

① 管洪彦："村规民约与农民集体成员资格认定"，载《私法研究》2012 年第 2 期。

② 王雷："论民法中的决议行为——从农民集体决议、业主管理规约到公司决议"，载《中外法学》2015 年第 1 期。

③ 叶林："私法权利的转型——一个团体法视角的观察"，载《法学家》2010 年第 4 期。

④ 徐银波："论既有侵权责任构成要件理论的困境及其出路"，载《广西政法管理干部学院学报》2011 年第 2 期。

⑤ 钱玉林：《股东大会决议瑕疵研究》，法律出版社 2005 年版，第 291 页。

⑥ 张安毅："论农民集体经济组织成员权救济的立法完善"，载《广西警察学院学报》2017 年第 6 期。

5. 强化集体收益分配权权能

集体收益分配权的权能包括请求分配以及实际取得集体收益，对集体资产进行量化，可以通过股权的形式在集体成员间进行利益分配。基于权能的完整性，农民所享有的股权除了应当具有占有、收益的权能，还应当具有处分权能，如抵押、担保等。因此，强化集体收益分配权的权能，应当特别强化收益分配权的抵押、担保等权能。可以试点将集体收益权抵押给融资担保公司设立风险基金，引导银行、信用社提供担保。[1]

参考土地承包经营权的抵押融资时间看，主要有反担保模式和股权质押模式两种类型。前一种模式基于股份合作社的成立，其在农户贷款的时候是担保人。在农户不能还贷的时候，由担保人暂时享有其因行使集体收益分配权获得的收益，当农户向担保人偿还了贷款本息时，担保人就不再享有其收益权。[2]后一种模式就是集体成员用资金和集体收益分配权入股金融公司。集体资产股份抵押十分复杂，而且风险大，应当与当地政府建立良好的协调机制以完善相关制度建设，继而再确定具体的融资方式。[3]

（二）完善集体收益分配权救济机制

1. 建立收益分配纠纷仲裁机制

集体收益分配权纠纷是经济类纠纷，对其救济应当及时高效。因此，从提高救济效率的角度出发，仲裁是解决集体收益分配权纠纷的较好选择。仲裁制度是基于及时有效化解矛盾的目的而建立的一种纠纷解决机制。相较于诉讼机制，仲裁周期短、效率高，更加注重发挥调解的作用。鉴于农村熟人社会的现实情况，依靠仲裁制度化解矛盾、解决纠纷，有利于软化冲突村民之间的关系，构建和谐的生活环境。2010年，《土地纠纷调解仲裁法》建立了农村土地承包仲裁制度解决农村土地承包经营中发生的纠纷。到目前为止，该法规定的受案范围还不包括集体收益分配权纠纷，但是仲裁制度优势已经得以体现，值得适用。实践中，农村已经建立仲裁委员会，把集体收益分配权纠纷纳入仲裁机构的受案范围是一个方便快捷的可行做法。适用仲裁制度解决集体收益分配权纠纷，能够及时高效地为成员提供救济，有利于农村社会的稳定。

---

[1] 高云才："探索建立有中国特色的农村集体产权制度——我国农村集体资产股份权能改革试点综述"，载《农村经营管理》2017年第1期。

[2] 李伟伟、张云华："土地承包经营权抵押标的及其贷款操作：11省（区、市）个案"，载《区域经济》2011年第12期。

[3] 方志权："完善农村集体资产股份权能的实践与探索"，载《科学发展》2016年第4期。

在仲裁机构受理的土地承包纠纷案件中，主要是涉及农民、村民委员会或农村集体经济组织、当地政府之间的纠纷。为了土地承包仲裁机构的中立性，必须在机构设置、仲裁人员选择上科学设计具体规则。对仲裁员选择在注重专业要求的同时应当着重考量其对农村社会的熟悉程度。① 土地承包纠纷的仲裁程序不适用"一审终审"，从而不但可以对集体成员的合法权益形成更好保护，还能够对仲裁结果进行司法监督。

2. 建立政府多部门联合处理机制

集体收益分配权纠纷牵扯利益范围广且十分复杂，仅依靠单一的政府部门彻底解决纠纷是不现实的。基于此，可以参考部分地方的成功经验，建立多部门联合处理机制，在政法部门的统一协调下由司法部门、农业部门、法律援助机构、人民法院等多个部门及各基层群众性自治组织、农村集体经济组织等形成相互配合、共同合作、联合处理的协调配合机制。从而在集体成员的合法权益遭受侵害时，可以增加其寻求救济的选择途径。具体设置上，可以成立常设机构受理集体收益分配纠纷，进行多部门联合调处，调解不成时支持争议双方通过仲裁或诉讼方式实现法律救济。政府多部门联合处理机制要求各部门之间应当相互协调，还应当注重和社会组织之间的协同配合，特别是和基层群众性自治组织之间有效对接。

（三）完善收益分配权的司法救济

依据当前学界对诉的分类，集体成员资格认定纠纷引起的诉讼应当归于确认之诉。现行《物权法》中有"撤销之诉""损害赔偿之诉"的规定。但是，其具体尚付阙如，如法院作出撤销判决后所产生的法律效果以及当事人向法院提起撤销之诉的期限等规则都没有明确。对此，可以参考《公司法》关于股东撤销权的规定，对相关条款进行细化。对集体成员撤销制度的完善，可以通过制定司法解释不断填补相关规则的立法空隙，从而使法院审理撤销权诉讼时有法可依，进而提高诉讼效率和维权时效。具体而言，第一，规定只有集体成员才能行使撤销权，但原告是否具有集体成员资格的纠纷应当纳入；第二，明确对于严重侵害集体成员合法权益的集体收益分配方案可以行使撤销权。撤销权一旦行使，则被撤销的决议自始无效且集体成员可以请求赔偿损失；第三，结合《民法通则》和《公司法》的相关规定，集体成员撤销权行使的期限为知道或应当知道侵权决定做出之日起 1 年内，决定做出之日起 5 年内集体成员撤销

---

① 最高人民法院："关于审理涉及农村土地承包经营纠纷调解仲裁案件适用法律若干问题的解释》的理解与适用"，载《人民司法》2015 年第 5 期。

权灭失。①

除此之外，还可以通过间接诉讼来维护自己合法权益的情形。集体的管理人员在集体合法权益遭受侵害后不及时向法院提起诉讼寻求救济，集体成员可以向法院提起诉讼。借鉴《公司法》相关规定，集体成员对管理人员享有监督权，可以通过向法院提起诉讼的方式行使监督权，以防止管理人员滥用权力损害集体组织的合法权益，保障集体收益在集体成员之间公平合理地实现分配。《物权法》第 63 条中没有对诉讼救济程序做出具体规定。集体成员的合法权益被侵犯时，提起诉讼的主体应当有顺序区分。首先，应当由农村集体经济组织的代表向法院提起诉讼，只有当农村集体经济组织怠于行使诉讼权利时，集体成员基于集体利益直接关系集体成员利益的理论基础，可以向人民法院提起诉讼。② 设置间接诉讼制度时，应当充分借鉴股东派生诉讼制度的相关立法，总结股东派生诉讼的实践经验。对集体成员代表诉讼进行限制是为了更好地发挥其积极作用，避免其引发滥诉的负面法律后果。可以通过立法对间接诉讼设置前提条件。比如，要求农村集体经济组织成员面对集体管理人员的不作为，应当首先向其提出通过诉讼维护集体合法权益的建议，集体管理机构如果仍然不积极行使诉讼权利维护集体合法权益，集体成员才可以直接向法院提起诉讼。③

（四）完善集体收益分配权相关保障机制

1. 规范农村集体经济组织自治机制

村民委员会经由村民选举产生，其目的在于实现村民自治。但是，村民委员会本身并不拥有自治权。村民自治主要通过民主决策、民主管理及民主监督等方式进行，自治范围相对广泛，只要和农民利益切实相关都可以列入自治范围。

村民自治意味着村民可以自行解决本集体内部的有关纠纷，集体收益分配方案的形成自然属于村民自治范围，必须对村民自治辅以外部监督，以防止自治过程中形成的集体收益分配方案超过法律允许的限度。村规民约和法律法规之间产生矛盾的时候，应当在合法原则的指引下对村规民约进行调整。但是，

---

① 冷传莉："集体成员撤销权的构造缺陷及弥补"，载《法律适用》2011 年第 3 期。
② 韩松："农民集体所有权和集体成员权益的侵权责任法适用"，载《国家检察官学院学报》2011 年第 2 期。
③ 张安毅："论农民集体经济组织成员权救济的立法完善"，载《广西警察学院学报》2017 年第 6 期。

外部监督权的行使应当防止对集体自治权的干预超过必要限度。① 村民应当自觉培养法治意识，集体应当对村民开展法律宣传活动，增强村民维权意识，树立法律权威，让他们知法、懂法、信法、用法。不断缩小城乡差距以从根本上解决村规民约与法律之间的矛盾。在法治宣传活动中或实际解决纠纷时，政府部门和法院等部门之间应当形成有效的沟通合作机制，以使集体收益分配权能得到充分保护。

2. 明确集体成员的股权设置

集体成员的股权应当根据保护集体成员共同利益原则、公平原则、利于发展原则等进行设置。遵循这些原则，可以有效降低股权设置的不合理性，以有效推进集体资产股份化改革的进程，创造和分享更多的集体收益。② 据此，应当探究集体股是否应当设置、具体设置比例、个人股设置规则等问题。

对于集体股设置与否的问题，应当根据所处历史阶段及现实状况综合考量。当处于股份合作社设立初期，可以设置集体股并以其收益负担农村的公共支出。但是，集体股的设置必须受到限制，不能超过一定范围。到股份合作社发展已经相对成熟时，可以采取提取公益金的方式代替集体股。个人股的设置可以依据不同地区、不同阶段的现实情况，由各地区在遵循法律和政策的前提下，通过制定地方规范性文件的方式对股份合作社的股权设置进行规范。集体资产的股份分配在遵循合法原则的基础上，应当充分尊重民主自治原则。股权量化标准的选择和集体成员收益分配直接挂钩，应当基于民主自治原则充分保障成员的合法权益。股权分配方案必须通过村民表决得以确定，对最终方案应当进行公示，股权分配方案的确定程序应当符合民主议定原则。③

3. 建立集体决议备案审查机制

现行法律对决议的形成程序和内容缺乏明确细致的规定，集体决议的通过仅要求大多数人表决通过即可。这就极有可能侵害到少数人的合法权益，引发多数人倾轧少数人利益的现象，为了有效遏制此种现象的发生，可以由政府对村民自治进行外部监督。当地政府对集体决议享有备案权和审查权，有权审查决议产生的程序以及决议的内容是否符合法律规定，并对决议进行备案。政府对决议的审查备案机制应当设立完整程序：集体应当公示由集体成员大会通过的集体收益分配方案，同时在乡镇人民政府进行备案。审查部门应当对集体决议的形成程序和具体内容进行审核。对于不符合法定程序形成的决议、内容不

---

① 黄美珍："农村集体经济收益分配机制的思索"，载《农业与技术》2015年第11期。
② 焦守田："股权设置——农村集体产权改革的核心"，载《农业工作通讯》2008年第17期。
③ 薛建良、刘师："要加强集体股权设置的指导"，载《中国农民合作社》2016年第8期。

符合法律规定的决议，乡镇人民政府不应当予以备案，相关分配规则对集体成员不具有约束力。

乡镇人民政府并不是对全部的集体决议都要进行备案审查，因此应当限定集体决议的备案范围。如村民委员会组成人员的任免、罢免决定、集体预决算的批准等不在备案范围之内。但是，与村民切身利益直接相关且经常适用的决议，如集体收益分配规则等应当纳入备案审查的范围，具体包括集体收益分配方案、股份合作社章程等。除此之外，集体决议的备案审查程序不能违反法律规定，不能违背村民自治原则。

第七章
农村集体经济组织成员代表诉权问题

当前，村干部等集体内部的管理人员侵犯农村集体财产的问题比较突出。公司法人治理机制的历史发展脉络昭示，赋予股东提起代表诉讼的权利是有效预防和控制公司内部管理人侵犯公司合法权益进而侵犯股东合法权益的"一项天才发明"，[1] "对代表诉讼的畏惧毫无疑问地阻止了大量财产从股东向管理层和外部人的转移"。[2] 基于解决类似问题的考量，为了解决村民委员会成员以及农村集体经济组织经营管理人员等主体集体利益的突出矛盾，有不少学者建议借鉴公司法的这一原理在农村集体经济组织中植入代表诉讼机制。其核心是对侵害集体财产权益的侵权行为，如果农村集体经济组织不积极行使诉讼权利维护自身合法权益，符合要求的集体成员有权代表农村集体经济组织对侵权人发动诉讼。比如，王利明（2005）、韩松（2011）、陈小君（2012）、管洪彦（2013）、王立争（2015）等学者均提出相同或类似的建议，[3] 有的学者还在相关立法草案中明确拟订了代表诉讼权利的法律条文。[4] 提起代表诉讼的权利是集体成员权的重要范畴，也是完善农村集体经济组织内部治理机制的重要问题。

---

[1] See Robert C. Clark, Corporate Law, Little, Brown& Company, 1986, p. 639.

[2] See George D. Hornstein, The Death Knell of Stockholders Derivative Suits in New York, California Law Review 1944, Vol. 2, p. 144.

[3] 王利明：《中国民法典学者建议稿及立法理由（物权编）》，法律出版社 2005 年版，第 163 页。韩松："农民集体所有权和集体成员权益的侵权责任法适用"，载《国家检察官学院学报》2011 年第 2 期。戴威、陈小君："论农村集体经济组织成员权利的实现"，载《人民论坛》2012 年第 1 期。

[4] 王利明教授（2005）的《中国民法典学者建议稿及立法理由（物权编）》第 766 条规定，"集体组织的负责人非法侵害集体财产或容忍他人侵害集体财产，集体组织过半数的成员有权以集体的名义在法院起诉，要求对集体财产停止侵害、返还原物、赔偿损失。"设定该条的立法理由是："为了防止集体组织的负责人利用职务之便非法侵害集体财产，或者玩忽职守容忍他人侵害集体财产，本条仿照现代公司法中的股东派生诉讼制度，赋予了集体组织成员以派生诉讼的权利。即当集体组织的负责人非法侵害集体财产或容忍他人侵害集体财产，集体组织过半数的成员有权以集体的名义在法院起诉，要求对集体财产停止侵害、返还原物、赔偿损失。"

但是，从学术界的总体研究看，对集体成员代表诉讼权利或集体成员代表诉讼制度的研究都还比较薄弱，需要加大研究力度并及时推进立法进程。

一、农村集体经济组织成员代表诉讼的理论分析

（一）法律内涵

农村集体经济组织是可以与其他组织或个人进行自由交易的特别法人，具有团体人格。如果出现农村集体经济组织的管理人不积极行使职权维护集体组织的合法权益或者管理人本身直接侵害农村集体经济组织的合法权益这两种情形时，农村集体经济组织就难以有效行使其救济权利。所谓集体成员代表诉讼，亦称作集体成员派生诉讼，是指农村集体经济组织的合法权益受到侵害时，集体经济组织的管理人消极怠于追究侵权人的责任或者侵权行为系管理人所为的前提之下，由农村集体经济组织成员以自己的名义提起诉讼的制度。代表诉讼权利是集体成员权的具体体现，也是从根本上有效维护集体成员权的权利工具。

作为代表诉讼机制的一种具体类型，集体成员代表诉讼应当符合其一般法理。但是，集体成员代表诉讼亦有其自身的特殊性，对一般的诉讼制度进行了突破和创新，属于特殊的诉讼制度。其特殊性主要体现在：

其一，诉讼主体方面。代表诉讼适用于当农村集体经济组织的合法权益受到侵害，集体经济组织的管理人消极追究侵权人的责任或者侵权行为系管理人所为的情形。因此，原告提起代表诉讼必须符合相应的主体资格要求，原因是这项诉讼权利专属于农村集体经济组织成员，原告必须要具有集体成员身份。在集体成员代表诉讼中，原告可以基于其成员身份主动提起代表诉讼。提起代表诉讼的主体以自己的名义直接起诉，同时原告需要满足主观上善意。客观上达到法定人数的要求、身份上系农村集体经济组织成员的条件。

其二，代表诉讼具有代表性和代位性。当农村集体经济组织的合法权益受到侵害时，集体成员代替集体对侵权人提起代表诉讼。从集体成员与农村集体经济组织、与其他成员之间的关系看，代表诉讼机制既具有代表性，同时亦具有代位性。在农村集体经济组织的内部机制难以正常运转经营、无法实现农村集体经济组织的自我救济时，由部分集体成员代表农村集体经济组织的全体成员向人民法院提起诉讼，即可以行使代表其他成员提起诉讼的权利，这是集体成员代表诉讼具有代表性的直接体现。农村集体经济组织作为法律拟制出的独立主体，具有自身独立的合法权益。如果农村集体经济组织的合法权益遭受内部管理人或外部第三人的不法侵害时，管理人并不积极提起诉讼以维护其合法

权益或者管理人本人直接侵害其合法权益时，集体自我救济机制就会出现失灵现象，只有赋予部分集体成员代位行使农村集体经济组织的起诉权才能维护其合法权益，这是其代位性的体现。

其三，诉讼结果归属于农村集体经济组织而不是集体成员。代表诉讼机制维护的直接利益是农村集体经济组织的合法权益，以实现集体经济组织获得赔偿的诉求。案件一旦胜诉，法院将判决诉讼收益直接归属于农村集体经济组织，以赔偿和弥补农村集体经济组织的经济损失。虽然集体成员是提起诉讼的原告，诉讼收益却不直接归属于原告，但是可能获得间接的部分补偿和利益。

（二）法律性质

集体成员权是在私法领域内，成员可以选择加入或者不加入农村集体经济组织，选择加入组织时法律和规章制度应当保障成员应有的权利。[①] 成员权具有其独立性，性质上属于独立的一个权利类型，是对多种权利的概括总称。提起代表诉讼的权利是集体成员应当拥有的救济性权利，也是集体成员权不可或缺的重要范畴。

集体成员在本人权益受到侵害时有提起直接诉讼的权利，集体成员可以通过起诉侵权人维护自身合法权益。比如，《物权法》第 63 条规定的撤销权诉讼，即是以本人名义为维护本人利益而直接对侵权人提起的诉讼，诉讼利益归于集体成员本人。但是，农村集体经济组织的合法权益受到侵害时，而农村集体经济组织本身却怠于行使诉讼权利以致最终损害集体成员的合法权益。在这种情况下，农村集体经济组织显然无法通过正常的途径获得司法救济，必须允许集体成员越过农村集体经济组织直接起诉。此时，集体成员是以自己名义为维护集体利益而对侵权人提起诉讼，诉讼利益归属于农村集体经济组织。简言之，无论是集体成员提起直接诉讼的权利，还是代表集体提起间接诉讼的权利，都是集体成员权的救济权利，显然属于集体成员权项下的具体权利。

基于此，明确区分集体成员的直接诉权和间接诉权就显得比较重要，因为两者的制度机理和法律规则存在显著不同。农村集体经济组织作为一个独立的团体法人，在其经营管理过程中有着具有自身特性的运行模式和利益形态。因此，根据侵权对象的不同利益形态，集体成员拥有的诉讼权利包括直接诉权和代表诉权。前者指的是不法侵害行为直接侵害集体成员自身的合法权益，法律关系主体是实施侵害行为的侵权人和被侵权的集体成员，在此情形下，被侵权

---

① 戴威："论农村集体经济组织成员权内容的类型化构造"，载《私法研究》2015 年第 1 期，第 223 页。

的集体成员有权以自己的名义向人民法院提起诉讼以维护自身利益。在这一诉讼过程，原告和被告分别是农村集体经济组织成员和侵权人，是法院最终裁判结果的直接承受者，与实体权利义务拥有直接利害关系。这种诉讼是由集体成员因自身合法权益直接受到侵害直接引发，属于集体成员诉权中的直接诉讼。农村集体经济组织的合法权益受到侵害时，尽管也会间接影响到集体成员的权益，但是，侵权行为直接指向的对象是农村集体经济组织，而农村集体经济组织拥有独立的利益形态且管理权有内部管理机构及有关负责人代表行使，集体成员并不拥有直接的利害关系。如果农村集体经济组织的合法权益受到侵害，管理者怠于追究侵权人的责任或者管理人直接侵害集体合法权益时，农村集体经济组织的成员为了维护集体合法权益有权以自己的名义向法院提起诉讼。这种诉讼即是集体成员诉权中的代表诉讼。由于集体成员拥有的此种诉讼权利派生于农村集体经济组织拥有的诉讼权利，集体成员只是代为行使农村集体经济组织享有的诉讼权利，因此又被称作派生诉讼。

从团体法人的人格理论出发，作为特别法人的农村集体经济组织有义务维护本经济组织的合法权益，可以通过内部管理机构及其负责人的行为实现。但是，如果管理人怠于行使其职权维护集体利益或者管理人直接侵害农村集体经济组织的合法权益，都会导致农村集体经济组织内部的权利救济机制失灵，权益保障陷入无人主张的困境。对此，立法不应将提起诉讼的权利垄断性地赋予农村集体经济组织，而应允许与其最具利害关系的集体成员对侵权主体提起诉讼。

（三）　制度功能

集体成员代表诉讼区别于直接诉讼，两者分别承担着不同的制度功能。就代表诉讼制度而言，其制度功能有其自身的特殊性，主要包括赔偿和阻遏的两个基本功能。[①]

其一，赔偿集体利益损失。赔偿损失集体成员权代表诉讼的直接功能，其目的是通过弥补损失使得农村集体经济组织的经济状况恢复至损失发生之前的状态。农村集体经济组织权益受到侵害时，农村集体经济组织的管理人要积极履行向侵权人追责的管理职权。如果农村集体经济组织的管理人怠于行使追责的权利或者其本身就是侵权人的特殊情形时，农村集体经济组织的权益就无法通过一般诉讼机制得到有效救济。集体成员向法院提起代表诉讼，通过法院的

---

① 王丹：《公司派生诉讼论——理论基础与制度构造》，中国政法大学民商法学专业 2011 年博士学位论文，第 58～74 页。

审理并做出最终裁判，案件胜诉后由侵权人承担赔偿责任，从而弥补农村集体经济组织的经济损失，实现对农村集体经济组织损害的有效救济。

其二，阻遏潜在的侵权主体。对农村集体经济组织实施侵权行为的侵权人包括内部侵权人和外部侵权人。内部侵权行为是指管理人实施的侵害农村集体经济组织合法权益的行为。外部侵权行为是指第三人侵犯农村集体经济组织合法权益，管理人怠于行使诉讼权利损害集体利益的行为。内部管理人实施的侵权行为和管理人的消极不作为共同造成集体经济组织的权益受损。赋予集体成员提起代表诉讼的权利可以有效控制和惩罚外部第三人或者管理人，以此威慑农村集体经济组织的潜在侵权人，进而阻遏未来可能出现的不法侵害。集体成员代表诉讼的阻遏功能能够瞄准侵权人实施或者准备实施侵权行为的心理状态，降低潜在侵权人实施不法侵害后逃避法律责任的可能性，并通过施加较重的法律责任减少其侵权预期。如果集体成员代表诉讼法律制度逐渐健全，适用的法律效果能够逐渐显现，代表诉讼制度可以通过对潜在侵权人发挥阻遏作用促使其放弃实施侵权行为，从而有效减少侵权行为的发生概率。

二、农村集体经济组织成员代表诉讼的实践价值

（一）有利于解决侵犯集体财产权益的突出问题

（1）目前，我国农村集体资产已经形成比较庞大的存量规模，能否盘活沉睡的农村集资产直接关系到"三农"问题能否得到有效解决，直接关系到广大农民的收入水平能否快速提高。[①] 农业部的相关数据统计显示，截至 2019 年 3 月，我国集体账面资产总额已经达到 3.44 万亿元，集体所有的土地资源达到 66.9 亿亩。但是，由于农村的各项改革还处于攻坚破难和持续推进的深化阶段，加之涉农立法具有严重滞后性，我国当前的农村集体经济组织作为集体资产管理者尚不能真正承担起主要责任。目前，大约只有 40% 的村成立了农村集体经济组织，多数村是由村民委员会或者村民小组代管农村集体经济组织。[②] 即使有的村已经成立了农村集体经济组织，但是其内部治理机制存在比较突出的失灵现象，权力机关、管理机关和监督机关之间的运行机制亦不完善等。治理结构的不规范直接导致监督机制难以有效发挥其作用，对农村集体经济组织管理人的行为达不到有效制约和监督的目的，容易发生管理人不作为或者管理人侵害集体利益的情况。

---

① "盘活沉睡资产确保农民增收"，载《21 世纪经济报道》2017 年 6 月 27 日。
② "农业部部长：唤醒农村沉睡资产促进保值增值"，载《人民日报》2017 年 6 月 11 日。

　　（2）集体内部侵权现象频发。实践中，由于农民集体组织上的虚幻性、集体产权内容的残缺性等各种原因，村民委员会事实上掌控了农村集体资产。《物权法》确立的集体所有权代表机制，在很大程度上沦为村民委员会的实际操控权，权利行使机制发生显著的异化现象。① 在现行的制度构造下，由于集体成员带来的监督压力比较小，村干部通过种种手段侵犯集体财产的现象也就日益普遍，甚至已经演变为我国农村经济社会发展中的高危领域。张晓山认为："现在农民和村干部之间产生了矛盾，焦点就在集体经济的资产使用。一些农村干部利用集体经济谋一己私利，使集体经济蜕变成了'干部经济'，最终使村级组织变成了空壳，基本没有了集体经济。"2015 年，农业部对农村集体经济组织违法违纪情况进行抽样审计，从审计结果看，1.9% 的村集体存在违法违纪的情况，平均每个村涉案金额为 7.1 万元。② 近年来，各地先后发布了一系列村干部违法违纪的典型案例，其中绝大多数案例均与村干部侵犯农村集体财产权益有关，如侵占集体财产、违法或违规处分集体资产、村干部私分集体资产、挥霍浪费或非法挪用集体财产等，甚至通过涉黑涉恶的犯罪手段将集体资产据为己有。比如，从 2009～2014 年，广东省东莞市共处理违法违规的村干部达到 3145 人。③ 根据中纪委监察部网站公布的数据，2016 年全国查处村党支部书记、村民委员会主任超过 7 万人，同比增长 12% 。④ 这些现象和数据，都反映出我国农村集体资产的管理运营在某些地方陷入较为混乱的现实状态。从另一方面看，由于集体资产归"成员集体"所有，而成员集体由特定村组区域内的所有成员构成，村干部侵犯集体财产权益的纠纷因而极易引发群体性事件。从实践中的典型个案来看，影响极大的乌坎事件之所以能够发生，其根本原因即是由于村民委员会通过出租或售卖大量集体土地获得巨额收益，该收益却并未在全体村民之间进行实际分配，原村党支部和村民委员会的负责人盗卖村内集体土地高达 3200 多亩，获利数额高达 7 亿多元，广大村民在多次上访、反复申诉却未能得到合理回应之后采取了非理性的维权方式。⑤

　　经营管理权过度集中于少数人手中，必然会引发基层腐败或"微腐败"现象。⑥

----

　　① 杨代雄："乡土生活场域中的集体财产：从权力到权利"，载《当代法学》2005 年第 4 期。

　　② 信婷婷等："'十二五'时期农村集体财务管理情况统计分析"，载《农村经营管理》2016 年第 6 期。

　　③ "5 年 3145 名干部违反农村集体资产管理被处理"，载《东莞日报》2014 年 10 月 29 日。

　　④ "2016 年全国处分村主任等'微腐败'7.4 万人"，载《法制日报》2017 年 2 月 11 日。

　　⑤ 韩宗生："群体性事件与农民组织化问题研究：以乌坎事件为例"，载《山东省农业管理干部学院学报》2012 年第 2 期。

　　⑥ "微腐败"是一种公权乱用的行为。从其典型特点来看，主要包括：一是小，指乱用公权的行为很小；二是多，这种乱用公权行为比较普遍；三是社会公众对其态度暧昧。

农村集体经济组织的内部人员如果垄断集体财产的经营管理权，必然会产生各种寻租现象，而集体内部监督机制的缺失或形式化又将起到推波助澜的作用。如果农村集体经济组织的权益受到侵害，村民委员会或农村集体经济组织怠于追究侵权人的法律责任或者有关内部经营管理人员直接侵害集体利益时，由内部人实际掌控的村民委员会或农村集体经济组织绝不可能对内部人自己提起诉讼，最终使得集体资产大量流失。一旦内部管理人员没有因自己的侵权行为或失职行为受到惩罚，很有可能变本加厉、更加肆意妄为，最终导致集体成员和农村集体经济组织更大规模的权益流失。

（3）外部侵权现象频发。内部侵权现象日益频发的同时，外部侵权现象亦不能等闲视之。农村集体经济组织作为独立法人，可以与其他组织或个人进行自由交易，其权利的享有、义务的履行和责任的承担亦应当遵循法律规定。如果发生外部第三人侵害集体合法权益时，农村集体经济组织有权追究外部侵权人的法律责任。当外部侵权人侵害了农村集体经济组织的利益时，农村集体经济组织的管理人应当积极履行自己的管理职责，通过协商或者诉讼的方式维护集体权益。如果管理人怠于追究或者不追究侵权人的法律责任时，集体利益就得不到有效保障，集体成员的个人利益也会受到间接损害。此时，为了有效保障集体合法利益，应当赋予集体成员代表农村集体经济组织提起诉讼的权利，最终维护集体成员自身的合法权益。

（二）集体权益保护相关立法存在缺失

目前，我国现行立法在保护集体成员权益方面有着显著进步，但是，对保护集体权益的立法构造还存在着极大疏漏。2007 年制定的《物权法》第 63 条明确赋予农村集体经济组织成员撤销权，在集体成员权益受到侵害时可以提起撤销之诉。2011 年，最高人民法院在修订后的《民事案件案由规定》中，以《物权法》的相关规定为依据新增"侵害农村集体经济组织成员权益纠纷"的民事案由，这无疑为人民法院依法介入案件高发的涉农纠纷提供了司法通道。根据中国裁判文书网相关数据的大致统计，2015～2017 年全国基层法院每年平均受理此类案件七千余件，其中判决率近 60%，上诉率近 40%。应当承认，这一规定对集体成员合法权益的保护具有极为重要的现实意义。

从利益形态分布来看，"集体成员合法权益"和"集体合法权益"是与农村集体经济组织密切相关的两种利益形态。一方面，"集体合法权益"和"集体成员合法权益"在逻辑上具有休戚相关的利益联系。能否有效保护集体合法权益，直接关系到集体成员能否分享这部分集体利益，因为维护集体合法权益的根本目的是将其转化为集体成员合法权益。因此，集体合法权益保护水平的高低和利益总量的多寡，最终是由全体成员通过其个体利益的增加或减损予以实现。但是，从严格的法教义学进行解释，"集体合法权益"和"集体成员合法权益"在法律内涵上并非同一概念。按照团体法人的人格理论，"集体合法权益"是指农村集体经济组织拥有的独立于集体成员的团体利益，该利益是农村集体经济组织法人的独立利益，也是"成员集体"的整体利益和共同利益，集体成员间接拥有该共同利益的潜在份额。"集体成员合法权益"则意指直接归属于成员个体的合法权益，是特定集体成员直接拥有的私人利益，对集体成员而言具有现实性。因此，"侵害农村集体经济组织成员权益纠纷"的民事案由，其适用范围是侵害集体成员个人合法权益的场合，比如侵犯土地承包经营权、宅基地使用权、集体收益分配权、股份量化权等与成员个体直接相关的权利。然而，现实中比较普遍的侵权情形，恰恰是村干部容忍他人侵害集体财产或村干部自身侵害集体财产的情况，尽管直接侵害了"集体合法权益"但并未直接侵害"集体成员合法权益"。此时，集体成员对侵权人提起侵权之诉，人民法院往往以原告不具有直接利害关系为由不予受理或驳回起诉。

有的学者认为，《物权法》第63条的撤销权条款完全可以起到保护集体财产权的作用。实际上，这种观点是对集体成员诉权错位配置产生的法条误读。从该条的立法原意来看，"为了防止集体经济组织、村民委员会或者其负责人利用职务之便非法侵害集体财产，或者玩忽职守、恶意串通低价出售集体财产，或者擅自作出决定侵害集体成员的其他合法权益，本条赋予了集体组织成员以撤销权"，[①] 即保护集体财产权是制定该条最核心的立法理由。[②] 其中，第1款规定了保护集体财产的四种禁止性行为，第2款则赋予集体成员提起撤销之诉的权利。[③] 事实上，《物权法》第63条并不能实现保护集体财产权的立法目标。其一，第1款规定只是规定一般性义务，无法起到兜底保障。如果他人以第1款规定的方式侵害集体财产，村民委员会、农村集体经济组织当然可以向人民法院提起侵权之诉，追究侵权人的法律责任。问题是，如果村民委员会、农村集体经济组织的内部管理人出于各种因素的考虑而放弃对侵权人提起诉讼，甚至内部管理人自己实施侵权行为，第1款规定显然无法发挥实际作用。其二，第2款撤销权规定也存在立法疏漏。由于该条规定的法律内涵存在较多的模糊

---

① 藤晓春、李志强：《〈中华人民共和国物权法〉释义》，立信会计出版社2007年版，第78页。

② 全国人大常委会法制工作委员会民法室：《〈中华人民共和国物权法〉条文说明、立法理由及相关规定》，北京大学出版社2007年版，第98页。

③《物权法》第63条规定："集体所有的财产受法律保护，禁止任何单位和个人侵占、哄抢、私分、破坏。集体经济组织、村民委员会或者其负责人作出的决定侵害集体成员合法权益的，受侵害的集体成员可以请求人民法院予以撤销。"

之处，司法实践中不同法院对撤销权条款的内涵理解和具体适用存在较大争议。究其原因，这种司法观点上的分歧主要是由法律解释所引起的，即运用文义解释和运用目的解释可以得出不同的裁判结果。其核心争点是，"侵害集体成员合法权益"作为撤销权条款得以适用的撤销事由，应当如何界定其内涵范围，即这一表述是否应当涵盖"集体合法权益"。

如果遵循严格的文义解释，"集体成员合法权益"不应当包括"集体合法权益"，其内涵应当仅限于集体成员自身的合法权益。这种狭义的理解是司法实践中比较普遍的认知。根据该条的具体表述来看，集体成员提起撤销权诉讼的前提是"作出的决定"侵害"集体成员合法权益"，即其适用情形是成员个体的人身权、财产权等遭受侵害的情况，此时受侵害的集体成员才有权请求人民法院予以撤销。正如有的学者所说，集体成员只能为了保护本人利益请求人民法院予以撤销，而不能以维护"集体合法权益"的名义提起撤销之诉。① 根据《民事诉讼法》第119条之规定，集体成员显然不符合"与本案有直接利害关系"的原告资格条件。如浙江省杭州市中级人民法院（2011）浙杭民终字第223号民事裁定所示：两共同被告在担任所在村支部、村民委员会的负责人期间，未经村民会议讨论通过即决定向第三人支付不应当由该村集体负担的40余万元费用及损失，法院即根据这一理由驳回原告撤销"有关集体资产的决定"的诉讼请求。② 概言之，从文义解释的角度理解撤销权条款，针对村民委员会、农村集体经济组织的内部管理人侵害"集体合法权益"的侵权行为以及他人"集体合法权益"而集体怠于维权的情况，由于尚不构成对集体成员合法权益的直接侵害，因此无法援引撤销权条款实现司法救济。

从目的解释来看，撤销事由不仅包括"集体成员合法权益"，还应当包括"集体合法权益"。正如有的学者主张，侵犯"集体合法权益"当然就是侵犯"集体成员合法权益"，因为成员集体的财产是全体成员的共同财产，集体成员与集体财产之间具有当然的利害关系，在村民委员会、农村集体经济组织怠于维权之时，集体成员应当享有以自己名义向人民法院寻求司法救济的诉讼权利。③ 因此，"集体成员合法权益"在内涵上应当包括侵害集体所有权和侵害集体成员权两种情形，④ 完全可以援引撤销权条款实现司法救济。⑤ 但是，即便如

---

① 王利明、周友军："论我国农村土地权利制度的完善"，载《中国法学》2012年第1期。
② 浙江省杭州市中级人民法院（2011）浙杭民终字第223号。
③ 孟勤国："物权法如何保护集体财产"，载《法学》2006年第1期。
④ 朱金东："农村集体成员撤销权制度的实证分析——基于107份裁判文书的整理"，载《烟台大学学报（哲学社会科学版）》2013年第3期。
⑤ 王胜明：《中华人民共和国物权法解读》，中国法制出版社2007年版，第135页。

此，需要注意的是：其一，撤销之诉具有适用上的局限性。撤销之诉对依照"决定"实施的侵权行为可以适用，但是，除了"决定"侵害集体成员合法权益之外的其他情形，以及内部管理人只是消极容忍第三人侵权的情形，撤销权条款同样难以适用。实践中比较普遍的情况是，村民委员会、农村集体经济组织的内部管理人不当处置集体资产，根本不需要形成任何"决定"，完全可以直接和第三人订立合同或者直接实施事实上的侵权行为即可。如个案所示：两被告作为村民委员会的成员，以远低于正常价格的水平承包本集体的机动地并签订承包合同，原告遂诉请撤销。法院认为，"集体经济组织与他人签订的承包合同"并不属于撤销权条款规定的撤销对象，承包合同本身也不属于《合同法》规定的可撤销合同，因此不能判令撤销，原告认为属于村干部侵吞集体财产的诉请属于另一法律关系，裁定不予审理。① 其二，撤销之诉的法律后果具有局限性。从该款规定的法律后果看，撤销权的行使是使"决定"发生撤销的法律效力，并不具有直接诉请给付利益的效力。"撤销"是农村集体经济组织成员权在实体法上的最大"极限"，主要是一种程序性保护机制。② 集体成员诉请撤销的决定涉及侵害集体成员合法权益的情形，人民法院只能作出撤销决定的判决，既无权要求村民委员会、农村集体经济组织向原告支付相应的财产份额，也无权直接判令侵害集体合法权益的被告承担相应的民事赔偿责任。③ 此时，集体成员诉请救济的实体权利，仍然没有通过撤销之诉得到充分救济。如果判令撤销构成侵权的集体决定后，村民委员会、农村集体经济组织拒绝作出新的决定，集体成员将不得不再次提起诉讼以维护其实体权利。其三，撤销之诉的救济效果具有内部性。根据撤销之诉的一般法理，即便集体成员的撤销权得到法院认可，其法律效力也只能局限于集体内部，并不能约束与集体经济组织、村民委员会进行交易的第三人。④ 因此，即是从立法目的出发采取扩大解释，《物权法》规定的撤销权条款也无法对集体合法权益提供周延保护。

从相关法律中撤销权条款演进的过程看，立法机关实际上采取狭义的文义解释，即撤销事由限于侵害成员个体自身合法权益的情况。就该条的"来龙"而言，《公司法》（1993年）第111条的"股东撤销权"条款是集体成员撤销权条款的制度源头，⑤ 该条中撤销事由的表述即是专门针对"股东合法权益"；

---

① 吉林省长春市中级人民法院（2015）长民二终字第20号。
② 吕伯涛：《适用物权法重大疑难问题研究》，人民法院出版社2008年版，第72页。
③ 郭明瑞：《物权法实施以来的疑难案例研究》，中国法制出版社2011年版，第54页。
④ 冷传莉："集体成员撤销权的构造缺陷及弥补"，载《法律适用》2011年第3期。
⑤ 《公司法》（1993年）第111条规定："股东大会、董事会的决议违反法律、行政法规，侵犯股东合法权益的，股东有权向人民法院提起要求停止该违法行为和侵害行为的诉讼。"

就该条的"去脉"而言，《村民委员会组织法》在 2010 年修订时，立法机关在对集体成员撤销权条款进行完善的基础上制定了第 36 条的"村民撤销权"条款，该条的内涵亦是限定于"村民合法权益"。① 也即是说，《公司法》《村民委员会组织法》中的撤销权均是将撤销事由界定狭义上的股东个人利益或者村民个人利益。因此，对村干部放任他人侵害集体财产或者自身侵害集体财产的侵权行为，《物权法》中的撤销权条款基本上长期处于休眠状态，不发挥实际作用。②

简约而言，立法机关基于良好的立法动机制定撤销权条款，意图有效保护集体财产、解决村干部侵害集体财产的突出问题。实际上，这是对集体成员不同诉权承载的不同功能产生法理误读，进而基于该误读对集体成员诉权的立法配置进行错位设计，其结果当然是药不对症、实施成效大打折扣。因此，即使立法确立了集体成员撤销权，也无法在制度功能上代替集体成员代表诉权。

三、农村集体经济组织成员代表诉讼的激励困境

（一）传统民事诉讼中激励机制内嵌于四重合一的原告构造

从形式上看，传统民事诉讼由原告和被告共同组成，以对抗为原则形成对审构造。对抗性是传统民事诉讼的典型特征，"双方当事人各自为了自己的利益，一方提出一定的事实主张，并提供证据予以证明，而另一方则提出相反的事实主张和证据进行反驳，相互间彼此交替'争斗'的一种形式"③。原告与被告之间的对抗性决定了有无诉讼收益才是原被告进行诉讼的动力，这是由民事审判的基本特征所决定的。富勒认为，司法审判的主要特征包括两个方面：其一是原告和被告在诉讼过程中必须形成对抗，并通过对抗形成案件处理的诉讼争点；其二是对已经形成的诉讼争点，依靠事先制定的法律规范予以判定。④所谓对抗，是指在司法审判过程之中，原告和被告相互之间处于抗争和对立的

---

① 《村民委员会组织法》（2010 年）第 36 条规定："村民委员会或者村民委员会成员作出的决定侵害村民合法权益的，受侵害的村民可以申请人民法院予以撤销，责任人依法承担法律责任。村民委员会不依照法律、法规的规定履行法定义务的，由乡、民族乡、镇的人民政府责令改正。乡、民族乡、镇的人民政府干预依法属于村民自治范围事项的，由上一级人民政府责令改正。"

② 张旭勇："村民委员会与集体财产保护的公法转向"，载《浙江学刊》2012 年第 1 期。

③ 唐力："事实探知：当事人对论构造的法理分析"，载《西南民族大学学报（人文社科版）》2006 年第 4 期。

④ 陈亮："环境公益诉讼激励机制的法律构造——以传统民事诉讼与环境公益诉讼的当事人结构差异为视角"，载《现代法学》2016 年第 4 期。

诉讼地位，双方当事人彼此进行的主张和抗辩、攻击和防御是诉讼活动的主要构成。所谓判定，是指由法官处于居中裁判的中立者地位，对原告和被告之间通过攻防行为揭示出来的法律事实进行判断和认定，并在此基础上根据法律作出终局性裁判，且该裁判结果一经作出则不允许随意更改。① 很显然，终局性裁判需要极大依赖原告和被告之间的对抗性，只有如此法官方可全面有效地得到案件处理所必需的法律事实及其具体证据。对抗性程度越高，展现的案件事实就越充分，原告的胜诉概率也就越大。法官只有支持原告的诉讼请求，才能形成原告相应的诉讼收益。

但是，诉讼收益的归属是由原告构造所决定的。原告构造是指原告内部的功能性构成要素及其相互关系，通常包括受害人、代言人、付费人和受益人四个维度的角色身份，② 这是原告的诉讼决策范式在民事诉讼中外化的行为表现。首先，原告是违法行为的受害人，其合法权益因他人的侵权行为遭受损害；其次，原告是自我利益的代言人，在整个诉讼过程中尽力维护自己利益；再次，原告是诉讼行为的付费人，承担因诉讼行为产生的直接或间接诉讼成本；最后，原告是诉讼行为的受益人，诉讼收益的全部或大部分归属于原告本人享有。

在传统的民事诉讼中，原告的内在构造是"四重合一"的身份结构。原告同时具有受害人、代言人、付费人和受益人四重身份，这四重身份完整地合为一体：受益人身份使原告因侵权行为遭受的损害得到补偿，为补偿其损害原告将积极承担诉讼成本并为自己利益竭力代言。如果这四重身份合为一体，诉讼收益无疑将归属于原告本人。但是，如果这四重身份在原告和其他主体之间发生分割，最终诉讼收益的归属则可能处于未定状态，原告可能未必实际享有涉案利益。

从上述分析可以看出，传统民事诉讼的激励机制实际上内嵌于原告构造本身。原告最终享有诉讼利益激励着原告必须采取一切可能措施实现其胜诉概率的最大化，竭尽全力争取对自己最为有利的裁判结果。为了实现案件收益的最大化或赢得案件的最终胜诉，原告必须在整个诉讼过程中进行积极对抗和有效防御，如发现侵权事实、收集相关证据材料、积极提起诉讼、对律师进行激励和约束、攻击被告的违法事实或法律漏洞等。对抗性决定了诉讼受益的有无，原告构造决定了诉讼收益的归属。直言之，传统民事诉讼最为精巧的制度设计，是充分尊重和利用原告的理性人假设，在原告多重身份的功能构造中镶嵌着非常自然、非常有效、非常巧妙的内在激励机制。因此，对传统民事诉讼而言，

---

① 王亚新：《对抗与判定：日本民事诉讼的基本结构》，清华大学出版社 2002 年版，第 57 页。

② Owen M. Fiss. The Forms of Justice. Harvard LawReview, 1979, Vol. 93, p. 18.

根本无须另行构建专门的诉讼激励机制或出台专门的诉讼激励措施。

（二） 集体成员代表诉讼的内在激励机制出现失灵现象

集体成员代表诉讼包括三个基本要素：被适格的集体成员提起、有正当的诉讼理由、救济是为了集体利益而寻求。[①] 在集体独立人格遭到破坏、集体独立意思无法做出的情况下，原告成员代表与其处于同一地位的其他成员挺身起诉，代表诉讼因此具有代位性和代表性。由于这种双重属性，起诉主体与受害主体不一致便成为其典型特征，由此导致法律期望的起诉主体未能提起诉讼，造成有价值的诉讼不足。在集体成员代表诉讼中，原本"四重合一"的原告构造发生角色身份的解体：受害人和受益人不是提起诉讼的集体成员，而是合法权益受到侵害的农村集体经济组织，作为原告的集体成员只剩下发现侵权事实、提起代表诉讼、进行调查取证、激励和监督代理人、展开诉讼攻击防御等行为的代言人身份，以及承担直接或间接诉讼成本的付费人身份。集体成员作为原告事实上徒有其名，既无利可图又缺乏初始委托人的激励，代表诉讼由此陷入激励困境。

第一，集体成员失去诉讼受益人的身份。理性人假设是法律经济学的经典表达和基本预设，原告是否提起诉讼通常要对诉讼成本和诉讼收益进行理性权衡。一般情况下，通过提起诉讼获得的诉讼收益可以弥补其实际损害且超过诉讼过程中投入的诉讼成本，原告才拥有提起赔偿之诉的积极性。但是，在集体成员提起的代表诉讼中，原告对诉讼成本和诉讼收益进行衡量的诉讼决策范式出现结构性缺失，集体成员提起诉讼不符合计算成本收益的理性人假设。集体成员需要支付整个诉讼过程中产生的各种相关成本，作为原告的集体成员并不享受诉讼收益。即使集体成员最终赢得诉讼，法院也只能将诉讼利益判归因遭受侵权而利益受损的村民委员会或农村集体经济组织，被告败诉后应当按照法院判决向其履行判决义务。对此，对通过代表诉讼活动得以保障的这部分集体利益，集体成员不能请求法院判决归自己享有，也不能请求法院判决在集体成员之间进行利益切割，原告作为农村集体经济组织的成员只能就其潜在份额享有不可分割的间接利益。因此，在诉讼收益归村民委员会或农村集体经济组织、集体成员仅仅获得"可以忽略不计的好处"或者所获利益较少的情形下，[②] 原告的实质受益人身份基本丧失殆尽，极大降低了集体成员提起诉讼的积极性。

---

① Arad. Reisberg, Derivative Actions and Corporate Governance, Oxford University Press, 2007, p. 135.

② 耿利航："论我国股东派生诉讼的成本承担和司法许可"，载《法律科学》2013 年第 1 期。

　　第二，原告成员依然保留并强化了付费人身份。根据我国诉讼费用规则，"输者支付受理费、其他成本各付各的"，无论胜诉与否，原告都需要支付其他诉讼成本。败诉时，原告须自行承担所有诉讼成本，包括案件受理费和律师费、交通费、材料费等其他诉讼成本；胜诉时，原告需要承担除了案件受理费之外的其他诉讼成本。在我国的司法实践中，其他诉讼成本总体上比案件受理费更加高昂，已经成为限制集体成员提起各种涉农诉讼的制约因素。无论司法审判的设计如何精致完美或者如何能够有效地达致正义，但是，如果通过诉讼程序付出的各种成本过于高昂，权益受损者就往往不得不放弃借由司法审判达致正义的念头。[①] 从这个角度来讲，诉讼成本与代表诉讼的活跃度负相关，直接影响着集体成员的起诉概率；诉讼成本承担规则对原告越有利，提起诉讼的可能性就越大，否则代表诉讼将形同虚设。

　　此外，在代表诉讼的提起过程中存在着"搭便车"现象以及需要支付集体行动的组织动员成本，使得提起诉讼的集体成员需要承担更多的诉讼支出。从法经济学的角度看，集体成员代表诉讼权是为了维护全体集体成员的共同利益，具有突出的公共物品属性，能够增加集体成员的潜在收益且不能排除其他集体成员的最终享有，未提起诉讼的其他成员尽管没有支付任何诉讼成本亦能坐享其成。根据理性经济人假设，集体成员此时最佳的选择方案是不进行任何诉讼投入而坐等其他人起诉并可自然分享胜诉利益，由此在代表诉讼中形成所谓的"搭便车"现象。从代表诉讼机制的运作机理和规则设计来看，提起诉讼的集体成员一般都需要达到一定比例的人数要求，即在整个诉讼过程中需要采取群体性的集体行动。由于其他集体成员存在"搭便车"的心态，发起代表诉讼的集体成员将不得不面临更高的组织动员成本，否则可能因为难以满足原告的资格要件而无法启动诉讼程序。比如，拟提起诉讼的集体成员需要花费较大力气寻找同盟者，并说服其达成作出相同的诉讼决策或达成一致的诉讼方案，需要选定诉讼代表人以及代理人，需要就诉讼成本分担或者激励措施达成一致意见等。根据奥尔森的集体行动理论，除非强迫集体成员提起诉讼，或者该部分集体成员同意在分担诉讼成本的前提下另外给予独立的激励措施，[②] 否则持有异议的集体成员将难以为了增加成员集体的共同利益而由自己主动提起代表诉讼。

---

　　① ［日］棚懒孝雄：《纠纷的解决与审判制度》，王亚新译，中国政法大学出版社2004年版，第267页。

　　② ［美］曼瑟尔·奥尔森：《集体行动的逻辑》，陈郁等译，上海人民出版社1995年版，第3页。

"倘若诉讼收益被广为共享，个人利益微乎其微，那么每个人都可能选择搭便车最终导致每个人都缺乏足够的起诉热情"①。

第三，委托代理链条中农村集体经济组织的缺位使得集体成员缺乏有效激励。从整个运行过程来看，集体成员代表诉讼中存在着比较复杂的多重委托代理现象。从整个代表诉讼的运行过程来看，作为权益受侵害者的农村集体经济组织与作为诉讼当事人的集体成员之间构成第一重委托代理关系，作为诉讼当事人的集体成员与作为诉讼代理人的集体成员之间构成第二重委托代理关系，作为诉讼代理人的集体成员与作为诉讼代理人的律师之间构成第三重委托代理关系。在这个复杂的委托代理链条中，作为诉讼当事人的集体成员既是第一重委托代理关系的受托人，又是第二重委托代理关系和第三重委托代理关系的委托人。委托代理理论认为，如果委托代理关系的层次较多或者存在层层委托的情况，代理人的工作积极性随着代理层级增加而逐渐降低，所有层级的代理人最终都是为初始委托人进行服务，因此初始委托人才是整个委托代理链条中最具激励或监督积极性的主体。② 很显然，在集体成员代表诉讼机制中，农村集体经济组织作为初始委托人，其法律角色和主体意识还比较薄弱，对提起诉讼的集体成员进行激励和监督的积极性还比较匮乏。究其原因，这一方面固然是因为集体成员普遍存在"搭便车"的心态，另一方面则是因为第一重关系之产生并不符合标准委托代理关系的形成机理。一般而言，平等协商是委托代理关系的产生机制，委托人和代理人就委托代理事项形成合意后，双方当事人就形成比较清晰的权利义务边界，委托人基于维护本人利益或实现委托目的的考量而积极监督代理人或者对其施予一定的代理激励。但是，集体成员代表诉讼中第一次委托代理的产生并非经由平等协商，集体成员获得代理权仅仅是源于法律的明确规定，农村集体经济组织处于委托人地位也只是处于法律的制度性拟制。因此，农村集体经济组织作为被动的初始委托人，自然缺乏对提起诉讼的集体成员进行激励或约束的主动性，而集体成员也很难有提起代表诉讼的积极性。

（三）集体成员代表诉讼的诉讼成本更高

其一，较高的经济成本。提起一项诉讼，案件受理费需要原告进行预先缴纳。案件受理费收取的形式有按件收取和以案件性质设定不同的收费标准两种，

① Richard B. Stewart, Cass R. Sunstein. Public Programs and Private Rights. Harvard Law Review, 1982, Vol. 95, p. 1214.
② 陈亮："环境公益诉讼激励机制的法律构造"，载《现代法学》2016 年第 4 期。

农村集体经济组织成员提起代表诉讼后首先要承担案件受理费，这是必须缴纳的费用支出。此外，还需要负担律师的代理费、往返的交通费及住宿费、相关材料费等经济性开支。农村集体经济组织受到侵害的情形和性质都较为复杂，由于集体成员受自身文化水平和法律水平的限制，往往需要寻求专业律师的帮助并支付一定的劳动报酬。无论案件胜诉与否，聘请律师都需要支付律师费用，律师收费各地尚未形成统一标准，少数以件数收取费用，一般按照案件诉讼标的额的比例收取。收取律师费用对集体成员而言是一项较重的经济负担。除了这两项主要开支以外，其他方面也产生较高的经济支出。集体成员为参加诉讼需要支出交通费、住宿费等，诉讼影响集体成员的生产生活产生误工成本；在诉讼过程中支付的咨询费、调取证据费用等都是诉讼费用的必要组成部分，作为原告的集体成员需要自行承担诸多费用。农村集体经济组织成员相较于其他诉讼主体，其收入水平较低，其经济负担相对更重。

其二，较高的伦理成本。农村社会具有"熟人社会"的特点，有着自己长期沿袭而成的一套约定俗成的乡土关系及其规则，村民处在农村社会的乡土语境之下对其默认并习惯性遵守。我国乡土社会语境的独特性，在某种程度抑制了集体成员提起代表诉讼的内在积极性。这不同于公司作为一组市场性契约，农民集体的形成主要由集体成员通过订立一组社会契约而存在的道德共同体。乡村社会是农村集体经济组织存在的基本环境，农民则是构成农村集体经济组织的基本单元。已经有大量研究表明，对农民行为的动机进行分析并不能完全适用传统的理性人假设。正如有的学者所说，农民呈现出更加复杂、具有多种可能的"综合理性"，既是处于弱势地位的、追求外在剥削最小化的"弱势小农"，也是受经济利益驱动、追求利润最大化的"理性小农"，还是受多种因素驱动、追求效用最大化的"效用小农"，亦是一切经济活动以生存为中心、追求生存最大化的"生存小农"，以及崇尚货币伦理、追求现金收入最大化的"社会化小农"。[①] 这些小农行为动机理论的不同观点表明，要准确阐释农民理性实际上比较困难，因为其行为决策容易受到更多因素的影响。从总体上看，农民拥有的经济资源更少，但需要支付的诉讼成本却更多：既包括直接成本，如案件受理费、律师代理费、评估鉴定费等经济性支出；也包括间接成本，如为了提起诉讼、参与诉讼而需要持续投入的时间耗费、精力支出等非经济性支出；还包括伦理成本，如在我国农村独特的乡土社会语境下必须支付的人际关系破裂、舆论评价降低、心理负担沉重等道德性支持。

---

① 邓大才："社会化小农：动机与行为"，载《华中师范大学学报（人文社会科学版）》2006年第3期。

直接成本和间接成本是所有民事诉讼中都共同存在的诉讼成本，但伦理成本问题则在涉农诉讼中更为突出、更为特殊、更为昂贵。实质上，这是我国独特的乡土社会语境所致，生于斯、长于斯的农民需要摆脱更多的场域限制和道德约束。其一，农民需要克服沿袭已久的厌讼观念。长期以来，农村集体与外界相对隔绝，儒家的厌讼观念可谓根深蒂固，农民对法律并未普遍表现出显著积极的支持态度，对现代的司法审判机制抱着较为疏远或抵触的心态。① 农民之间因各种原因形成纠纷，农民受厌讼惯性思维的长期影响，更愿意选择按照乡土社会规则进行私了或者索性忍气吞声。只有非法侵害行为已经逾越了农民所能承受的心理界限，受侵害的农民才能抛弃厌讼的思维定式而选择与侵权人对簿公堂、辨明是非。一般而言，只要农民决意提起诉讼，通常表明涉案利益冲突在程度上已经比较剧烈。如果不能及时通过司法渠道予以化解，可能会引发农民非理性的维权行动。其二，农民需要克服熟人社会的固有约束。按照费孝通教授的观点，熟人社会是我国农村社会的基本面相，人际关系的主要形成脉络呈现差序格局的特点，法律在熟人社会中效力和作用比较弱，农村社会基本呈现"无讼"特征。从农村社会的基本构成看，宗族力量和家族力量可谓源远流长，阶层分化态势可谓盘根错节，利益形态和利益分布可谓错综交织。个别或部分农民一旦就某纠纷诉诸法院，必然会恶化集体成员相互之间的人际关系。代表诉讼希望集体成员主要对侵犯集体财产权益的村干部提起侵权之诉，而村干部往往是乡土社会的强势群体。从力量对比上看，强弱悬殊和地位差异比较明显。即便打赢官司，农民也可能会在未来遭遇各种报复性行为。同时，农民个体对村干部群体提起诉讼，不仅是与侵权人发生直接冲突，而且可能是与以村干部为中心而形成的人脉网络发生间接冲突，进而恶化农民个体在乡土社会中的人际关系格局。其三，农民需要克服自身面临的各种心理压力。对农民个体而言，乡村社会是需要长期生活的狭小村落，村落内其他成员的声誉评价对其具有极大影响。农民个人如果提起诉讼，可能会在较为保守封闭的村落内招致其他成员的负面评价或面临村落舆论的指摘压力，甚至还要面临来自家庭其他成员的劝阻压力，最终导致其个人声誉出现严重亏损现象。同时，由于农民搜集和运用证据的客观制约，对诉讼结果也充满着茫然而不可预知的精神折磨。其结果是，可能对集体成员的生活产生严重影响，并遭受着周围环境施加的巨大压力。

---

　　① ［新加坡］丹·普尼亚克申："亚洲地区的股东代表诉讼：一个复杂的现实"，王瑞、唐博超译，载《商事法论集》，法律出版社2012年版，第141页。

（四）我国代表诉讼机制的有效激励不足

"司法制度运行与诉讼实施的实质目的，在于动员合理且适格的社会主体在特定的激励关系下，能够积极地参与到司法进程之中，以完成利益维护与社会价值纠偏的目标"①。集体成员代表诉讼机制的制度目标，是希望集体成员积极采取法律行动保护农村集体财产，因此，能否激活集体成员的诉讼热情就成为代表诉讼机制能否达致预期目标的关键因素，"决非立法允许提起代表诉讼那么简单"。② 但是，保护集体权益的代表诉权仍然存在比较突出的激励问题：

第一，原告的起诉资格尚不明晰。"成员集体"作为集体所有权的法律主体，是由特定村组范围的全体成员所构成，具有群体性、整体性和集体性的特点，从而导致在集体所有权遭受非法侵害时，受害人的具体判定、请求权主体和诉讼权主体的具体判定都不是非常明晰。③ 原告资格条件的模糊性必然会降低集体成员提起代表诉讼的胜诉预期，并且会增加集体成员争取起诉资格的社会成本。目前，只有在涉及农村集体土地的行政案件中，集体成员可以对侵犯集体权益的行政主体提起代表诉讼。④ 但是，对行政主体侵犯集体土地权益以外的行为、除行政主体以外的其他主体侵权以及集体财产经营管理者实施的内部侵权，集体成员是否可以提起诉讼的法律规定尚不明确，司法实践大多援引当事人适格的传统法理否认集体成员的起诉资格。比如，已转为城镇居民的起诉人不具有提起诉讼的资格，未达半数的集体成员不具备提起诉讼的资格，不能以本人名义提起诉讼等，⑤ 司法实践的做法比较混乱。

第二，原告获取证据的能力比较薄弱。能否获取相应的证据，直接影响到原告对胜诉概率的预判。从农村实际看，集体成员的诉讼能力普遍低下，在证据获取上存在着明显障碍，集体成员大多难以获取证据或者证据不充分而无法起诉。尽管《物权法》《村民委员会法》明确了集体财产状况的公布义务、村

---

① 白彦："论民事公益诉讼主体激励机制的建构"，载《北京大学学报（哲学社会科学版）》2016年第2期。
② R Baxt, What is the Real Fuss about Foss v. Harbottle, 12 CSGJ 178, 1994, p. 180.
③ 韩松："农民集体所有权和集体成员权益的侵权责任法适用"，载《国家检察官学院学报》2011年第2期。
④ 2011年，最高人民法院发布《关于审理涉及农村集体土地行政案件若干问题的规定》，其中第3条规定："村民委员会或者农村集体经济组织对涉及农村集体土地的行政行为不起诉的，过半数的村民可以以集体经济组织名义提起诉讼。"
⑤ 北京市延庆县人民法院（2013）延行初字第00025号，山东省平度市人民法院（2015）平行初字第240号，成都市龙泉驿区人民法院（2016）川0112行初第37号。

务公开制度,① 但是, 集体成员是否享有查阅相关会计账簿的权利却并不明确, 致使集体成员获取起诉证据的渠道极为不畅。比如, 在"陈某等116人诉某市政府案"中, 法院认为原告成员不能证明起诉人经过了村民小组会议的民主议定程序, 也不能提供村民小组授权的证据或村民小组长的授权委托手续, 不具备起诉条件;② 在"宋某等723人诉某县政府案"中法院认为, 起诉人未提交集体成员总人数及具有农民身份的集体成员的具体人数, 无法确定起诉人是否系该村集体农民且已过半数。③ 这种处理结果, 尽管不能排除法院由于受到行政干扰而不得不避重就轻, 但也在一定程度上反映出集体成员证据能力的薄弱。

第三, 按照财产案件收费不合理。根据《诉讼费用交纳办法》的相关规定, 集体成员提起诉讼应当交纳相应的诉讼费用。④ 按照《人民法院诉讼收费办法》的相关规定, 对财产案件和非财产案件收取不同的案件受理费, 财产案件按照诉讼请求额的一定比例收取, 非财产案件则按件收取。现行规定并未明确代表诉讼案件属于何种类型, 司法实践中大多按照财产案件的收费标准执行, 沉重的经济负担成为很多潜在原告的诉讼门槛。

第四, 诉讼费用补偿规则缺失。从我国股东代表诉讼的实践看, 《公司法》《民事诉讼法》及其相关法律规则并未明确费用补偿问题。一般来说, 当原告胜诉时, 法院会在判决书或者调解协议书中明确被告承担的案件受理费和其他法定诉讼费用, 原告本人仍需承担律师代理费及其他相关支出。原告不但需要付出时间、精力和心理压力等非物质成本, 还需要自己承担诉讼费用、胜诉后

---

① 《物权法》第62条规定:"集体经济组织或者村民委员会、村民小组应当依照法律、行政法规以及章程、村规民约向本集体成员公布集体财产的状况。"《村民委员会组织法》第30条规定,"村民委员会实行村务公开制度。村民委员会应当及时公布下列事项, 接受村民的监督: (一) 本法第23条、第24条规定的由村民会议、村民代表会议讨论决定的事项及其实施情况; (二) 国家计划生育政策的落实方案; (三) 政府拨付和接受社会捐赠的救灾救助、补贴补助等资金、物资的管理使用情况; (四) 村民委员会协助人民政府开展工作的情况; (五) 涉及本村村民利益, 村民普遍关心的其他事项。前款规定事项中, 一般事项至少每季度公布一次; 集体财务往来较多的, 财务收支情况应当每月公布一次; 涉及村民利益的重大事项应当随时公布。村民委员会应当保证所公布事项的真实性, 并接受村民的查询。"第31条规定:"村民委员会不及时公布应当公布的事项或者公布的事项不真实的, 村民有权向乡、民族乡、镇的人民政府或者县级人民政府及其有关主管部门反映, 有关人民政府或者主管部门应当负责调查核实, 责令依法公布; 经查证确有违法行为的, 有关人员应当依法承担责任。"

② 江西省万载县人民法院行政裁定书, (2014) 万行初字第25号。

③ 北京市延庆县人民法院行政裁定书, (2013) 延行初字第00025号。

④ 《诉讼费用交纳办法》第6条规定:"当事人应当向人民法院交纳的诉讼费用包括: (一) 案件受理费; (二) 申请费; (三) 证人、鉴定人、翻译人员、理算人员在人民法院指定日期出庭发生的交通费、住宿费、生活费和误工补贴。"

的利益落空和败诉后的经济成本。很显然，这必将极大抑制理性原告提起代表诉讼的积极性，也必将抑制集体成员代表诉讼制度功能的有效实现。

第五，胜诉利益归属及分配缺乏公平性。按照传统的民事诉讼规则，原告为维护集体利益以本人名义代替集体起诉，胜诉后所获赔偿直接归属于农村集体。胜诉后，原告成员只能获得间接利益，即作为集体之一员享有不能量化到人的虚拟利益份额，这与未参与提起诉讼的集体成员并无二致，对提起诉讼的原告成员显然失去公平性。同时，在集体成员侵害本集体的合法权益时，农村集体获得相应赔偿后，有过错的集体成员又与原告成员一起分享了胜诉利益。尤其是，侵害集体利益的村干部等经营管理者在向本集体赔偿损失后，实际上又重新控制了集体的胜诉利益，这将对提起诉讼的原告成员构成实质性打击。

激励问题是集体成员代表诉讼机制是否具有生命力的关键。要真正激发集体成员提起代表诉讼的积极性，围绕其诉讼决策范式即以诉讼成本收益衡量为主线设计激励规则，明确诉讼成本的分担规则和诉讼收益的分享规则，从而激励集体成员提起对保护集体财产权具有正向价值的有效诉讼。

（五）国外代表诉讼激励机制的主要做法及启示

由于国情差异，尽管主要发达国家对代表诉讼的激励措施主要围绕公司股东进行，这对完善我国集体成员代表诉讼的激励机制仍然具有重要的参考价值。

股东代表诉讼肇始于英国衡平法院于 1843 年确立的福斯规则。但是，英国的股东代表诉讼在其后很长时间内却并不活跃，司法实践中也很少运用。自 20 世纪末开始，英国逐渐对股东代表诉讼进行了改革，尤其是 2006 年的新公司法极大增强了代表诉讼的易于适用性。[1] 一是降低了原告的举证责任，只要能够证明公司的董事违反了谨慎义务即可。二是明确善意原告有权获得诉讼费用补偿。提起代表诉讼的股东可以在受案环节提出补偿诉讼费用的诉讼申请。只要原告股东提起代表诉讼的主观状态属于善意，即使该代表诉讼被审判证明是一场错误发动的诉讼，法院仍然有权判决公司弥补败诉股东因此而支出的诉讼费用。但是，是否给予费用补偿及其具体数额，要接受法庭的司法审查。三是引入附条件收费协议制度。在"败诉方负担"规则下，原告股东胜诉，代理律师可以收取代理费和不超过代理费一倍的额外费用；原告股东败诉，无须支付律师费，但仍需要支付其他费用，比如被告的诉讼费用等。

尽管股东代表诉讼制度首创于英国，但却在同属普通法系的美国得到了全面发展。目前，美国有关股东代表诉讼的具体规则主要体现在《联邦民事诉讼

---

① 钱玉林："英国的股东派生诉讼：历史演变和现代化改革"，载《环球法律评论》2009 年第 2 期。

规则》《美国示范公司法》等相关条款，诉讼激励机制也比较成熟发达。
（1）放宽原告股东的起诉资格。将股东提起代表诉讼的权利视为单独股东权，
法律对原告股东没有持股比例的要求。有些州法院在判例法上还确立了二重代
表诉讼，即如果子公司的合法权益遭受不法侵害，拥有诉讼权利的子公司拒绝
提起诉讼，作为股东拥有代表诉权的母公司亦拒绝提起代表诉讼，此时，母公
司的股东可以自己的名义代位子公司提起代表诉讼，从而进一步扩大了原告的
适用范围。[①]（2）扩大代表诉讼的诉因范围。比如，既遂的越权行为产生的损
害赔偿、内部人员违反忠实义务损害公司利益、公司进行不正当分红等情况，
原告股东均可提起代表诉讼。根据美国公司法的相关规定看，对内部经营管理
人员或外部第三人实施的侵害公司利益的非法侵害，原告股东可以行使代表诉
权诉请对各种不正当行为予以禁止、撤销或恢复。（3）赋予公司股东的知情
权。美国的很多州规定，只要在册时间超过 6 个月且所持股份在 5% 以上的股
东，或者合计持有 5% 以上股份的代理人，法律允许出于正当目的查阅股东会
会议记录等有关资料。为了便于获取相关证据，法院在解释适用"正当目的"
时持比较宽松的立场和标准，只要能够认定提起代表诉讼的股东是为了维护公
司利益而非实现个人私益，即可初步认定为具有正当目的。（4）减少适用诉讼
费用担保。诉讼费用担保是法院根据被告的申请责令原告提供一定数额的金钱
担保，以确保被告胜诉时能够从中获得诉讼费用的补偿。诉讼费用担保虽然有
利于阻止股东提起恶意诉讼，但对合法诉讼的遏制效果也比较明显。在美国的
股东代表诉讼实践中，是否缴纳费用担保金由法院通过行使自由裁量权予以决
定，法院一般秉承较为宽松的立场，并不要求提起诉讼的股东缴纳保证金。作
为例外的情形，如果法院初步判定代表诉讼明显没有实际价值或者明显缺乏正
当理由时，才会对提起代表诉讼的股东适用费用担保规则。（5）确立共同基金
规则。共同基金规则是美国法院对当事人自行承担律师费规则的发展，将合理
费用转嫁给公司以减轻原告的诉讼成本。原告起诉是为了保护全体股东的共同
利益，如果固守律师费自付的规则将对原告股东明显失去公平。因此，法院将
胜诉利益作为共同基金，原告可基于不当得利原则从该基金获得律师费的补偿。
根据该规则，原告股东的合理费用可以从预期赔偿中先行提取且不以公司实际
获得赔偿为前提，只要公司获得确定的实质性利益即可，如取消不利于公司的
合同或交易。[②]（6）确立比例性直接求偿权。如果持有公司股份的内部控制人

---

① 王淼、许明月："美国特拉华州二重代表诉讼的实践及其对我国的启示"，载《法学评论》
2014 年第 1 期。
② 胡宜奎："论股东代表诉讼中的费用补偿"，载《政治与法律》2014 年第 2 期。

侵犯公司财产利益，为了防止其从自己的违法行为中分享胜诉利益而间接剥夺了原告股东的胜诉利益，法院可以将这部分内部控制人排除于胜诉利益的分享者之外。即胜诉利益由公司的其他股东按照其持有的股份进行具体分配，作为内部侵权者的公司股东则被禁止参与分配。如果法院认定提起代表诉讼的股东属于干扰公司经营的恶意股东，则可以剥夺恶意股东的平等受偿权。(7) 引入胜诉酬金规则。胜诉酬金规则是将诉讼风险由原告转嫁给律师，即使无经济能力的股东也可提起代表诉讼，无须担心败诉时的律师费问题。如果败诉，由律师自担费用，原告无需支付任何费用；如果胜诉或和解，律师按照所获赔偿额的一定比例取酬。实质上，律师是将原告权利的一部分作为抵押而向原告出借法律服务，向其提供败诉风险由律师承担的风险贷款。

以美国立法为参照，日本于 1950 年建立了股东代表诉讼制度。但是，股东代表诉讼在长达 40 年的司法实践几乎沦为具文，1950～1992 年，日本全国范围内的代表诉讼案件仅有 31 例，平均每年不到 1 件。[1] 其中，日本将代表诉讼定性为财产权诉讼、股东须向法院缴纳高额的案件受理费，是影响股东提起代表诉讼的关键因素。[2] 1993 年，为了降低诉讼成本和提高诉讼的便利性，日本对商法有关代表诉讼条款进行了修改，这一改革很快就对日本的公司治理产生了重要影响，"被认为是在日本唯一能有效维持公司治理的制度"。[3] 经过数次修法尤其是 2005 年颁布的新公司法，日本构建了较为健全的诉讼激励机制。(1) 赋予公司合并后的股东以原告资格。由于公司并购重组现象日渐普遍，重组后股东的原告资格及权益保护便成了重要问题。《日本新公司法》第 851 条第 1 款规定，原公司股东通过股份交换或转移成为全资母公司的股东，以及原公司合并消灭后成为存续公司的股东，仍然可以继续进行代表诉讼。(2) 按照非财产案件收费。日本原本采取按照诉讼标的额收费的方式，原告须向法院缴纳高额的案件受理费，这极大抑制了原告提起代表诉讼的积极性。因此，日本商法典修改后，明确将股东代表诉讼案件作为非财产案件收取案件受理费，不再根据诉讼标的额的适用不同的收费标准，而是全部按照 8200 日元统一收费。原告股东的经济负担大幅减轻，代表诉讼案件亦随之大幅增长，这也成为日本极具特色的激励措施。[4] (3) 降低股东查阅公司账簿的持股比例。日本将持有

---

① 刘向林："日本股东代表诉讼的历史考察"，载《日本问题研究》2005 年第 3 期。

② 周剑龙："日本的股东代表诉讼制度"，载王保树主编：《商事法论集》，法律出版社 1997 年版，第 275 页。

③ 平力群："日本股东代表诉讼制度改革动因论析"，载《日本研究》2014 年第 1 期。

④ 平力群："交易成本与公司治理——以日本股东代表诉讼制度改革为中心"，载《南开日本研究》2013 年第 1 期。

公司股份 10% 以上的股东才有权查阅公司账簿，降低为持有公司股份 3% 的股东即可查阅公司账簿。由此，扩大了账簿查阅权的主体范围，便于股东进行内部监督以及搜集提起诉讼所需要的证据。（4）扩大费用补偿范围。如果原告股东胜诉，可以请求公司在所获利益范围内进行一定补偿。之前的补偿范围仅仅限于诉讼费用，新法扩大了原告股东胜诉时的补偿范围，还可以请求补偿律师费、差旅费、材料费、调查费等必要支出。（5）善意股东败诉保护规则。如果原告股东败诉，不向公司负损害赔偿责任，除非该股东提起恶意诉讼。被告向法院提出诉讼费用担保的请求，也必须证明原告提起该诉讼是出于恶意。这对减轻善意股东的败诉风险极具价值，免除了原告股东提起代表诉讼的后顾之忧。

从英国、美国和日本的主要做法看，有几个基本经验值得我国借鉴。一是要降低原告资格的诉讼门槛、增强原告获取证据的能力，以提升原告对胜诉概率的预判，强化其代言人的身份角色；二是要降低原告提起代表诉讼的经济成本、将败诉风险进行外部性转移，以打消原告的后顾之忧，淡化其付费人的身份角色；三是要赋予原告分享胜诉利益的权利，并不断提高分享比例，明确其受益人的身份角色。

四、农村集体经济组织成员代表诉讼的法律构造

（一）构建代表诉讼制度应当遵循的基本原则

构建集体成员代表诉讼法律制度的实质，是通过农村集体经济组织的相关主体立法明确赋予集体成员提起代表诉讼的权利。但是，提起诉讼的权利是当事人的主观权利，可行使亦可不行使，完全听凭当事人据其内心的真实意愿自由决定。集体成员拥有代表诉权，并不意味着集体成员必然会行使代表诉权，因此诉讼激励就显得尤为重要。因此，集体成员代表诉讼机制的法律构造，应当在尊重团体人格原则的前提下，采取充分激励措施以调动适格原告提起代表诉讼的积极性，从而实现确立集体成员代表诉权的立法目的。申言之，法律规则的具体设计应当有利于排除集体成员行使代表诉权的诉讼障碍，应当降低行使代表诉权的诉讼成本或提高其诉讼收益，激励集体成员积极行使代表诉权以维护我国农村集体财产不受各种非法侵害。

根据团体法理论，农村集体经济组织法人具有特别法人的独立人格，立法和司法都应当给予充分尊重，不得肆意侵入团体内部干预其自治运行机制。因此，应当奉团体自治原则为圭臬，将集体事务交由集体自行处理，防止部分集体成员或者人民法院忽略内部自治机制而越俎代庖。

农村集体经济组织成员代表诉讼的实质是纠正团体人格异化的法律机制，其适用场域是团体人格发生异化的场合。团体之所以被赋予"人格"，这是由于社会生活的需要及法律的目的。对团体人格的具体构成要素尽管尚存争议，但是学界一般都认可独立意思和独立财产是团体人格的必备要素和核心要素。[1]然而，团体人格或法人人格在社会实践之中产生，同时又在社会实践之中逐渐异化。其一，法律肯定特定组织体的团体人格之后，该团体就具有独立于成员个体的法律地位和法律身份。问题是，由于团体事实上难以像自然人一样进行自主的思考、决策和行动，这就决定了团体运转必须依赖于成员个人：团体意志的形成必须源于个人意志的相互结合，由团体成员按照多数决原则形成；团体财产的形成必须源于成员个人财产的相互结合，并按照内部治理权限的划分交由特定个人进行具体管理。因此，团体法人的正常运转和经营管理将不得不依靠于特定的内部管理人，但内部管理人具有的经济人本性又使其往往产生背离所有者利益的天然倾向，最终反过来损害团体及其成员的合法权益。[2]其二，从利益形态上看，团体内部具有比较复杂的利益格局，是由各种利益相互交织而成的混合体，并在异质利益之间产生代理问题和道德风险。[3]首先，内部管理人侵害成员个体的合法权益。由于团体法人具有拟制性，拥有独立于成员个体的法人财产权，所有权与管理权因此就必然会发生制度性分离。内部管理人必须尽到善良管理人的义务谨慎行使团体财产的经营管理权，如果内部管理人基于不同的利益追求背离其信义义务，其结果必然损害团体利益并最终损害成员利益。其次，多数派团体成员可能损害少数派团体成员的合法权益。成员大会是团体法人的最高权力机关，采取多数决原则形成团体意思，多数派成员基于其个人利益考量极有可能作出损害少数成员合法权益的团体决议，从而剥夺或限制少数派成员应得的利益份额。可以看出，团体人格保障机制在实际运行过程中发生团体人格异化现象，即团体人格在运行过程中出现自我反对和自我排斥的对立力量，并逐渐侵蚀团体人格的本质规定性使之丧失独立性。[4]究其根源，团体法人中内部管理人的经济人本性、信息不对称以及控制团体的权力欲难以从根本上完全禁绝，从而使得团体人格徒具其表。

从本质上讲，集体成员代表诉讼机制是团体人格的修复机制和纠偏机制，是对团体人格的尊重和保护。代表诉讼允许集体成员起诉集体内部的经营管理

---

[1]　范建、王建文：《公司法》，法律出版社 2015 年版，第 191 页。

[2]　[美] 阿道夫·A. 伯利、加德纳·C. 米恩斯：《现代公司和私有财产》，甘华鸣等译，商务印书馆 2005 年版，第 133 页。

[3]　罗培新："公司道德的法律化：以代理成本为视角"，载《中国法学》2014 年第 5 期。

[4]　吴建华："公共权力异化成因解析"，载《理论导刊》2005 年第 1 期。

人员，行使原本应当由农村集体经济组织行使的起诉权，其用意正是意图引入司法机关的强制力修复已经发生异化的独立人格，借助外力推动农村集体经济组织法人回到其团体人格的本质规定性。大量实践已经证明，倘若集体内部不存在有效的民主监督，也没有形成内部权力的合理制衡，所谓的"集体"必然会发生异化现象并逐渐成为独立于集体成员的一个利益怪胎。① 因此，如果将维护集体利益的诉讼权利完全交由农村集体经济组织垄断行使，在有些场合就会明显失去公平性，尤其是农村集体经济组织、村民委员会的内部管理人成为侵权主体时，受内部管理人实际操控的农村集体经济组织法人更没有追求自己法律责任的动力机制。直言之，在农村集体经济组织的合法权益遭受各种不法侵害时，立法应当允许集体成员为了集体利益提起诉讼，而不应当仅仅由农村集体经济组织排他性地享有司法救济权。

（二）集体成员代表诉讼制度的当事人

（1）合理设定集体成员提起代表诉讼的资格条件。集体成员拥有诉讼资格是能够提起代表诉讼的前提。对原告资格的设定必须合理适当，如果过于苛刻将会抑制提起代表诉讼的积极性，如果过于宽松则可能产生集体成员滥用代表诉权干扰集体自治运行的风险。

其一，原告应当属于集体成员。集体成员的代表诉权是集体成员权的重要组成部分，只有拥有集体成员资格的主体才可能成为适格原告。没有集体成员资格或者起诉以后丧失集体成员资格的主体，均无权提起代表诉讼。认定原告是否具有成员资格，必须严格遵循集体成员资格认定的判断标准。有的观点认为，因婚嫁等新增人口尽管获得了集体成员资格，但是，该部分群体对其成为集体成员之前侵害集体利益的行为不享有提起代表诉讼的权利，因为新增人口与诉争事项并无利害关系故不应赋予其起诉权。但是，基于我国农民普遍处于弱势地位以及农村集体财产具有公有属性，因此可以赋予检察机关提起代表诉讼的权利。② 从利害关系的关联度而言，这一观点实际上值得商榷。既然可以赋予检察机关提起代表诉讼的权利，就不应当否定新增人口等集体成员的原告资格，哪怕该部分群体成为集体成员的时间较短。因为检察机关与诉争事项的利害关联度相对更低，诉讼激励强度相对更弱，允许这部分群体提起代表诉讼反而更加有利于分担各种诉讼成本。

其二，原告主观状态应为善意。提起诉讼的集体成员，应当公正且充分地

---

① 张晓山："'干部经济'是农地冲突的根源"，载《农村经营管理》2009年第2期。
② 管洪彦："农民集体成员派生诉讼的合理性与制度建构"，载《法律科学》2013年第4期。

代表农村集体及其成员。对此，立法可以在兜底条款之上列举若干典型情形，具体甄别则应交由法官通过行使裁量权个案处理。从国外的经验看，美国对如何判定原告是否"公正且充分"的善意性形成了较为具体的认定标准。根据《美国联邦民事诉讼规则》第 23.1 条的规定，"如果原告在行使公司或社团的权利时，不能公正且充分代表与之处于相似地位的其他股东或其他成员的合法利益，则不得维持代表诉讼"。借鉴美国司法实践的做法，法院可以从以下几个标准予以具体认定：利益标准，即提起代表诉讼的集体成员不应当存在影响其履行代表职责的利益关系；能力标准，即提起代表诉讼的集体成员所聘请的律师，应当具备相应的专业能力；证据标准，即应当由合理证据表明集体成员提起的代表诉讼将被持续推进下去。[1] 尤其是，如果提起代表诉讼之集体成员的私人利益与成员整体的共同利益发生直接冲突，则法院应当据以否认该集体成员的代表诉讼资格以免侵害其他成员的合法权益。

其三，原告应当满足人数要求。尊重农村集体经济组织的独立人格，要求必须对集体成员提起代表诉讼的权利加以限制，避免集体成员滥用代表诉权破坏农村集体经济组织的独立人格。集体成员代表诉讼突破了集体的正常经营模式。因此，应当对提起农村集体经济组织成员代表诉讼的人数加以限定，在激励诉讼与防止滥诉之间寻求平衡。对代表诉权是否应由满足一定人数要求的集体成员方可提起，学术界还存在较大分歧。①单独成员权说。即提起代表诉讼不需要原告达到一定比例的人数要求，任何一个成员均有权提起代表诉讼。[2] ②过半数说。即代表诉权是简单多数成员才有权行使的成员权，集体成员提起诉讼必须达到一定人数要求，这一比例应为全体集体成员的 1/2 以上。[3] ③过 2/3 说。即代表诉权是绝对多数成员才有权行使的成员权，全体集体成员的 2/3 以上才能行使提起代表诉讼的权利。[4] 如果从诉讼成本角度进行分析，单独成员权说实质上是由个别集体成员完全依据个人意思即可决定是否提起诉讼，无须动员、联合其他集体成员，原告之间不存在结成同盟的协商成本，极易出现个别成员以提起诉讼为由挟制农村集体经济组织或者容易引发其他非理性的代

---

[1]　美国法律研究院：《公司治理原则：分析与建议（下卷）》，楼建波等译，法律出版社 2006 年版，第 560 页。

[2]　韩松："农民集体所有权和集体成员权益的侵权责任法适用"，载《国家检察官学院学报》2011 年第 2 期。

[3]　王利明：《中国民法典学者建议稿及立法理由（物权编）》，法律出版社 2005 年版，第163 页。

[4]　王立争："农村集体成员派生诉讼的理论探索"，载《河南师范大学学报（哲学社会科学版）》2015 年第 2 期。

表诉讼，从而引发不必要的滥诉风险。后两种观点的经济实质相同，只不过诉讼成本的高低有所差别而已。两者均要求提起诉讼的原告必须达到集体成员的多数比例，也即是简单多数以上或绝对多数以上的集体成员就提起代表诉讼达成一致。这种将代表诉权设置为多数成员权的做法，事实上是希望集体成员就是否起诉达到相互约束、相互制衡的目的。但是，这种动员协商的成本显然过于高昂，极易排除对农村集体经济组织具有正向价值的代表诉讼。直言之，合理设定集体成员提起代表诉讼的人数要求，实质上是寻求集体行动成本上的一个均衡点：既要避免人数要求过高导致集体行动成本过高，最终抑制集体成员提起代表诉讼的积极性并使侵权人逍遥法外；又要避免人数要求过低导致集体行动成本过低，最终引发集体成员无价值的滥诉风险或者极少数成员"以小博大"的缠讼行为，从而扰乱农村集体经济组织内部自治机制的正常运行。结合我国村民自治的法律实践，可以衔接《村民委员会组织法》之规定明确原告成员的人数要求，即本集体 1/5 以上的集体成员方可有权提起代表诉讼。[①]

（2）适当扩大被告的主体范围。对集体成员代表诉讼的被告范围，学术界主要存在两种代表性观点。第一种观点是狭义说，即认为应当将代表诉讼的被告范围严格限定于农村集体经济组织、村民委员会的负责人。第二种观点是广义说，即基于保护我国农村集体财产的现实考量，认为只要对农村集体财产实施不法侵害的主体，无论内部人还是外部人都应当纳入被告范围，不应仅仅限定于内部人员。从立法目标看，确立集体成员代表诉权的直接动因即是保护农村集体财产，预防和禁绝非法侵害集体财产的各种行为，因此应当充分发掘代表诉讼的价值功能斩断伸向农村集体财产的一切"黑手"，既应当包括农村集体经济组织、村民委员会的负责人，也应当包括农村集体经济组织不愿提起诉讼或者不能提起诉讼的第三人。其中，"负责人"的涵盖范围在代表诉讼中应当采取扩大解释，包括村党委和村民委员会、农村集体经济组织的主要负责人及其组成人员。对实施侵权行为的第三人范围，可以根据具体侵害行为予以具体认定，比如有关行政主体、债务人和集体成员等均可能成为代表诉讼的被告。有的学者主张，由于农村集体经济组织、村民委员会与其负责人之间形成代表关系，代表人的行为应当视为职务行为，农村集体经济组织、村民委员会也应

---

① 《村民委员会组织法》第 16 条规定："本村五分之一以上有选举权的村民或者三分之一以上的村民代表联名，可以提出罢免村民委员会成员的要求，并说明要求罢免的理由。被提出罢免的村民委员会成员有权提出申辩意见。"第 26 条规定："村民代表会议由村民委员会召集。村民代表会议每季度召开一次。有五分之一以上的村民代表提议，应当召集村民代表会议。"第 35 条规定："村民委员会成员实行任期和离任经济责任审计，审计包括下列事项：（六）本村五分之一以上的村民要求审计的其他事项。"

当纳入代表诉讼的被告范围并承担相应责任。这种观点显然不具有合理性。集体成员代表诉讼的制度价值在于保护集体合法权益不受侵犯，如果允许农村集体经济组织作为被告就会形成自己起诉自己的悖论。因此，农村集体经济组织或者村民委员会在代表诉讼中的主要作用是原告的诉讼辅助人，其法律地位应当界定为无独立请求权的第三人。但是，为了防止提起诉讼的集体成员与侵害集体利益的被告之间基于利益交换恶意和解，最终损害集体利益和其他成员的利益，法院应当对集体成员提起的撤诉申请、原被告达成的和解协议进行实质性审查。

（三）集体成员代表诉讼制度的前置程序

农村集体经济组织的管理人接受法律或章程的授权，对内管理集体事务，对外代表农村集体经济组织。维护农村集体经济组织的合法权益应当尊重集体的独立人格，首先应由法定有权主体代表农村集体经济组织采取救济措施。

集体成员提起代表诉讼的适用前提，是农村集体经济组织、村民委员会的管理人违反其作为善良管理人应当承担的信义义务和善管义务，在集体权益遭受不法侵害时未能代表集体积极采取救济措施。一般而言，基于尊重农村集体经济组织法人的独立人格，防止集体成员逾越内部管理人径行起诉而侵犯其法定的管理权，集体权益遭受侵害应当首先由集体出面维权，因此集体成员需要首先请求农村集体经济组织或者村民委员会提起侵权之诉，不宜直接越过代表主体的法定权限直接起诉。即代表诉讼的提起，一般应当履行前置程序。但是，从我国农村当前的实际情况看，农村集体经济组织的法人治理机制尚不够成熟完善，村干部等内部人员侵犯集体财产的问题比较突出，因此集体成员履行前置程序的法定义务不宜失之过苛，应当允许集体成员在例外情况下可以直接向人民法院提起诉讼。

其一，一般规定。在集体财产权益遭受非法侵害时，集体成员应当向集体负责人提出先诉请求。如果集体负责人接到集体成员提起诉讼的请求后以明示方式拒绝起诉或者经过一定的合理期限内未给予答复或者如不起诉将造成集体利益不可挽回的损失时，集体成员可以直接向人民法院提起诉讼。如果集体负责人侵害集体权益的，满足原告资格要件的集体成员可以直接提起代表诉讼。

其二，分类设计前置程序。农民集体的代表主体主要有村集体经济组织、村民小组和村民委员会，并根据《物权法》之规定分别享有相应的代表行使权。基于此，制定前置程序的具体规则应当考虑到代表行使权的集体范围，并据以设计不同的法律规则。首先，村民小组的集体所有权应由该小组范围内的成员集体所有。对侵犯村民小组集体权益的情形，该小组范围内的集体成员应当首先向村民小组长提起先诉请求，村民小组长应当召集并根据成员会议的决议行使诉讼权利。如果村民小组长是侵害集体合法权益的侵权人，满足原告资格要件的集体成员可以越过村民小组长直接提起代表诉讼。其次，村集体的所有权应由该村范围内的成员集体所有。对侵犯村集体合法权益的情形，该村集体范围内的集体成员应当首先向村民委员会、村集体经济组织的负责人提起先诉请求。村民委员会、村集体经济组织的负责人接到申请后，应当按照内部决策程序决定是否提起诉讼。如果村民委员会、村集体经济组织的负责人侵犯集体合法权益的，满足原告资格要件的集体成员可以直接提起诉讼，或者由所辖村民小组长以本村民小组的名义提起代表诉讼。再次，乡镇集体所有权由乡镇政府代为行使。侵犯乡镇集体权益的，乡镇集体成员可以向乡镇政府提起先诉请求；如果乡镇政府是侵权人，满足原告资格要件的集体成员可以直接提起诉讼，或者由所辖村民委员会以自己的名义提起代表诉讼。

（四） 集体成员代表诉讼制度的激励机制

真正发挥集体成员代表诉讼的制度价值，必须构造集体成员提起代表诉讼的激励机制。其核心是改变集体成员衡量诉讼成本和诉讼收益的诉讼决策范式，鼓励集体成员积极提起诉讼以激励有价值的正诉和淘汰无价值的滥诉。

其一，降低原告成员的诉讼成本。在诉讼收益可以忽略不计或相对较少的情形下，诉讼成本分担规则对诉讼发生率具有直接影响。诉讼费用承担规则对潜在原告越有利，则原告提起诉讼的可能性就越大。[①] （1）将集体成员代表诉讼案件按照非财产案件收费。对此，可以借鉴日本、韩国等国家公司股东代表诉讼的成功经验，如日本对代表诉讼案件统一按照 8200 日元收取，韩国统一按照 1000 韩元收取。（2）构建善意原告诉讼费用补偿规则。为了免除善意原告提起诉讼的后顾之忧，只要法院认定集体成员提起诉讼基于善意考量，即使在败诉情况下农村集体经济组织亦应补偿合理范围的诉讼成本。恶意提起代表诉讼的集体成员不享有这一权利，必须由本人承担所有的诉讼成本。提起诉讼的集体成员主观上是否属于善意以及补偿诉讼成本的合理范围，应当由人民法院根据个案情形具体认定。（3）探索引入胜诉酬金制度。胜诉酬金以律师作为激励对象，通过将诉讼风险转嫁给律师，极大降低了原告成员的诉讼成本。我国风险代理收费与此相类似，具有引入胜诉酬金机制的基础。但是，为了防止律

---

① A. Reisberg, Derivative Actions and Corporate Governance, Oxford University Press, 2007, p. 223.

师挑词架讼，胜诉酬金不能由原告与律师相互约定，而应由法院根据个案认定胜诉酬金的比例或数额。

其二，允许原告胜诉时分享部分诉讼收益。只有将集体成员的回报与集体获得的胜诉利益相关联，才能使真正想要维护集体合法权益的那些集体成员乐于踏上诉讼的征程。首先，对起诉成员和未起诉成员在利益分配上要有所区别，应当允许提起诉讼的集体成员获取一部分诉讼收益。在集体成员胜诉的情况下，可以在胜诉利益中提取一定比例对提起诉讼的集体成员予以奖励。但是，给予集体成员的奖励应当适度，不能使其收益过分高于其成本，否则可能会引发滥诉风险。其次，应当区分过错成员与非过错成员的利益分配。有过错的集体成员侵犯集体利益，应当剥夺其参与分享集体胜诉利益的权利，并按照相关自治规则限制或剥夺其作为经营管理者的资格，以防止败方占有胜诉利益的现象。

其三，暂不宜引入诉讼费用担保和败诉方负担的规则。首先，诉讼费用担保规则不符合我国农村的实际情况，在农民整体经济水平不高的情况下，将会极大增加原告的诉讼负担。其次，败诉方负担规则是由败诉方承担诉讼成本，通过转嫁机制实现成本分担。从表面上看，这一规则将诉讼成本转嫁至被告一方，似乎可以降低集体成员的诉讼成本而起到提高诉讼积极性的效果。事实上，这可能使原告面临更高的诉讼成本和更大的诉讼压力，原因是任何一个集体成员都无法保证一定胜诉，任何一个集体成员也都无法预测和控制被告可能产生的诉讼成本。在案件最终结果充满不确定性的情况下，集体成员基于风险最小化的考虑并不愿意去冒险搏胜，因为案件败诉后将不得不替被告一方承担不可预期、不可控制的高额诉讼成本。

（五）集体成员代表诉讼制度的保障机制

在代表诉讼的司法审判中，处于原告地位的集体成员和处于被告地位的侵权人就形成相互对立的两造主体，需要为各自的观点或主张进行举证辩论。但是，无论侵权人是农村集体经济组织的管理者或是集体之外的第三人，与诉争事项相关的证据材料都为管理者所掌握。如果适用"谁主张谁举证"的一般规则，将会给集体成员赢得诉讼形成极大障碍，集体成员需要提供大量不易获得的证据以证明侵权行为、损害后果和因果关系等。特别是在管理者内部侵权的场合，证明其侵权行为的相关证据更加隐蔽甚至可能隐匿、销毁。

其一，赋予集体成员查阅会计账簿的权利。会计账簿是农村集体经济组织记录业务和财务状况的核心文件，现行立法还没有明确赋予集体成员查阅本集体账簿资料的权利。应当在集体成员现有知情权规定的基础上，扩大集体成员会议或者村民会议公布事项的范围，同时允许集体成员查阅本集体的会计账簿。通过查阅会计账簿等文件，集体成员可以掌握农村集体经济组织运行中的违法情况并固化下来形成证据材料，既能有效监督集体财产的经营管理状况，也能提高其获取证据的能力。但是，为了防止集体成员侵扰农村集体经济组织的正常运行，不当干预管理人对内管理权和对外代表权的正当行使，集体成员查阅会计账簿应当拥有正当理由。

其二，设置简捷便利的举证规则。举证规则直接关系到集体成员对胜诉概率的预判，进而影响到对诉讼收益的理性预期。举证规则主要涉及举证责任、证明标准和证据获取。从我国农村的实际情况看，集体成员参与诉讼的能力普遍不高，在案件举证上存在较大困难。公司法中股东代表诉讼的司法实践已经证明，原告承担过重的举证责任是对代表诉讼机制的"谋杀和木乃伊化"。① 因此，在代表诉讼中应当设置简捷便利的举证规则。对此，可以采用举证责任倒置和过错推定原则。由实际掌握集体相关资料的被告承担严格举证责任。集体成员只要证明存在集体合法权益受到侵害的基本事实后，即应由被告承担举证责任证明其不具有违法性或过错性，否则法院应当赋予其举证不能的法律后果。

---

① 何美欢：《公众公司及其股权证券（中）》，北京大学出版社 1999 年版，第 864 页。

第八章
农村集体经济组织成员
权实现的法律路径

实践中，农村集体经济组织成员权法律制度在司法实践中难以有效实现的根本原因，在于我国目前尚未针对农村集体经济组织进行特殊立法。集体成员权制度缺乏具体明确的法律依据。因此，从立法的角度考量，我国应当尽快制定《农村集体经济组织法》规范农村集体经济组织及成员权，明确集体成员权的具体内容，根据具体内容的相关规定，构建出一套完整的关于农村集体经济组织成员权如何行使及被侵害时如何救济等问题的制度体系，为我国真正落实农村集体经济组织成员权提供法律依据。

一、明确农村集体经济组织成员权的法律依据

（一）制定统一的《农村集体经济组织法》

实践证明，农村集体产权制度改革正处于瓶颈阶段，突破改革瓶颈期的一项关键任务和主要路径即是专门的农村集体经济组织立法。"国家一方面通过对土地、自然资源的集体所有的确认将村民们制度性地凝聚在一个小共同体内；另一方面又没有给这个小共同体提供相关的秩序型构规则"[1]。解决这个问题的迫切性，已经引起中央的高度重视。2016 年 12 月，《中共中央国务院关于稳步推进农村集体产权制度改革的意见》提出，"抓紧研究制定农村集体经济组织方面的法律，赋予农村集体经济组织法人资格，明确权利义务关系，依法维护农村集体经济组织及其成员的权益。"2018 年 9 月，中央印发的《乡村振兴战略规划（2018～2022 年）》再次强调，"研究制定农村集体经济组织法，充实农村集体产权权能"。

---

[1]　刘志刚："民事审判中的村规民约与基本权利"，载《中国人民大学学报》2010 年第 5 期。

当前，关于农村集体经济组织的组织架构问题，学术界和司法实践均倾向于农村集体经济组织可以借鉴公司企业等现代法人治理机制。因此，《公司法》的立法模式和体系框架可以为《农村集体经济组织法》的相关立法提供制度模本。在具体内容上，《农村集体经济组织法》可以分为总则和分则两个部分，分则部分的主要内容包括：农村集体经济组织的组织机构、农村集体经济组织成员权、集体财产的管理、集体组织管理人员的资格和义务、农村集体经济组织的变更以及法律责任等内容。

总则部分，主要明确《农村集体经济组织法》的立法目的、农村集体经济组织的法律性质、集体成员资格的界定标准以及农村集体经济组织的章程等内容。

分则部分，主要结合农村集体经济组织的法律性质和我国农村社会的实际情况，对农村集体经济组织的组织机构、农村集体经济组织成员权、集体财产的管理、集体组织管理人员的资格和义务、农村集体经济组织的变更以及法律责任等作出详细规定。

（二）确立农村集体经济组织成员权法律制度

在团体法和成员权的理论基础上，结合农村集体经济组织及其成员权的特征，根据农村集体经济组织成员权的具体内容，可以从利益归属角度可以把成员权分为两类：经济性权利，即自益权或经济权利；非经济性权利，即共益权或民主管理权利。这是在团体法语境下成员权体系的主要分类。在此基础上，《农村集体经济组织法》中的农村集体经济组织成员权，应当主要包含以下几种权利：

1. 共益权（民主管理权利）

（1）出席权。我国现行法律法规对于农村集体经济组织成员的出席权并未涉及。现行的《物权法》《村民委员会组织法》《农村土地承包法》以及《土地管理法》等法条内容对以召开成员大会的形式决定集体共同事务等有所体现。由此可见，农村集体经济组织成员享有参加成员大会决议集体事务的权利。司法实践中，农民成为成员不要求农民必须具有民事行为能力，成员必然享有成员权，由此推知，成员享有成员权不要求农民必须具有民事行为能力。理论上，我们把出席权归类到成员权中的经济民主管理权利中，但是这种名称上的经济民主管理权力并不必然影响农村集体事务管理活动和管理效果。综上两点，农民享有出席权不要求必须具有民事行为能力。

（2）决议权。我国现行法律没有关于决议权的直接规定，但是现行《宪法》《物权法》《村民委员会组织法》《农村土地承包法》以及《土地管理法》

等规定体现了农民的决议权,农民享有决议权于法有据。实际操作上,农村集体经济组织成员可以通过多种形式行使决议权,例如,成员一人一票制、成员代表一人一票制、一户一票制等。与出席权不同的是,决议权在效果上影响农村集体经济事务的经营管理。基于此,在立法上对于成员的决议权,须设立一定的形式要件并对农村集体经济组织成员享有决议权进行一定限制。

(3)选举权和被选举权。我国农村集体经济组织自产生之初就是自主管理的经济组织,时代的发展及演变并没有改变其自主管理的本质特征。因此,农村集体经济组织成员在其资格得以确认并在一定的前提条件下,自然享有选举本集体组织的经营管理人员、成员代表、监督人员和被选举为上述人员的权利。成员因其成员资格的取得而自动享有选举负责人、监督人的权利,但是被选举人由于承载着决策的义务和责任,因此,被选举人候选人的确定则应当设定具有民事行为能力的前提条件。

(4)召集权。从法律性质上看,农村集体经济组织不属于企业法人,但是对于农村集体经济组织的规制,可以参考公司企业的相关法律规定。对于农村集体经济组织成员的召集权,可以参考公司召集开会的规则。通常情形下,享有召集权的是农村集体经济组织的管理人员或者监督人员,但是为了避免权利滥用和满足其他成员合法权益的表达欲望,在召集权制度设计上,应当按照一定比例赋予相应数量的成员享有召集成员大会或成员代表会议的权利。

(5)监督权。农村集体经济组织成员对集体经济组织的经营管理活动、管理人员的事务执行情况以及集体财产状况享有批评、建议、申诉、控告、检举的权利。监督权可分为积极监督权和消极监督权。目前,我国现行立法中《物权法》第62条规定,农村集体经济组织及村民委员会、村民小组作为集体事务的管理者,有公布集体财产的义务。这一规定体现的是成员的消极监督权,即成员不作为,被动等待农村集体经济组织中有义务公布集体财产的主体主动公布相应信息。但是,成员所享有的监督权不能仅仅是消极监督权,单纯依靠消极监督权,并不能达到充分良好的监督效果,更为重要的是成员享有积极监督权,即成员以主动作为的形式行使对农村集体经济组织相关事务的监督权。

(6)撤销权。我国《物权法》第63条规定,农村集体经济组织成员有权通过诉讼的形式请求人民法院撤销农村集体经济组织或村民委员会管理人员作出的侵害集体成员合法权益的决定,这是我国对农村集体经济组织成员享有撤销权的法律确认。[①] 但是,现行法律关于农村集体经济组织撤销权的规定条文

---

① 朱金东:"农村集体经济组织成员撤销权制度的实证分析——基于107份裁判文书的整理",载《烟台大学学报(哲学社会科学版)》2013年第3期。

数量少，内容过于原则笼统，法律条文设计关于集体成员合法权益这一基本概念的具体内容都存在极大模糊性，加之农村集体组织成员自身法治意识薄弱的现实情况，成员撤销权在现实中并未得到有效落实，撤销权的立法目的就难以实现。在《农村集体经济组织法》中，应当针对撤销权的权利内容、条件、程序、权利救济等方面具体立法，保障成员通过撤销权的有效行使维护合法权益。

2. 自益权（经济性权利）

成员行使自益权下属权利，对集体实现民主管理是充分保障成员合法权益的另一条有效途径。自益权主要包括：

（1）集体财产利益、土地补偿金等分配请求权。农民集体对农村土地享有所有权，其权利客体主要是土地及以土地为枢纽的生产资料。农村集体经济组织因经营性活动产生的收益，在缴纳税款以及扣除公积金、公益金之后，本集体成员有权请求对盈余进行分配。此即农村集体经济组织成员所享有的集体利益分配请求权。分配请求权是农村集体经济组织分配制度的基本内容，分配请求权不能仅仅停留于书面意义上的法律宣示，应当积极实现它所承载的成员基本权益。我国现行法律虽然规定了农村集体经济组织成员的经营利益分配请求权、土地补偿金分配请求权，但是，其具体内容多是笼统原则的概括性规定，缺乏对权利内容和权利行使程序的具体规定，从而导致集体财产分配出现分配不均匀、分配不及时等问题。《农村集体经济组织法》可以从分配请求权的客体、对象、方式、途径等方面对分配请求权进行具体立法。

（2）农村土地承包权。依据《农村土地承包法》第5条规定，农村集体经济组织成员有权依法承包本集体经济组织发包的土地。这里的"承包权"，实质上是"三权分置"语境下的一种请求权，即某一自然人满足成员取得条件成为集体成员，有权向集体经济组织提出申请，请求承包本集体经济组织发包土地。《物权法》中规定了承包经营权。物权体系下的承包经营权是用益物权的一种，权利主体是农民，并不仅限于农村集体经济组织成员。[①]《农村土地承包法》中的"承包权"与《物权法》中的"承包经营权"有着本质区别。因此，在《农村集体经济组织法》中，必须对"承包权"和"承包经营权"进行明确区分，更好从立法层面维护农村集体经济组织成员的合法权益。

（3）同等条件下的优先权。所谓优先权是指，成员在同等条件下相对于非成员享有的优先权利。我国当前立法中，优先权主要体现于《农村土地承包法》和《农村土地承包经营权流转管理办法》中，《农村土地承包法》第33条

---

① 赵万一、王青松："土地承包经营权的功能转型及权能实现——基于农村社会管理创新的视角"，载《法学研究》2014年第1期。

和第 47 条所规定的"以其他方式承包农村土地"以及《农村土地承包经营权流转管理办法》第 8 条规定的"在农村土地承包经营权流转时，在同等条件下本集体组织成员享有优先权"。我国现行法律对农村集体经济组织成员享有的优先权确有涉及，但是，法律条文的内容并不具体，关于优先权的行使原则及规则，优先权的行使时间、行使方式、行使条件限制及优先权的救济等内容应当在《农村集体经济组织法》中进行详细规定。

（4）宅基地使用权。《土地管理法》及《物权法》中对宅基地使用权作出明确规定，即村民有权向本集体经济组织提出申请，使用本集体经济组织所有的土地建造住宅。[①] 我国现行立法对宅基地使用权的规定相对完善，但是，随着时代的变迁和当前农村经济发展方式的转变，从目前司法实践中宅基地使用权相关案例可以看出，我国目前立法对宅基地使用权流转问题并未涉及，为适应我国农村经济发展的需要，在《农村集体经济组织法》中有必要对农村集体经济组织成员的宅基地使用权流转问题做出详细规定，以此完善宅基地使用权的权利体系。

（5）其他权利。农村集体经济组织成员有权享受集体提供的公共服务、有权使用公共设备、有权享受集体福利待遇等。事实上，农村集体经济组织成员应当享有的权利内容是非常丰富的，但是我国现行法律并没有明确集体成员权其他权利的具体类别，在《农村集体经济组织法》中应当对其他权利进行明确立法，如明确列举成员权利内容，使农村集体经济组织成员权利的享有于法有据。

二、健全农村集体经济组织成员权的行使机制

类比所有权的具体权能，以成员权的权能为逻辑起点分析研究成员权，可以设定《农村集体经济组织法》中成员权的权能主要包括管理权能、知情权能以及获益权能。但是成员权没有处分权能，因为农村集体经济组织对集体财产并没有直接处分的权利，成员权当然不包含处分权能。因此，《农村集体经济组织法》应当从完善农村集体经济组织成员权的管理、知情、获益三项权能入手，设置农村集体经济组织成员权的具体行使机制。

（一）完善管理权行使机制

农村集体经济组织成员享有民主管理权。即成员有权按照法定程序对法定

---

① 郑尚元："宅基地使用权性质及农民居住权利之保障"，载《中国法学》2014 年第 2 期。

事项作出决策。农村集体经济组织成员对于本集体内部事项进行决策时，主要采用以下几种决策模式：一是一致决模式。一致决模式反映全体成员的共同意志，代表全体成员的共同利益。但是，在这种决策模式下，短时间内几乎很难形成最终决定，决策效率低，决策成本高，具有非常明显的制度缺陷，实践中真正按照全体成员的共同意志进行决策的可能性极小。二是少数人或者个人独断决策。这种决策模式相对于按照全体成员意志形成决策具有明显优势。但是，这种决策模式为组织管理人员专制独裁提供了可乘之机，权力滥用的可能性大大增加。该模式下形成的最终决定往往是独断的，极有可能使得多数人权益受损，这一缺点恰恰是该模式的致命缺陷。三是多数决模式。多数决模式是一种折中模式，是实践中各种团体内部进行民主决策时普遍采用的一种模式。多数决机制较好地中和了前两种决策模式的精华特点，为集体决策寻找到一个平衡点，使优点最大化，缺点最小化，从而达到一种相对合理的状态。当然，多数决仍然存在弊端，即有可能存在"多数人暴政"问题。为了避免农村集体经济组织成员采用多数决模式在行使民主决策权的过程中利用多数人名义损害少数成员的合法权益，《农村集体经济组织法》中应当综合多数决的优缺点设置决策规则工作。① 具体而言，可以从以下几个方面展开工作：

（1）限制多数决的适用范围，多数决模式的适用范围应当不包括涉及集体成员基本权利的事项。此处所称的基本权利，是我国宪法所称的"公民的基本权利"，即作为公民应当平等享有、不得剥夺、不可取代、不得转让、相对稳定的最根本权利。多数决模式下进行决策存在"多数人暴政"的巨大风险，因此，农村集体经济组织成员采用多数决模式做出民主决策时，应当首先在立法上对多数决模式的适用范围进行明确限制，以不得侵犯公民基本权利作为民主决策权的最低界限。

（2）设置多数决法定程序规则和技术规则。多数决相较于全体成员意志形成决策和少数人或者个人独断形成决策具有明显优势，但是不乏因多数人通过民主议定损害少数成员特别是特殊群体的合法权益的情况。多数人暴政之所以存在，主要是由于缺乏相对完善的法定程序和技术规则加以规制，或者决策者没有严格按照法定程序规则和技术规则实施而造成的。所以，对采用多数决的民主决策而言，首先应该设定相对完善的程序规则和技术规则，以使多数决模式的实施于法有据。在具体实施时，决策者应当严格按照法定程序规则和技术规则进行操作，确保民主决策的最终效果符合集体多数人利益，且并不损害少

---

① 姜峰："多数决、多数人暴政与宪法权利：兼议现代立宪主义的基本属性"，载《法学论坛》2011年第1期。

数成员的合法权益。

（3）完善多数决结果的司法审查机制。在英美法系国家，针对"多数人暴政"问题已经建立一系列有效的制度规则。从我国的实践状况看，多数决结果大多体现为针对个别主体的民主决议和针对普遍主体的抽象性规范性文件。为了确保多数决模式下形成的最终决策结果符合民主原则，应该完善多数决结果的司法审查机制。

（4）确认和保护少数人的合法权利。民主是多数人的民主，符合多数人的合法权益，但是，少数人的合法权益不容忽视。为了避免多数决模式下"多数人暴政"问题的滋生，更好地纠其由此而生的不利后果，一方面应该明确成员所享有的权利内容，尤其是应当确定不得以集体决策名义侵犯的少数成员合法权益的具体内容。另一方面应当建立健全少数人合法权益的保障机制和补偿机制，为少数成员实现其合法权益提供切实可行的权利行使途径和救济途径。

（二）完善知情权行使机制

农村集体经济组织成员知情权是指成员所享有的知悉组织事项的自由和权利。集体组织的管理人员应当依照法律、行政法规以及组织章程、村规民约等公布集体事项。① 完善知情权行使机制可以从以下几个方面进行立法：

（1）明确知情权的义务主体。根据知情权的内容可以推知，知情权的义务主体是农村集体经济组织、村民委员会和村民小组。上述义务主体应当依照法律、行政法规以及组织章程、村规民约的规定，定期向成员公布财务收支情况等应当公开的事项。上述义务主体不公开，成员可以向组织申请公开。明确知情权的义务主体，实践中，成员在行使知情权时才能找到目标和方向，知情权才有落实的可能。

（2）规范知情权的适用范围。农村集体经济组织成员知情权的适用范围，实际上就是农村集体经济组织、村民委员会以及村民小组等知情权的义务主体应当公开的具体事项。从我国目前立法关于知情权的规定可以推知，应当公开的事项主要包括财务收支情况等涉及农村集体经济组织成员利益的事项。对农村集体经济组织成员知情权的适用范围进行明确，知情权的义务主体才能明确自己的义务，权利主体才能了解自己的权利范围，才能进一步对有权知情的事项进行知悉并加以监督。

（3）权利行使的要求。权利的行使应当受到限制，成员行使知情权同样应当受到一定的条件限制以防止知情权的滥用。农村集体经济组织成员在行使知

---

① 汪习根、陈焱光："论知情权"，载《法制与社会发展》2003 年第 2 期。

情权时，不能够任意任性，无正当理由或超越法律授权要求知情权的义务主体对集体的任何事项都一一公布，这样不仅将增加农民集体经济组织的运行成本，而且会影响知情权作用的实现。成员行使知情权应当受到法律规制。《农村集体经济组织法》应当在知情权的行使时间、行使条件、行使程序、行使方式及知情权救济等方面进行明确规定。让成员在法律的指引和约束下充分有效地行使知情权，使知情权发挥预期效力，形成对义务主体和集体组织的有效监督。

（三）完善获益权行使机制

农村集体经济组织成员享有的获益权是其成为农村集体经济组织成员权所应具有的基本权能。集体成员享有的土地承包权、宅基地分配权、集体收益分配权和同等条件下的优先权等权利内容在特征上呈现出一个根本共性，即获益性。根据这一共性特征，把上述权利均作为获益权的主要组成部分。对获益权的具体内容进行研究分析，有助于明确和更好地落实获益权。因此，完善农村集体经济组织成员获益权的行使机制，可以从以下几个方面展开：

（1）明确农村集体经济组织成员土地承包权的相关规则。土地承包权是指成员因其具有成员资格而享有的对本集体土地进行承包的权利，这种权利在性质上是一种请求权或资格权，通过行使土地承包权而获得的土地承包经营权与土地承包权存在本质区别。土地承包权的权利主体仅限于本集体经济组织成员，本集体经济组织以外的其他自然人、组织等不能成为土地承包权的主体，不具有行使土地承包权的资格。

（2）明确农村集体经济组织成员宅基地分配权的相关规则。农村集体经济组织成员的宅基地分配权，是指成员享有的向所在集体请求分配宅基地的权利。宅基地分配权的权利主体与土地承包权一样，必须是本集体组织成员。具体落实上，宅基地分配权的行使应当遵循法定规则，按照法定程序进行。将农村集体经济组织的成员以"户"为基本单位进行划分，我国通常按照一户一宅的原则，成员以户为基本单位向所在集体提出申请，请求分配宅基地，集体对成员分配宅基地的条件进行审核，符合条件则分配宅基地。

（3）明确农村集体经济组织成员集体收益分配请求权的相关规则。集体收益分配请求权是指成员有权请求对农村集体经济组织财产以及经济运营活动所产生的收益进行分配。[①] 成员行使集体收益分配请求权基于其成员身份，且其所在集体有收益可供分配，收益主要包括集体财产以及经济运营活动产生的收

[①] 宋春雨："农村集体经济组织与其成员之间土地补偿费纠纷的处理原则"，载《民事审判指导与参考》，法律出版社 2006 年版，第 70 页。

益等；对集体收益的分配可以采用多种形式，如以货币形式、实物形式等。对集体收益进行分配，应当按照民主原则，通过法定程序制定合法、公平、合理的分配方案，并严格按照方案实施分配。成员有权针对分配方案的内容、分配方案的形成程序、分配方案的实施等提请司法审查。

（4）明确农村集体经济组织成员优先权的相关规则。优先权是指在家庭承包的土地承包经营权流转中以及以其他方式承包农村土地的过程中，本集体成员享有的在同等条件下优先于非集体成员承包土地的权利。[①] 我国《公司法》中有关于股东优先购买权的法律规定，集体成员优先权可以参考该规定进行制度设计并加以落实。优先权的行使应当受到一定条件的限制：一是优先权的权利主体仅限于集体成员；二是成员在家庭承包中取得土地承包经营权后，准备将土地承包经营权对外流转的过程中，或者成员处于以其他方式承包农村土地的过程中才能行使优先权；三是优先权行使的关键前提是成员与非成员在同等条件下；四是成员提出行使优先权有一定的时间限制；五是不存在法定的排除情形等。[②]

三、完善农村集体经济组织成员权的救济机制

理论上的救济通常包含公法上的救济和私法上的救济。依据成员权的性质，对于成员权的救济应当主要依赖于司法上的救济。故完善成员权的救济机制也应当重点关注私法救济，分别从民事实体法和民事程序法方面对成员权私法救济制度尽心完善。民事实体法上，成员权的私法救济主要表现为依据民法中以请求权为基础构成的法律体系对成员权受到侵害的主体进行救济。成员权从其权利构成上应当属于复合型权利，成员权引发的纠纷，案由应当是"侵害集体经济组织成员权权益纠纷"，成员可以据此向人民法院提起民事诉讼。从民事程序法的角度分析，成员权的私法救济需要借助特殊的诉讼程序予以保障。因此，对成员权的私法救济的完善可以从成员权的侵权责任法救济、撤销权诉讼救济和代表诉讼救济等方面展开。

（一）农村集体经济组织成员权的侵权责任法救济

从农村集体经济组织成员权的产生基础看，成员权是基于集体所有权而产生，集体所有权是一项民事权利，属于侵权责任法的保护对象，因此，基于集体所有权产生的成员权应当属于侵权责任法的保护对象。《侵权责任法》第2

---

① 郭明瑞、仲相："我国未来民法典中应当设立优先权制度"，载《中国法学》2004 年第 4 期。
② 管洪彦：《农民集体成员权研究》，中国政法大学出版社 2013 年版，第 159 页。

条明确规定了该法的保护范围是民事权益。农村集体经济组织成员权在法律属性上属于民事权益,当然地受到侵权责任法的保护。从立法技术上看,《侵权责任法》第2条陈述该法的保护范围时,采用了总述加列举的方式,虽然成员权并没有直接体现在《侵权责任法》保护范围的条文表述中,但是,"民事权益"是指民事权利和民事利益,这一概念全面概述了该法的保护范围。成员权既是民事权利也体现民事利益,当然属于侵权责任法的保护对象。

将农村集体经济组织成员权纳入侵权责任法的保护范围能够为成员在其权利受到侵害时提供法律武器,但是,救济权利的行使必须受到一定限制,否则可能造成权利的滥用。另外,《侵权责任法》的保护范围是有限的,对不同手段不同方法侵害成员权的情形不能穷尽,真正能够适用《侵权责任法》救济的只是其中一部分。因此,应当明确可以适用《侵权责任法》为成员在其权利受到侵害时提供救济的适用范围。应当通过以下限制条件确定适用范围:第一,只适用于农村集体经济组织或者农村集体经济组织成员基于其成员身份而享有的民事权益受到侵害的情形,而不适用于其他权利或利益被侵害的情形,如宪法性权利。第二,侵权责任法只适用于民事侵权行为,而不适用于行政侵权行为、刑法侵权行为等。第三,侵害农村集体经济组织及成员的行为均适用侵权责任法,即除民事合同权利以外的侵权行为,都可以适用侵权责任法进行救济。[①]

(二) 农村集体经济组织成员撤销权诉讼救济

实践中,农村集体经济组织、村民委员会、村民小组或集体组织管理人员违反法律、行政法规、组织章程及村规民约的规定做出决议,严重侵害成员合法权益的现象屡见不鲜。检视我国现行立法,农村集体所有权制度不完善、权利行使缺乏基本原则和具体规则等因素均为侵权行为提供了可乘之机。基于此种现状,《物权法》第63条第2款规定赋予了集体成员提起撤销权诉讼的权利。

(1) 撤销权行使的实体要件。基于撤销权的法理基础,结合现行《物权法》关于撤销权的规定,成员行使撤销权应当满足以下要件:其一,农村集体经济组织、村民委员会、村民小组或集体组织管理人员做出决定;其二,该项决定侵害了集体或成员的合法权益。这里的合法权益是指农村集体经济组织成员自身所享有的各项权益。

(2) 农村集体经济组织成员撤销权行使的法律效果。在司法实践中,从法

---

① 韩松:"农民集体所有权和集体成员权益的侵权责任法适用",载《国家检察官学院学报》2011年第2期。

院对集体成员撤销权诉讼作出的判决结果看，可以将撤销权行使的法律后果分为两种：其一，由法院直接就涉案权益的归属做出判决，即直接判令被告将涉案权益给付给原告；其二，法院判决撤销原决议并责令农村集体经济组织按照民主程序重新做出决议，并不判令直接给付涉案权益。学术界对此亦存在相应分歧。有的观点认为，集体成员提起的撤销权诉讼，其诉讼请求是撤销决议，因此，法院判决是撤销或者不予撤销涉案决议，而无权直接做出将有关利益支付给集体成员的判决。① 司法实践中，这两种做法都具有较大的市场。

（3）撤销权诉讼的内容。其一，农村集体经济组织成员撤销权诉讼的案由选择。农村集体经济组织成员的合法权益因集体决定受到侵害进而引发纠纷，依据最高人民法院《民事案件案由规定》的规定，撤销权纠纷案由应当确定为"侵害农村集体经济组织成员权益纠纷"。其二，当事人的确定。提起撤销权诉讼的原告应当是农村集体经济组织成员。具体的案件审理过程中，如果被告就原告是否具有成员资格提出异议，人民法院应当对原告主体资格予以审查。原告在提起诉讼时，根据决定作出的主体确定被告，通常是做出该项决议的集体经济组织、村民委员会、村民小组及管理人员。其三，农村集体经济组织成员撤销权的诉讼形式。如果集体决议侵害成员个体的合法权益，该成员可以以自己的名义提起撤销权之诉；如果决议侵害多个成员的合法权益，成员拥有选择权，可以选择以自己的名义提起撤销权之诉，也可以由被侵害成员选出成员代表，由成员代表向人民法院提起撤销权之诉。代表的意思表示和行为视为全体受害成员的意思表示和行为。我国现行立法中，《民事诉讼法》及《最高人民法院〈民事诉讼法〉适用意见》均规定了代表人诉讼制度。成员代表向人民法院提起撤销权之诉可以参照适用。其四，举证责任。当事人对于自己提出的主张有收集或提供证据的义务，否则将承担不利后果。因此，集体成员基于侵权而提起撤销权之诉，应当对农村集体经济组织作出决议且该决议侵害本人的合法权益、本人因涉案决议产生损失及损失与决议侵权之间存在因果关系等构成要件进行证明。对农村集体经济组织掌握的证据材料，应当由其进行举证，否则其将承担不利后果。其五，撤销权的行使期限。《最高人民法院关于审理建筑物区分所有权纠纷案件具体应用法律若干问题的解释》中规定了业主撤销权的行使时间。业主的撤销权与农村集体经济组织成员的撤销权在本质上没有区别，成员提起撤销权诉讼的时间可以参照适用上述规定，即成员撤销权适用一年的除斥期间。

---

① 郭明瑞：《物权法实施以来疑难案件研究》，中国法制出版社 2011 年版，第 54 页。

（三）农村集体经济组织成员代表诉讼救济

集体成员代表诉讼是指农村集体经济组织的管理人员侵害组织的合法权益或非集体组织成员侵害组织的合法权益时，组织管理人员怠于行使职权去救济受侵害的合法权益，符合法定条件的农村集体经济组织成员有权依照法定程序以自己的名义向人民法院提起诉讼以追究侵权人的法律责任。其一，代表诉讼是由成员以自己的名义提起；其二，代表诉讼的提起须满足一定的前提条件；其三，代表诉讼提起的直接目的是维护组织的合法权益，而非成员个人合法权益。前已详述，兹不重复。

择其要者，构建我国集体成员代表诉讼制度，应当主要从以下几个方面展开：

（1）原告资格。农村集体经济组织成员代表诉讼的原告须具备集体成员资格，为了维护农村集体经济组织的合法权益，在数量上达到一定比例才能达到原告主体资格的适格标准。

（2）原告的权利和义务。代表农村集体经济组织中的其他成员向人民法院提起诉讼、提供证据证明自己的主张等既可以看作是原告的权利，也可以看作是原告作为成员代表的一项义务。为了激发成员提起代表诉讼的积极性，应当建立和完善诉讼激励机制。

（3）被告范围。集体成员代表诉讼的被告应当根据涉诉侵害行为的实施主体进行区分。如果是农村集体经济组织的管理人员侵害集体合法权益，应当将农村集体经济组织的管理人员列为被告；如果是非成员侵害集体合法权益而管理人员对此不作为，应当将直接侵害集体合法权益的侵权人列为被告。

（4）先诉请求。为了防止成员滥用代表诉权影响农村集体经济组织的正常经营活动，避免造成司法资源的浪费，对于成员代表诉讼制度，可以参照公司法中股东代表诉讼制度对成员代表诉讼设置诉讼前置程序。在发生上述两种侵害组织合法权益情形时，成员应当先向内部机构提出申请，内部侵权请求内部机构直接追究侵权人的责任，外部侵权请求内部机构向法院提起诉讼。

结　语

　　农村集体经济组织成员权是对自然人取得集体组织成员资格后所享有的民事权利的总称。《物权法》初步确认农村集体经济组织成员权制度，丰富了物权法律制度的具体内容，进一步完善了民事权利体系，是对民事法律制度的一大创新。在法律性质上，农村集体经济组织成员权既具有身份性，亦具有财产性，同时还体现一定的管理性特征，是一项典型的综合性权利。农村集体经济组织成员权与公司法中的股东权、农民专业合作社法中的社员权同属团体法语境下的成员权制度，既有相同之处亦存在明显区别。将农村集体经济组织成员权与股东权、社员权进行比较，一方面，可以把握三种权利的共性。通过对它们相似之处的对比分析，寻找股东权制度和社员权制度中的可借鉴要素，为构建集体成员权制度提供参考，进而为农村集体经济组织成员权的制度设计提供立法素材；另一方面，可以明晰其个性以作明确区分。三种权利在概念、内涵和性质等方面均存在明显区别，准确把握三种权利之间的差异性，重点把握农村集体经济组织成员权的独有特征，在立法上量身打造更加符合成员权特性的法律制度以更好地推动集体成员权的实现。

　　运用产权理论、交易费用理论等分析农村集体经济组织成员权的经济学基础，运用乡村治理理论、集体行动理论等分析农村集体经济组织成员权的社会学基础，运用社员权理论、英美法中的土地切割理论等分析农村集体经济组织成员权的法学基础。通过分别研究农村集体经济组织成员权的经济学基础、社会学基础以及法学基础，有利于更加科学全面地从多维视域观察和剖析农村集体经济组织成员权制度。农村集体经济组织成员权制度的构建，对于平等、自由、效率、秩序等价值目标的实现具有极大的推动作用，能够更好地维护平等、促进正义、提高效率、保障秩序。通过立法确认农村集体经济组织成员权的法律地位，通过科学的制度设计保障农村集体经济组织成员权的实现，使得这种新型民事权利在保护农村集体经济组织成员的合法权益和推进基层民主自治中发挥积极作用。

　　我国对于农村集体经济组织成员权的法理基础、立法规范和司法实践现状的研究和探索是逐步展开的，经历了一个循序渐进的过程。到目前为止，关于成员权，在我国现行《物权法》中以"集体成员合法权益"的表述得以确定。制定《农村集体经济组织法》，确立农村集体经济成员权，设计一个成员权制度体系，标志着一个新的法律权利从初步确立走向制度构建。纵观农村集体经济组织成员权的历史发展进程，梳理其发展演变，总结其发展规律，进而充分运用到农村集体经济组织成员权的立法设计之中，有助于构建符合成员权发展规律和体现成员权现实特征的成员权制度体系。农村集体经济组织成员权的发展可以划分为三大阶段：一是集体所有制建立初期，农村集体经济组织成员权的产生及初步发展阶段；二是家庭联产承包责任制建立后，农村集体经济组织成员权的改革阶段，三是《物权法》实施后，农村集体经济组织成员权的理性发展阶段。梳理农村集体经济组织成员权的发展，必须结合农村集体财产的产权制度及集体组织经营活动模式，通过比较不难发现，产权制度和经营活动模式改变，成员权必然随之改变。而农村集体经济组织成员权的改变，必然影响农村和农业整体。确认与保护成员权有助于提高农民参与农业生产的积极性，提高劳动生产效率，进而影响到整个农村生产力状态。深化基层民主自治改革，提高农村生产力水平，切实保障集体成员合法权益，亟须从法律上尽快确立农村集体经济组织成员权，构建成员权制度。

司法实践中出现的侵害成员权的案件反映了目前我国关于农村集体经济组织成员权立法规定存在大量问题，如主体不明确、内容不完整、程序不合理、救济途径不完善等。立法现状与司法实践需要严重脱节，农村集体经济组织及成员权立法严重迟滞。当然，农村集体经济组织体制不健全、农村集体产权存在制度缺陷、农村集体经济组织成员的法治意识薄弱以及农村集体经济的司法保障力度不够等因素，也都是导致成员权无法有效实现的现实制约因素。

切实保障农村集体经济组织成员权的落实，发挥保障集体成员合法权益的制度功能，制定《农村集体经济组织法》是比较理想的法律方案。通过立法肯认和规范农村集体经济组织成员权，明确成员权的主体、权能和具体权利，优化成员权行使机制和救济机制并予以制度化，为成员权在实践中的行使和救济提供法律依据和途径。具体而言，完善集体成员权的行使机制，重点包括管理权行使机制、知情权行使机制和获益权行使机制等；完善集体成员权的司法救济机制，重点包括侵权责任法救济机制、撤销权诉讼救济机制和代表诉讼救济机制。

参考文献

中文著作类：

1. 陈小君：《田野、实证与法理：中国农村土地制度体系构建》，北京大学出版社 2012 年版。

2. 陈小君：《我国农村集体经济有效实现的法律制度研究》（三卷本），法律出版社 2016 年版。

3. 程燎原、王人博：《权利及其救济》，山东人民出版社 1998 年版。

4. 戴威：《农村集体经济组织成员权制度研究》，法律出版社 2016 年版。

5. 高达：《农村集体经济组织成员权研究》，西南政法大学 2014 年博士学位论文。

6. 管洪彦：《农民集体成员权研究》，中国政法大学出版社 2013 年版。

7. 郭明瑞：《物权法实施以来疑难案件研究》，中国法制出版社 2011 年版。

8. 侯德斌：《农民集体成员权利研究》，吉林大学 2011 年博士学位论文。

9. 刘正山：《当代中国土地制度史》，东北财经大学出版社 2015 年版。

10. 龙卫球：《民法总论》，中国法制出版社 2002 年版。

11. 施启扬：《民法总则》，中国法制出版社 2010 年版。

12. 施天涛：《公司法论》，法律出版社 2006 年版。

13. 吴越：《农村集体土地流转与农民土地权益保障的制度选择》，法律出版社 2012 年版。

14. 杨遂全：《中国之路与中国民法典不能忽视的 100 个现实问题》，法律出版社 2005 年版。

15. 张红宇：《新型城镇化与农地制度改革》，中国工人出版社 2014 年版。

16. 张文显：《法哲学范畴研究》，中国政法大学出版社 2001 年版。

中文期刊类：

1. 陈晋：《城镇化进程中集体成员资格研究——以征地补偿纠纷为视角》，《现代经济探讨》2013 年第 10 期。

2. 陈晋:《征地补偿收益分配的司法裁判研究——以 2008～2012 的司法判决为研究对象》,《法治研究》2014 年第 3 期。

3. 陈小君:《我国农民集体成员权的立法抉择》,《清华法学》2016 年第 2 期。

4. 陈永强:《英美法上的所有权概念》,《私法研究》2014 年第 2 期。

5. 戴威、陈小君:《论农村集体经济组织成员权利的实现:基于法律的角度》,《人民论坛》2012 年第 1 期。

6. 杜立:《集体经济组织成员权研究》,《广东社会科学》2015 年第 6 期。

7. 杜玫娟:《集体成员资格认定标准研究——基于土地补偿款分配纠纷的案例分析》,《福建法学》2018 年第 1 期。

8. 管洪彦:《村规民约认定农民集体成员资格的成因、局限与司法审查》,《政法论丛》2012 年第 5 期。

9. 管洪彦:《农民集体成员派生诉讼的合理性与制度建构》,《法律科学》2013 年第 4 期。

10. 管洪彦、孔祥智:《集体建设用地使用权出让中的集体成员权体系与实现》,《河南社会科学》2017 年第 3 期。

11. 郭继:《农村集体成员权制度运行状况的实证分析——基于全国 12 省 36 县的实地调查》,《南京农业大学学报(社会科学版)》2012 年第 1 期。

12. 韩松:《农民集体所有权和集体成员权益的侵权责任法适用》,《国家检察官学院学报》2011 年第 2 期。

13. 韩松:《农民集体土地所有权的管理权能》,《法学研究》2014 年第 6 期。

14. 黄少安、孙圣民:《1950～1962 年中国土地制度与农业经济增长的实证分析》,《西北大学学报(哲学社会科学版)》2009 年第 6 期。

15. 姜峰:《多数决、多数人暴政与宪法权利:兼议现代立宪主义的基本属性》,《法学论坛》2011 年第 1 期。

16. 鞠海亭:《村民自治权的司法介入——从司法能否确认集体成员资格谈起》,《法治研究》2008 年第 5 期。

17. 李爱荣:《集体经济组织成员权中的身份问题探析》,《南京农业大学学报(社会科学版)》2016 年第 4 期。

18. 李宴:《关于农村集体经济组织成员权的法律探讨》,《农村经济》2009 年第 7 期。

19. 刘艳:《论英美财产法中的不动产权利体系》,《社科纵横》2013 年第 12 期。

20. 刘小红、郭忠兴、陈兴雷：《基于成员权的农地产权改革路径》，《江汉论坛》2011 年第 7 期。

21. 折晓叶、陈婴婴：《产权怎样界定——一份集体产权私化的社会文本》，《社会学研究》2005 年第 4 期。

22. 沈荣华、何瑞文：《奥尔森的集体行动理论逻辑》，《黑龙江社会科学》2014 年第 2 期。

23. 苏敬媛：《从治理到乡村治理：乡村治理理论的提出、内涵及模式》，《经济与社会发展》2010 年第 9 期。

24. 童列春：《论中国农民成员权的制度逻辑》，《南京农业大学学报（社会科学版）》2016 年第 3 期。

25. 万举：《城中村集体土地产权权能及其实施》，《天府新论》2007 年第 1 期。

26. 王利明、周友军：《论我国农村土地权利制度的完善》，《中国法学》2012 年第 1 期。

27. 吴春香：《集体成员资格界定及相关救济途径研究》，《法学杂志》2016 年第 11 期。

28. 杨攀：《集体成员资格标准的法律分析与实践》，《西南政法大学学报》2011 年第 6 期。

29. 杨遂全、韩作轩：《"三权分置"下农地经营权主体成员权身份探究》，《中国土地科学》2017 年第 6 期。

30. 张德峰：《合作社集体社员权论》，《政法论坛》2014 年第 9 期。

31. 张钦、王振江：《农村集体土地成员权制度解构与变革》，《西部法律评论》2008 年第 3 期。

32. 郑鹏程、于升：《对解决农村土地征收补偿收益分配纠纷的法律思考》，《重庆大学学报》2010 年第 3 期。

33. 郑尚元：《宅基地使用权性质及农民居住权利之保障》，《中国法学》2014 年第 2 期。

34. 周昌发：《农村集体经济组织自治背景下的法律规制——以云南省 A 村土地补偿费纠纷案为切入点》，《现代经济探讨》2013 年第 4 期。

35. 朱金东：《农村集体经济组织成员撤销权制度的实证分析——基于 107 份裁判文书的整理》，《烟台大学学报（哲学社会科学版）》2013 年第 3 期。

后　　记

　　本专著是教育部人文社会科学青年研究项目（14YJC820080）的最终研究成果。

　　本专著是在笔者主持下由课题组成员共同努力的成果，郑立婷、司曹颖、杜田华、赵月星、郑涵静等同志分别参与了相关章节内容的写作。刘媛媛、单欣、鲍磊等研究生参与了本书的文字核校工作。

　　研究集体成员权问题，肇端于笔者挥之不去的乡土情怀和长期关注农村法治问题的学理思考。长期以来，这一问题并未引起学术界的重视。但是，值得欣喜的是，近年来已经有越来越多的学者开始倾注其研究热情，并取得一系列研究成果。本书即是笔者在这一问题上进行的学术探索。在本书的写作过程中，尽管课题组尽了最大努力，但受研究水平限制，不免存在不足之处，诚望阅者批评指正。

赵新龙

2019 年 2 月 18 日